公路桥梁建设与检测技术研究

徐 军 宋冰菊 张 陆 编著

吉林科学技术出版社

图书在版编目（CIP）数据

公路桥梁建设与检测技术研究 / 徐军，宋冰菊，张
陆编著 . -- 长春 : 吉林科学技术出版社，2022.12
ISBN 978-7-5744-0120-4

Ⅰ.①公… Ⅱ.①徐… ②宋… ③张… Ⅲ.①公路桥
– 桥梁工程 – 质量检验 Ⅳ.① U448.14

中国版本图书馆 CIP 数据核字（2022）第 246510 号

公路桥梁建设与检测技术研究

编　　著	徐　军　宋冰菊　张　陆
出 版 人	宛　霞
责任编辑	汪雪君
封面设计	长春美印图文设计有限公司
制　　版	长春美印图文设计有限公司
幅面尺寸	185mm×260mm
开　　本	16
字　　数	310 千字
印　　张	17.75
印　　数	1-1500 册
版　　次	2023年8月第1版
印　　次	2023年10月第1次印刷

出　　版　吉林科学技术出版社
发　　行　吉林科学技术出版社
地　　址　长春市福祉大路5788号
邮　　编　130118
发行部电话/传真　0431-81629529 81629530 81629531
　　　　　　　　　 81629532 81629533 81629534
储运部电话　0431-86059116
编辑部电话　0431-81629518
印　　刷　廊坊市印艺阁数字科技有限公司

书　　号　ISBN 978-7-5744-0120-4
定　　价　85.00元

前　言

　　随着21世纪我国经济的快速发展，交通运输行业的地位越来越重要，而公路桥梁等基础工程建设是交通运输行业的基本保障。作为我国一项基础设施建设工程，公路桥梁的施工技术已日益成熟，并伴随着科学技术的进步，越来越多的新设备投入到公路桥梁的施工中来，公路桥梁施工技术以及试验检测技术也得到了发展的优势，不断革新，所以公路桥梁的整体水平也在不断进步。随之而来的是日渐激烈的市场竞争，为了能够在竞争如此激励的大环境中稳占脚步，不断提升公路桥梁的建设质量，更好地服务于广大人民群众，就必须高度重视公路桥梁试验检测工作，结合工程实际将更多的试验检测技术应用起来，以此提升试验检测水平，保障公路桥梁建设质量。

　　公路桥梁建设工作中除了选择合适的技术外，科学的检测方式也尤为关键，是路桥施工质量的重要保证，并与施工效率、施工成本等方面息息相关。公路桥梁建设周期较长，含原材料采购、设备管理、现场施工等方面，检测工作应深入到各环节之中，全方位保证各处的质量，以便给公路桥梁的开展创造良好条件。桥梁检测工作具有必要意义，其与施工等环节具有同等地位，提高施工质量也必须依赖于科学的检测技术而实现。

　　基于此，本书专门就公路桥梁建设与检测技术进行了相关探讨，首先介绍了公路桥梁的施工技术，包括桩基施工、地基处理、路面施工技术、公路桥梁下部与上部结构施工技工；其次剖析了公路桥梁的检测技术，涵盖了桥梁检测设备与传感器、桥梁结构材料性能检测、公路桥梁下部与支座检测、加固技术、公路桥梁上部检测与加固技术以及公路桥梁荷载试验等相关内容；旨在摸索出一条适合现代公路桥梁建设与检测的科学道路，帮助其建设者与研究者在应用中少走弯路，运用科学方法，提高效率。对公路桥梁建设与检测技术研究有一定的借鉴意义。

　　全书共十章，三十一万字，由广东冠粤路桥有限公司的徐军、广东盛翔交通工程检测有限公司的宋冰菊和广东长宏建设集团有限公司的张陆共同撰写，具体撰写分工如下：第一至第三章由第一著者徐军完成（共十一万字）；第七至第十章由第二著者宋冰菊完成（共十一万字）；第四至第六章由第三著者张陆完成（共九万字）；全书由第一著者徐军审校、统稿完成。

目 录

第一章　桩基施工 ·· 1

　第一节　预应力管桩施工 ····································· 1

　第二节　预制混凝土方桩施工 ································ 6

　第三节　钢桩与钻孔灌注桩施工 ····························· 9

　第四节　人工挖孔桩的施工 ·································· 16

第二章　地基处理 ··· 20

　第一节　地基处理的概述 ···································· 20

　第二节　常用的地基处理 ···································· 25

第三章　路面施工技术 ·· 39

　第一节　路面基层（底基层）施工技术 ······················ 39

　第二节　沥青路面面层施工 ·································· 50

　第三节　水泥混凝土路面施工 ································ 62

第四章　公路桥梁下部结构施工技术 ······························· 81

　第一节　桥梁基础施工 ······································ 81

　第二节　桥梁墩台施工 ······································ 99

第五章　公路桥梁上部结构施工技术 ······························ 107

　第一节　混凝土简支梁施工技术 ····························· 107

　第二节　预应力混凝土桥梁施工技术 ························· 120

　第三节　桥面及附属工程施工技术 ··························· 128

第六章　公路其他桥梁施工技术 ··································· 134

　第一节　拱桥施工技术 ····································· 134

　第二节　斜拉桥施工技术 ··································· 142

第三节　悬索桥施工技术···150

第七章　桥梁检测设备与传感器··157

第一节　一般工具与设备···157

第二节　位移、裂缝及线形测量设备··159

第三节　应变、温度与荷载测量技术··167

第四节　基于应变测试的衍生传感器··173

第五节　测振传感器··174

第六节　传感器测试仪器设备···176

第八章　桥梁结构材料性能检测··179

第一节　混凝土结构缺陷检测···179

第二节　回弹法与超声回弹法检测混凝土强度···································186

第三节　钻芯法检测混凝土强度··194

第四节　钢筋锈蚀检测···197

第五节　混凝土氯离子浓度检测··201

第六节　混凝土内钢筋分布及保护层厚度检测···································204

第七节　钢结构超声波探伤检测··207

第九章　公路桥梁下部与支座检测、加固技术·································210

第一节　桥梁下部检测···210

第二节　桥梁支座和伸缩装置检测···224

第三节　桥梁支座更换及下部结构加固技术······································230

第十章　公路桥梁荷载试验···249

第一节　荷载试验的目的、主要内容及准备工作·································249

第二节　加载方案和测点设置···251

第三节　静载试验···257

第四节　试验数据分析及桥梁承载力评定···263

第五节　结构动载试验···268

参考文献··277

第一章　桩基施工

第一节　预应力管桩施工

一、预应力管桩的制作

预应力混凝土管桩制作工艺有后张法和先张法两种。

后张法的桩径较大（$\phi 800 \sim \phi 1200$），桩身混凝土采用离心—辐压—振动复合工艺成型，每节长 $4 \sim 5m$、壁厚 $12 \sim 15cm$，在管壁中间预留有 $15 \sim 25$ 个 $\phi 130$ 左右的小孔。使用时通过这些预留孔用高强钢绞线将各段管连接起来，并在其后张拉过程中再对这些孔道高压注浆，使之形成一长桩，桩长可达 $70 \sim 80m$。

先张法预应力管桩工艺。管桩的生产制作工艺包括钢筋笼制作、混凝土制备、布料合模、预应力张拉、离心成型、普通蒸养和蒸压养护 6 大环节。

先张法预应力管桩是一种空心圆柱形细长构件，主要由圆筒形桩身、端头板和钢套箍组成。

预应力管桩的接头，一般采用端头板电焊连接，端头板厚度一般 $18 \sim 22mm$，端板外缘一周留有坡口，供对接时烧焊用。

钢筋笼的制作。通过对预应力钢筋进行高精度切断并锹头后用自动滚焊编削机滚焊成笼。

高强度等级混凝土的制备。水泥采用不低于 42.5 级的硅酸盐水泥，粗骨料在 $5 \sim 20mm$ 且要求岩石强度在 $150MPa$ 以上，细骨料砂的细度模数在 $2.6 \sim 3.3$，砂石必须筛洗洁净，混凝土水灰比 0.3 左右，水泥用量 $500kg / m^3$ 左右，砂率控制在 $32\% \sim 36\%$，掺入高效减水剂，混凝土的坍落度在 $3 / 5cm$。

布料合模。用带电子计量装置与螺旋输送装置的布料机将混凝土均匀地投入钢模内，保证管节壁厚均匀，布料结束后进行合模。

预应力张拉。用千斤顶张拉并锚定在端头板上。

离心成型。离心过程主要是低速、中速、高速3个阶段，离心时间长／短与混凝土坍落度、桩直径、离心机转速等有关。在离心过程中离心力将混凝土料挤向模壁，排出多余的空气和多余的水，使其密实度大大提高。一般从管桩外形可看到，管外壁较光滑，而内壁较粗糙。

初级养护与高压蒸养：先张法预应力混凝土管桩采用二次养护工艺。先经初级蒸汽养护，使混凝土达到脱模强度，放张脱模后再到蒸压釜内进行高温高压（最高压力1.0MPa，最高温度约180℃）蒸养10h左右。

上述工艺生产出的PHC（高强度混凝土管桩）管桩强度达C80以上，且从成型到使用的最短时间只需（3~4）d，而PC混凝土管桩有些厂家采用常压蒸汽养护，脱模后再移入水池养护半个月，所以出厂时间要长。

二、预应力管桩的沉桩方法

预应力管桩的施工方法有锤击法沉桩和静力压桩法（顶压法和抱压法）。预应力管桩沉桩过程中要注意土塞效应和挤土效应。

值得注意的是，预应力管桩或预制桩均属挤土桩，不论采用锤击法施工或静压法施工都应注意打桩挤土问题和挖土凿桩引起的偏位及破损问题。要注意打桩顺序、打桩节奏、打桩速度及每天打桩数和最后打桩贯入度或压桩力的控制及防挤土（如泄压孔、防挤孔）措施的采取。

预应力管桩沉入土中第一节桩称为底桩，端部设十字形、圆锥形或开口型桩尖，前两种属闭口型。十字形桩尖加工容易，造价较低，破岩能力强，其缺点是在穿越砂层时，不如其他两种桩尖。闭口桩尖，桩端力稳定。开口管桩不需桩尖，所以应用较广。桩刚打入土中时，由于管桩开口使土不断涌入管内，形成土塞，土塞长度约为桩长的1／2~1／3，因土质而定，但形成稳定土塞后再向下沉桩，管桩就变成实心桩，挤土效应明显。单根管桩在沉桩过程中刚开始时挤土效应少，但随着桩入土深度增加挤土效应就很明显。另外一点值得注意，管桩内土塞效应是使短期单桩承载力增加的主要原因，但假如管桩上段节头内漏水使管桩内充水长期浸泡时，土塞中土体由于桩侧内壁水的作用将降低单桩承载力，所以在打桩施工中应引起重视。

三、锤击沉桩施工

（一）打桩工序

打桩工序为测量、放样桩→打桩机就位→喂桩→对中、调直→锤击法沉桩→接桩→再锤击→打至持力层（送桩）→收锤。

一般情况下，打桩顺序有：逐渐打设、自边沿向中央打设、自中央向边沿打设和分段打设。实际施工中应根据场地地质条件、环境空间、桩位布置、施工进度等情况具体确定合理的打桩顺序，但必须按如下总体原则进行：

（1）对于密集桩群，自中间向两个方向或四周对称施打。

（2）当一侧毗邻建筑物时，由毗邻建筑物处向另一方向施打。

（3）根据基础的设计标高，宜先深后浅。

（4）根据桩的规格，宜先大后小，先长后短。

（二）吊桩

桩机就位后，先将桩锤吊起固定在桩架上，以便进行吊桩。吊桩即利用桩架上的卷扬机将桩吊至垂直状态并送入桩干内。桩就位后，在桩顶放上弹性桩垫，放下桩帽套入桩顶，再在桩帽上放好垫木，降下来锤压住桩帽。在锤重压力作用下，桩会沉入土中一定深度，待下沉停下后，再检查一次桩的垂直度，确保合格后即可开始打桩。

（三）打桩

开始打桩时，桩锤落距宜低，一般为0.5～0.8m，以使桩能正常沉入土中。待桩入土一定深度后，桩尖不易产生偏移时，可适当增加落距，并逐渐增加到规定的数值'一般重锤低打可取得良好的打桩效果。

打桩时应观察桩锤的回弹情况，如回弹较大，则说明桩锤太轻，不能使桩下沉，应予以更换。当贯入度骤减，桩锤有较大回弹时，表明桩尖遇到障碍，此时应将锤击的落距减小，加快锤击。如上述情况仍然存在，应停止锤击，研究遇阻的原因并进行处理。打桩过程中，如突然出现桩锤回弹，贯入度突增，锤击时桩弯曲、倾斜、颤动、桩顶破坏加剧等，则桩身可能已经破坏。

（四）接桩形式

管桩一般用焊接连接，管桩连接前应清理接口焊接处混凝土及泥土杂物。调整上下节桩接口间隙，用铁片填实垫牢，结合面之间的间隙不得大于2mm。上下节桩中心线偏差不得大于5mm，节点弯曲矢高不得大于1‰桩长，且不大于20mm。

焊接时应采取措施，减少焊接变形，沿接口圆周宜对称点焊六点，待上下桩节固定后再拆除导向箍，分层焊接，有焊肉不饱满、夹渣、气孔等缺陷时，须按焊接规程处理合格。风天焊接要设防风罩，潮湿天气要利用热风机烘干焊接区。宜采用粉芯焊丝自保护半自动焊接法，焊丝使用前应在干燥箱内经200～300℃烘干2h，并存放烘干箱内持续恒温150℃。每个接头焊接完毕，应冷却1～3min后，方可继续锤击。

（五）打桩记录

认真做好打桩记录，一般为1m长设一标志，记录下每下沉1m的击数，并作最后10击贯入度记录。

（六）停止打桩的标准

当桩端位于一般黏性土或粉质黏土、粉土时，以控制桩端设计标高为主，贯入度可作参考，当桩端位于中等密度以上的砂土层，一般以贯入度控制为主，桩端标高作为参考。对重要建筑物，最好进行试桩，通过试桩的大应变试验，推算桩的极限承载力，来决定停打桩的控制贯入度。一般钢筋混凝土预应力管桩的总锤击数不超过2500击，最后10m限制击数1000击左右。

四、静压沉桩施工

静压沉桩是利用静压力将预制桩压入土中的一种沉桩方法，主要用于软土层基础的施工，压桩过程中自动记录压桩力，可以保证桩的承载力并避免锤击过度而使桩身断裂。但压桩设备笨重，效率较低，压桩力有限，单桩垂直承载力较低。

（一）压桩与接桩

压桩一般情况下都采取分段压入，逐渐接长的办法。当下面的一节压到露出地面0.8～1.0m时，接上一节桩。每节桩之间的连接可采用角钢帮焊、法兰盘连接和硫黄胶泥锚固连接等形式。

（二）送桩与截桩

当桩顶接近地面，而沉桩压力距规定值还略有差距时，可以用另一节桩放在桩顶上向下进行压送，使沉桩压力达到要求的数值。当桩顶高出一定距离，而沉桩压力已达到规定值时，则要截桩，以便压桩机移位和后续施工。

五、预应力管桩沉桩施工中的常见问题及注意事项

（一）锤击沉桩中常见问题及其分析处理

1. 桩头破损

除因为桩尖遇到孤石、障碍物外，其原因往往是桩头钢筋设置不合要求、混凝土强度不足、锤击偏心、桩垫厚度不足等。

（1）桩头钢筋设置不合要求：非预应力钢筋混凝土桩的主筋端部与桩顶应留有适当距离，而且每根主要主筋端部到桩顶距离是相等的。桩头处箍筋要加密放置，并增置钢筋网片。否则可能造成桩头在捶打时受力不均，强度不够而引起桩头破损。

（2）混凝土强度不足：桩身混凝土必须达到设计标号才能准予沉桩。如采用蒸汽养护，则出池后应放置一个月左右，达到100%强度后才能使用。在浇捣桩身混凝土时，尤其要注意对两端钢筋密布处的振捣，不能因振捣不密实而引起施打中混凝土提早破损

（3）锤击偏心：桩顶不平，桩与地面不垂直，桩帽、桩垫位置不正确等原因，都能

造成锤击偏心，造成桩顶受力不均而提早破损。

2. 桩身断裂

在打桩过程中，若桩尖没遇到地质勘察中所指明的软层，而贯入度突然增大，同时锤弹跳起后，桩身随之出现回弹现象，这就表明桩身可能已经断裂。其主要原因是桩身在施工中出现较大弯曲；打桩中，桩头处错误地施加了牵引力进行校正，使桩身弯曲，在反复冲击中的集中荷载作用下，超过了桩身的抗弯强度，桩身出现了横向裂缝，并不断扩大最后造成桩身断裂破坏。

另外，接桩一定要保证上下节桩在一条轴线上，不能成为折线。接桩时，桩尖所在位置应避免是硬层或夹砂层，因为停锤接桩，会使扰动的桩周土体得到一定程度的恢复，使本来就难于穿过的中间硬层或夹砂层变得更难穿过，不得不拼命锤击，造成桩头破损或桩身断裂。因此，选配桩节长度时，要结合地质勘察报告进行。

3. 桩顶移动

桩顶位移除了桩位定的不准外，往往由下列原因造成：

（1）第一节桩没有从两个垂直方向校准好垂直度，造成桩身倾斜，以后几节桩往往只能顺着第一节桩的轴线接长，造成桩顶偏位。所以应严格控制第一节桩的垂直度及平面位置，如超过允许偏差，应拔出，采取措施后再重新插入。

（2）桩头不平，桩尖制作歪斜，造成施打过程中桩顶位移。

（3）土层中有较陡的倾斜面，使桩沿斜面滑下。

（4）密集群桩采用了逐排连续打桩的施工流程，使土体挤向一侧，引起桩顶偏移。因此，在软土地基中打密集群桩，一定要组织好施工流程。

4. 挤土隆起和桩身上抬

当大量的预制桩连续沉入土中时，土体压缩，黏性土中孔隙水压力提高，土体被压缩到一定程度后，只能向周围排挤或向上涌起。伴随着土体的隆起，桩也可能被向上涌抬，对密集群桩，应尽可能用挤土效应较小的钢管桩或钢筋混凝土预应力管桩，同时应选用焊接接桩，接缝质量一定要可靠，避免桩身向上涌抬时接头被拉裂。上抬的桩，经过荷载试验一般极限承载力不会减小，但沉降量有所增加，所以打桩流程要尽可能对称，避免建筑物不均匀沉降。

（二）压桩施工注意事项

压桩施工应注意如下事项：

（1）压桩施工前应对现场的土层地质情况了解清楚，同时应做好设备的检查工作，保证使用可靠，以免中途间断压桩。

（2）最终压力值和桩的接头节点处理必须符合设计要求和施工规范。

（3）压桩过程中，应随时保持轴心受压，若有偏移，应及时调整。

（4）接桩时应保持上下节桩的轴线一致，并尽可能地缩短接桩时间。

（5）测量压力等仪器应注意保养，及时报修和定期标定，以减少量测误差。

（6）当压桩阻力超过桩机能力，或由于来不及调整平衡，使桩机发生较大倾斜时，应立即停压并采取安全措施，以免造成断桩或其他事故。

第二节　预制混凝土方桩施工

一、混凝土预制桩的制作

混凝土预制方桩可以在工厂或施工现场预制，现场的主要制作程序如下：

制作场地压实平整→场地铺砌混凝土或三七灰土→支模→绑扎钢筋骨架、安装吊环→灌注混凝土→养护至30%强度拆模→支间隔头模板、刷隔离剂、绑钢筋→灌注间隔桩混凝土→同法间隔重叠制作其他各层桩→养护至70%强度起吊→达100%强度后运输、堆放。混凝土预制桩的制作应符合下列要求。

（一）基本要求

预制桩的制作应根据工程条件（土层分布、持力层埋深）和施工条件（打桩架高度和起吊运输能力）来确定分节长度，避免桩尖接近持力层或桩尖处于硬持力层中时接桩。每根桩的接头数不应超过两个，尽可能采用两段接桩，不应多于3段，现场预制方桩单节长度一般不应超过25m，节长规格一般以2~3个为宜，不宜太多。

（二）场地要求

预制场地必须平整坚实，并有良好的排水条件，在一些新填土或软土地区，必须填碎石或中粗砂并进行夯实，以避免地坪不均匀沉降而造成桩身弯曲。

（三）钢筋骨架的要求

在制作混凝土预制桩的钢筋骨架时，钢筋应严格保证位置的正确，桩尖对准纵轴线钢筋骨架的主筋应尽量采用整条，尽可能减少接头，如接头不可避免，应采用对焊或电弧焊，或采用钢筋连接器，主筋接头配置在同一截面内的数量不得超过50%（受拉筋）；相邻两根主筋接头截面的距离应大于35d（主筋直径），并不小于500mm，桩顶1m范围内不应有接头。对于每一个接头，要严格保证焊接质量，必须符合钢筋焊接及验收规范；

预制桩桩头一定范围的箍筋要加密；在桩顶约250mm范围需增设3~4层钢筋网片，主筋不应与桩头预埋件及横向钢筋焊接。桩身纵向钢筋的混凝土保护层厚度一般为30mm。

（四）桩身混凝土的要求

预制方桩桩身混凝土强度等级常采用C35-C40，坍落度为6～10cm。灌注桩身混凝土，应从桩顶开始向桩尖方向连续灌注，混凝土灌注过程中严禁中断，如发生中断，应在前段混凝土凝结之前将余段混凝土灌注完毕。在灌注和振捣混凝土时，应经常观察模板、支撑、预埋件和预留孔洞的情况，发现有变形、位移和漏浆时，应马上停止灌注，并应在已灌注的混凝土凝结前修整完好后才能继续进行灌注。

为了检验混凝土成桩后的质量，应留置与桩身混凝土同一配合比并在相同养护条件下养护的混凝土试块，试块的数量对于每一工作班不得少于一组。

对灌注完毕的桩身混凝土一般应在灌注后12h内，在露出的桩身表面覆盖草袋或麻袋并浇水养护。浇水养护时间，对普通硅酸盐水泥或矿渣硅酸盐水泥拌制的混凝土，不得少于7d；对掺用缓凝型外加剂的混凝土，不得少于14d。浇水次数应能保护混凝土处于润湿状态；混凝土的养护用水应与拌制用水相同。当气温低于5℃时，不得浇水。

（五）桩身质量要求

桩身表面干缩产生的细微裂缝宽度不得超过0.2mm；深度不得超过20mm，裂缝长度不得超过1／2桩宽。在桩表面上的蜂窝、麻面和气孔的深度不超过5mm，且在每个面上所占面积的总和不超过该面面积的0.5%。沿边缘棱角破损的深度不超过5mm，且每10m长的边棱角上只有一处破损，在一根桩上边棱破损总长度不超过500mm。

二、混凝土预制桩的起吊、运输和堆放

（一）桩的起吊

当方桩的混凝土达到设计强度的70%时方可起吊。起吊时应采取相应措施，保持平稳，保护桩身质量。现场密排多层重叠法制作的预制方桩，起吊前应将桩与邻桩分离，因为桩与桩之间黏结力较大，分离桩身的工作要仔细，以免桩身受损。

吊点位置和数量应符合设计规定。一般情况下，单节桩长在17m以内可采用两点吊，18～30m的可采用三点吊，30m以上的应用四点吊。当吊点少于或等于3个时，其位置应按正负弯矩相等的原则计算确定，当吊点多于3个时，其位置应按反力相等的原则计算确定。

（二）桩的运输和堆放

预制桩运输时的强度应达到设计强度的100%。

运输时，桩的支承点应按设计吊钩位置或接近设计吊钩位置叠放平稳并垫实，支撑或绑扎牢固，以防止运输中晃动或滑落；采用单点吊的短桩，运输时也应按两点吊的要求设置两个支承。

预制桩在堆放时，要求场地平整坚实，排水良好，使桩堆放后不会因为场地沉陷而损

伤桩身桩应按规格、长度、使用的顺序分层叠置，堆放层数不应超过4层。桩下垫木宜设置两道，支承点的位置就在两点吊的吊点处并保持在同一横断面上，同层的两道垫木应保持在同一水平上。

从现场堆放点或现场制桩点将预制方桩运到打桩机前方的工作一般由履带吊机或汽车吊机来完成现场预制的桩应尽量采用即打即取的方法，尽可能减少二次搬运。预制点若离打桩点较近且桩长小于18m的桩，可用吊机进行中转吊运，运输时桩身应保持水平，应有人扶住或用溜绳系住桩的一端，以防止桩身碰撞打桩架。

三、混凝土预制桩的接桩

当桩长度较大时，受运输条件和打（压）桩架高度限制，一般应分节制作，分节打（压）入，在现场接桩。接桩形式主要有焊接接头、法兰连接接头和机械快速接头（螺纹式、齿和式）3种，而常用的是焊接接头。

（一）焊接接桩

采用焊接接桩除应符合现行《建筑钢结构焊接技术规程》的有关规定外，尚应符合下列规定：

（1）下节桩段的桩头宜高出地面0.5m。

（2）下节桩的桩头处宜设导向箍以方便上节桩就位。接桩时上下节桩段应保持顺直，错位偏差不宜大于2mm。接桩就位纠偏时，不得用大锤横向敲打。

（3）桩对接前，上下端板表面应用铁刷子清刷干净，坡口处应刷至露出金属光泽。

（4）焊接宜在桩四周对称地进行，待上下桩节固定后拆除导向箍再分层施焊；焊接层数不得少于两层，第一层焊完后必须把焊渣清理干净，方可进行第二层施焊，焊缝应连续、饱满。管桩第一层焊缝宜使用直径不大于3.2mm的焊条。

（5）焊好后的桩接头应自然冷却后才可继续锤击，自然冷却时间不宜少于8min；严禁用水冷却或焊好即施打。

（6）雨天焊接时，应采取可靠的防雨措施。

（7）焊接接头的质量检查宜采用探伤检测，对于同一工程探伤抽样检验不得少于3个接头。

（二）机械快速螺纹接桩

采用机械快速螺纹接桩，应符合下列规定：

（1）接桩前应检查桩两端制作的尺寸偏差及连接件，无受损后方可起吊施其下节桩端宜高出地面0.8m。

（2）接桩时，卸下上下节桩两端头的保护装置后，应清理接头残物，涂上润滑脂。

（3）应采用专用接头锥度对中，对准上下节桩进行旋紧连接。

（4）可采用专用链条式扳手进行旋紧（臂长1m，卡紧后人工旋紧再用铁锤敲击扳臂），锁紧后两端板尚应有1～2mm的间隙。

（三）机械啮合接头接桩

采用机械啮合接头接桩，应符合下列规定：

（1）将上下接头钣清理干净，用扳手将已涂抹沥青涂料的连接销逐根旋入上节桩Ⅰ型端头钣的螺栓孔内，并用钢模板调整好连接销的方位。

（2）剔除下节桩Ⅱ型端头钣连接槽内泡沫塑料保护块，在连接槽内注入沥青涂料，并在端头钣面周边抹上宽度20mm，厚度3mm的沥青涂料；若地基土、地下水含中等以上腐蚀介质，桩端板面应满涂沥青涂料。

（3）将上节桩吊起，使连接销与Ⅱ型端头钣上各连接口对准，随即将连接销插入连接槽内。

（4）加压使上下节桩的桩头钣接触，接桩完成。

第三节　钢桩与钻孔灌注桩施工

一、钢桩施工

钢桩基础通常指钢管桩、H形钢桩及其他异型钢桩，较之其他桩型有以下特点：

（1）由于钢材强度高，能承受强大的冲击力，穿透硬土层的性能好，能有效地打入坚硬的地层，获得较高的承载能力，有利于建筑物的沉降控制。

（2）能承受较大的水平力。

（3）桩长可以任意调节，特别是当持力层深度起伏较大时，接桩、截桩及调整桩的长度都比较容易。

（4）重量轻，刚性好，装卸运输方便。

（5）桩顶端与上部承台、板结构连接简单。

（6）钢桩截面小，打桩挤土量小，对土壤扰动小，对邻近建筑物的影响也较小

（7）在干湿度经常变化的环境，钢桩须采取防腐措施。

钢桩一般适用于码头、水中结构的高桩承台、桥梁基础、超高层公共与住宅建筑桩基、特重型工业厂房等基础工程。

（一）钢桩的制作

制作钢桩的材料应符合设计要求，并有出厂合格证和试验报告。钢桩制作的允许偏差应符合《建筑桩基技术规范》的规定。

（二）钢桩的焊接

焊接是钢桩施工中的关键工序，应符合下列规定：

（1）必须清除桩端部的浮锈、油污等脏物，并保持干燥，下节桩顶经锤击后变形的部分应割除。

（2）上下节桩焊接时应校正垂直度，对口的间隙宜为2～3mm。

（3）焊接应对称进行。

（4）应采用多层焊，钢管桩各层焊缝的接头应错开，焊渣应清除。

（5）当气温低于0℃或雨雪天及无可靠措施确保焊接质量时，不得焊接。

（6）焊接质量应符合《钢结构工程施工质量验收规范》和《建筑钢结构焊接规程》规定。

（三）钢桩的运输和堆放

（1）堆存场地应平整、坚实、排水通畅。

（2）桩的两端应有适当保护措施，钢管桩应设保护圈。

（3）搬运时应防止桩体撞击而造成桩端、桩体损坏或弯曲。

（4）钢桩应按规格、材质分别堆放。堆放层数：直径900mm的钢桩，不宜大于3层；直径600mm的钢桩，不宜大于4层；直径400mm的钢桩，不宜大于5层；H形钢桩不宜大于6层。支点设置应合理。钢桩的两侧应采用木楔塞住。

（四）钢桩的沉桩

钢桩沉桩方法较多，应结合工程场地具体地质条件、设备情况和环境条件、工期要求等选定打桩方法。目前常用的是冲击法和振动法，但由于对噪声和振动的限制，目前采用压入法和挖掘法的工程逐渐增多。

沉桩法的施工工序为：桩机安装→桩机移动就位→吊桩→插桩→锤击下沉、接桩→锤击至设计标高→内切割桩管→精割、盖帽。

二、钻孔灌注桩的施工

（一）施工准备

灌注桩施工前必须做好场地地质、周边管线及地下构筑物等的调查和资料收集工作同时根据设计桩型、钻孔深度、土层情况综合确定钻孔机具及施工工艺，对人、机、料进行合理配置，编制切实可行的施工组织设计以便指导施工。特别强调以下几点：

（1）设备选型是关键：基本的成桩工艺及流程与成桩设备直接相关，同时也关系到设计灌注桩能否实现和工程施工进度。

（2）定位放线是极重要的技术工作：是控制工程质量的第一个特殊工序，应严格按相关程序进行检查、交接和验收，确保准确无误。

（3）成桩设备的进场检查和验收是重要环节，关系施工安全。

（二）一般规定

目前，较为常见的灌注桩桩型主要有正、反循环钻孔灌注桩，旋挖成孔灌注桩，冲孔灌注桩，长螺旋钻孔压灌桩，干作业钻、挖孔桩以及沉管灌注桩。

一般情况下，泥浆护壁类的灌注桩，如正、反循环钻孔灌注桩，旋挖成孔灌注桩，冲击成孔灌注桩地层适应性强，可用于黏性土、粉土、砂土、填土、碎石土及风化岩层，地下水位高低对其成孔影响不大。成孔直径一般大于800mm，为大直径桩的主流桩型；其缺点是现场作业环境差、泥浆污染大，尤其是正、反循环钻孔灌注桩这种动态泥浆护壁成孔方式。

旋挖成孔灌注桩采用的是静态泥浆护壁方式，不需要地面循环沟等设施，泥浆排放可得到一定控制。相对污染较小，场地作业面整洁。同时，旋挖成孔效率较高，尤其在城市建筑中正逐步取代以前较为常用的正、反循环钻孔灌注桩。但对于一些特大桩径（≥2000mm）或超长桩（≥60m）泵式反循环钻孔灌注桩仍有一定的优势。

干作业钻、挖孔灌注桩宜用于地下水下的黏性土、粉土、填土、中等密实以上的砂土、风化岩层。

沉管灌注桩宜用于黏性土、粉土和砂土；夯扩桩宜用于桩端持力层为埋深不超过20m的中、低压缩性黏性土、粉土、砂土和碎石类土。

长螺旋钻孔压灌桩以其成孔速度快、无噪声、无振动、污染小的优势目前已在工程上广为应用。

（三）泥浆护壁成孔灌注桩

一般地基的深层钻进，都会遇到地下水问题和孔壁缩扩颈问题。泥浆护壁成孔灌注桩是采用孔内泥浆循环保护孔壁的湿作业成孔灌注桩，能够解决施工中地下水带来的孔壁塌落、钻具磨损发热及沉渣问题。

1. 泥浆护壁成孔灌注桩按钻进成孔方式分类

常见钻孔灌注桩成孔工艺方法及适用范围见表1-1。

表1-1　常见钻孔灌注桩成孔工艺方法及适用范围

钻进方式	适用孔径/mm	清孔方法	混凝土灌注方式	适用地层	优缺点
潜水电钻	600~1000	正循环清孔或气举反循环清孔	导管水下灌注	黏性土、淤泥、砂土	由于动力小，一般孔径小，孔深浅，所以不常用

钻进方式	适用孔径/mm	清孔方法	混凝土灌注方式	适用地层	优缺点
正循环回转钻	500～2000	正循环清孔或气举反循环清孔	导管水下灌注	所有地层	采用回旋钻施工，对硬基岩施工速度慢，但该法最常用
泵式反循环回转钻	600～4000	泵式反循环	导管水下灌注	所有地层	适合于大口径灌注桩施工，扭矩大但施工效率低，常用
取土钻	500～2000	正循环清孔或气举反循环清孔	导管水下灌注	适用于各种复柴砂、砾砂层、强风化基岩	施工速度快但对硬基者持力层因取土困难不适合，常用
冲击钻	600～4000	正循环清孔或气举反循环清孔	导管水下灌注	所有地层	对坚硬岩优点最突出，缺点是易扩孔且施工速度慢
冲抓钻	600～1200	正循环清孔	导管水下灌注	适用于杂填土地层和卵石、漂石层	对卵、漂石层适合，但易塌孔，不常用

2. 泥浆护壁钻孔灌注桩按清孔方式分类

常见钻孔灌注桩清孔方式及适用范围见表1-2。

表1-2 常见钻孔灌注桩清孔方式及适用范围

清孔方式	适用孔径/mm	清孔设备及原理	适用桩长	适用地层	优缺点
正循环清孔	600～1000	利用泥浆泵向钻杆内或导管内注入泥浆送到孔底，然后该泥浆将孔底沉渣经孔壁循环上来，再流到泥浆池的循环清孔方式	一般孔深在70m以内	所有地层	最常用的清孔方式，成本低，但速度慢，对于桩长较长时沉渣清理困难，对持力层扰动后沉渣清理更困难
气举反循环清孔	500～2000	利用空压机将导管内的风管注入压缩空气，从而使导管内变成低压的气水混合物，由于孔壁与导管内浆液压力差的作用将孔底沉渣抽上来的循环清孔方式	所有桩长，但要注意空压机风量和风管高度的协调	黏性土和基岩地区。但粉砂层应注意塌孔，清孔时间一般应控制在10min以内	清孔时间快，效率高，缺点是易塌孔且必须保持孔内泥浆面不下降
泵式反循环清孔	600～4000	利用深井砂石泵将孔底沉渣抽上来的循环清孔方式	桩长受真空度的制约	所有地层	优点是扭矩大，适用于超长超大钻孔桩施工，但钻进效率低

3. 泥浆护壁成孔灌注桩施工流程

泥浆护壁成孔可用多种形式的钻机钻进成孔。在钻进过程中，为防止塌孔，应在孔内注入黏土或膨润土和水拌和的泥浆，同时利用钻削下来的黏性土与水混合制造泥浆保护孔壁。这种护壁泥浆与钻孔的土屑混合，边钻边排出孔内相对密度、稠度较大泥浆，同时向孔内补入相对密度、稠度较小泥浆，从而排出土屑。当钻孔达到规定深度后，清除孔底泥渣，然后安放钢筋笼，在泥浆下灌注混凝土成桩。

4. 泥浆的制备与处理

除能自行造浆的黏性土地层外，均应制备泥浆。泥浆的制备通常在挖孔前搅拌好，钻孔时输入孔内；有时也采用向孔内输入清水，一边钻孔，一边使清水与钻削下来的泥土拌和形成泥浆。泥浆应尽可能使用当地材料，但泥浆循环池制作中必须要有排渣池→沉淀池→过筛池→钻孔循环过程。

5. 泥浆护壁的规定

（1）施工期间护筒内的泥浆面应高出地下水位1.0m以上，在受水位涨落影响时，泥浆面应高出最高水位1.5m以上，在水中桩基施工时，泥浆面应高出河流最高水位1.5～2m。

（2）在清孔过程中，应不断置换泥浆，直至浇筑水下混凝土。

（3）浇筑混凝土前，孔底500mm以内的泥浆比重应小于1.25；含砂率不大于8%；黏度不大于28Pa·s。

（4）在容易产生泥浆渗漏的土层中，应采取维持孔壁稳定的措施。

（5）废弃的泥浆、渣应按环境保护的有关规定处理。

6. 护筒的设置

在孔口设置护筒是一项保证质量的重要施工措施，护筒的作用及设置规定如下：

（1）护筒的作用是固定钻孔位置，保护孔口，提高孔内水位，防止地面水流入，增加孔内静水压力以维护孔壁稳定，并兼做钻进向导。

（2）护筒一般用4～8mm钢板制成，水上桩基施工时应根据护筒长度增加钢板的厚度，其内径应大于钻头直径，当用回转钻时，宜大于100mm；当用冲击钻和潜水电钻时，宜大于200mm，在护筒上部开设1～2个溢浆孔。

（3）护筒埋设深度根据土质和地下水位而定，在黏性土中不宜小于1.0m，在砂土中不宜小于1.5m，其高度尚应满足孔内泥浆面高度的要求。

（4）埋设护筒时，在桩位打入或挖坑埋入，一般宜高出地面300～400mm，或高出地下水位1.5m以上使孔内泥浆面高于孔外水位或地面，在水上施工时，护筒顶面的标高应满足在施工最高水位时泥浆面高度要求，并使孔内水头经常稳定以利护壁。

（5）护筒埋设应准确、稳定，护筒中心与桩位中心的偏差不得大于50mm；护筒的垂直度，尤其是水上施工的长护筒更为重要。

（四）干作业成孔灌注桩

干作业成孔灌注桩系指不用泥浆或套管护壁的情况下，用人工或机械钻具钻出桩孔，然后在桩孔中放入钢筋笼，再灌注混凝土的成桩工艺。干作业成孔灌注具有施工振动小、噪声低、环境污染少的优点。干作业成孔灌注桩分为钻孔（扩底）灌注桩、螺旋钻成孔灌注桩和柱锤冲击成孔灌注桩。

1. 钻孔（扩底）灌注桩施工

钻孔扩底灌注桩工法是把按等直径钻孔方法形成的桩孔钻进到预定的深度，换上扩孔钻头后，撑开钻头的扩孔刀刃使之旋转切削地层扩大孔底，成孔后放入钢筋笼，灌注混凝土形成扩底桩以获得较大承载能力的施工方法。

（1）选择扩底部持力层的要求

在选择此类钻扩桩的扩底部持力层时，一般要求在有效桩长范围内，没有地下水或上层滞水，土层应不塌落、不缩径、孔壁应当保持直立，扩底部与桩根底部应置于中密以上的黏性土、粉土或砂土层上，持力层应有一定厚度，且水平方向分布均匀。

但干作业钻孔（扩底）灌注桩不可避免地在桩端会留有一定厚度的虚土，一般在100～500mm。根据地层及地下水情况有所不同，因此，适应范围和区域受到一定的限制由于一定程度的桩端虚土（≤500mm厚）对挡土桩发挥正常使用功能的影响不大，干作业钻孔灌注桩被更为广泛地使用于挡土支护领域。

（2）混凝土灌注

灌注混凝土时，为避免混凝土直接冲砸孔壁，应通过溜槽或串筒导管等把混凝土输入孔底，串筒末端离孔底高度不宜大于2m，并由专人在操作面使用高频率、大口径插入式振捣棒分层均匀捣实混凝土的坍落度应掌握在100～150mm为宜。混凝土应从桩底到桩顶面一次性浇灌完成。

2. 螺旋钻成孔灌注桩

（1）施工工序

螺旋钻孔机成桩的施工工序是：桩机就位→取土成孔→清孔并检查成孔质量→安放钢筋笼或插筋→放置护孔漏斗→灌注混凝土成桩。

由螺旋钻头切削土体，切下的土随钻头旋转并沿螺旋叶片上升而排出孔外。当螺旋钻机钻至设计标高时，在原位空转清土，停钻后提出钻杆弃土，钻出的土应及时清除，不可堆在孔口。钢筋骨架绑好后，一次整体吊入孔内。如过长亦可分段吊，两段焊接后再徐徐沉放在孔内。钢筋笼吊放完毕，应及时灌注混凝土，灌注时应分层捣实。

（2）螺旋钻成孔灌注桩的特点及适用范围

螺旋钻成孔灌注桩的特点是：成孔不用泥浆或套管护壁；施工无噪声、无振动、对环境影响较小；设备简单，操作方便，施工速度快；由于干作业成孔，混凝土灌注质量易于控制其缺点是孔底虚土不易清除干净，影响桩的承载力，成桩沉降较大，另外由于钻具回旋阻力较大，对地层的适应性有一定的条件限制。

这种成孔方法主要适用于黏性土、粉土、砂土、填土和粒径不大的砾砂层，也可用于非均质含碎砖、混凝土块、条石的杂填土及大卵砾石层。

（五）冲击成孔灌注桩的施工

冲击成孔灌注桩是利用冲击式钻机或卷扬机把带钻刃的、有较大质量的冲击钻头（又称冲锤）提高，靠自由下落的冲击力来削切岩层或冲挤土层，部分碎渣和泥浆挤入孔壁中，大部分成为泥渣，并利用专门的捞渣工具掏土成孔，最后灌注混凝土成桩。

1. 冲击成孔灌注桩施工工艺

冲击成孔灌注桩设备简单、操作方便，所成孔坚实、稳定、坍孔少，不受场地限制，无噪声和振动影响，因此，应用广泛。在黏土、粉土、填土、淤泥中成孔较高，而且特别适用于含有孤石的砂砾石层、漂石层、坚硬土层及岩层。桩孔直径一般为60~150cm，最大可达250cm；孔深最大可超过100m冲击桩单桩成孔时间相对稍长，混凝土充盈系数相对较大，可达1.2~1.5。但由于冲击桩架小，一个场地可同时容纳多台冲击桩基施工，所以群桩施工速度一般。其最大优点是可在硬质岩层中成孔。

冲击成孔灌注桩施工工艺流程是：设置护筒→钻机就位、孔位校正→冲击成孔、泥浆循环→清孔换浆→终孔验收→下钢筋笼和导管→二次清孔→灌注混凝土成桩。

2. 冲击成孔灌注桩施工机械与操作规程

（1）施工机械

冲击成孔灌注桩的设备由钻机、钻头、转向装置和打捞装置等构成。钻头有一字形、十字形、工字形、圆形等，常用钻头为十字形，其重量应根据具体施工条件确定。掏渣筒的主要作用是捞取被冲击钻头破碎后的孔内钻渣它主要由提梁、管体、阀门和管靴等组成。

阀门有多种形式，常用的有碗形活门、单向活门和双扇活门等。

（2）施工要点

根据《建筑桩基技术规范》，冲击成孔灌注桩的施工应符合下列要求

①埋设护筒

冲孔桩的孔口应设备护筒，其内径应大于钻头直径200mm，其余规定与正、反循环钻孔灌注桩要求相同。

②安装冲击钻机

在钻头锥顶和提升钢丝绳之间设置保证钻头自动转向的装置，以免产生梅花孔。

③冲击钻进

a. 开孔时，应低锤密击，如表层土为淤泥、细砂等软弱土层，可加黏土块夹小片石反复冲击孔壁，孔内泥浆应保持稳定。

b. 进入基岩后，应低锤冲击或间断冲击，如发现偏孔应立即回填片石至偏孔上方300~500mm处，然后重新冲击。

c. 遇到孤石时，可预爆或用高低冲程交替冲击，将其击碎或挤入孔壁。

e. 应采取有效的技术措施，防止扰动孔壁造成塌孔、扩孔、卡钻和掉钻及泥浆流失等。

d. 每钻进4~5m深度应验孔一次，在更换钻头前或容易缩孔处，均应验孔。

e. 进入基岩后，每钻进100~500mm应清孔取样一次（非桩端持力层为300~500mm，

桩端持力层为100～300mm），以备终孔验收。

f. 冲孔中遇到斜孔、弯孔、梅花孔、塌孔、护筒周围冒浆时，应立即停钻，查明原因，采取措施后继续施工。

g. 大直径桩孔可分级成孔，第一级成孔直径为设计桩径的0.6～0.8倍；

④捞渣

开孔钻进，孔深小于4m时，不宜捞渣，应尽量使钻渣挤入孔壁。排渣可用泥浆循环或抽渣筒等方法，如采用抽渣筒排渣，应及时补给泥浆，保证孔内水位高于地下水位1.5m。

⑤清孔

不宜坍孔的桩孔，可用空气吸泥清除；稳定性差的孔壁应用泥浆循环或抽渣筒排渣。清孔后，在灌注混凝土之前泥浆的密度及液面高度应符合规范的有关规定，孔底沉渣厚度也应符合规范规定。

清孔后应立即放入钢筋笼和导管，并固定在孔口钢护筒上，使其在灌注混凝土中不向上浮和不向下沉；当钢筋笼下完并检查无误后应立即灌注混凝土，间隔不可超过4h。

第四节　人工挖孔桩的施工

人工挖孔灌注桩是用人工挖土成孔，然后安放钢筋笼，灌注混凝土成桩这类桩具有承载能力高、造价低廉等优点，适宜的地层是黄土、无地下水或地下水较少的黏性土、粉土，含少量砂、砂卵石的黏性土层，也可应用于膨胀土、冻土及密实程度较好的人工填土、砂卵石。在地质情况复杂、地下水位高以及孔中缺氧或有毒气发生的土层中不宜采用。

一、人工挖孔桩施工的主要施工机具

（1）起吊机具：小卷扬机或电动葫芦、提升架等，用于材料和弃土的垂直运输及施工人员上下。

（2）扶壁钢模板（或波纹模板）、砖等

（3）排水机具，潜水泵用于抽出桩孔中的积水。

（4）鼓风机和送风管、向桩孔强制送入新鲜空气

（5）挖土工具：镐、锹、土筐等。若遇到硬土或岩石还需风镐、空压机、爆破器材等。

（6）混凝土拌制、振捣机具，混凝土拌和站（拌和机）、振捣棒。

（7）应急软爬梯、简易防护棚，防止提升弃土时落下伤人。

二、人工挖孔桩的施工工艺

人工挖孔桩施工最大的隐患是孔壁土体坍塌和上部掉下的异物伤人。为确保安全施工必须认真制订孔内防止土体坍落的支护措施和防止上部异物掉入孔底伤人的措施，如采用现浇混凝土护壁、喷射混凝土护壁、波纹钢模板护壁、砌砖圈护壁等，应采取孔底设置局部挡棚防止异物掉入伤人等技术措施。

（一）放线定位

按设计图纸放线、定桩位。

（二）开挖土方

采取分段开挖，每段高度决定于土壁保持直立不坍塌状态的能力，一般以0.8～1.0m为一施工段挖土由人工从上到下逐段用镐、锹进行，遇坚硬土层用锤、钎破碎。同一段内挖土次序为先中间后周边扩底部分采取先挖桩身圆柱体，再按扩底尺寸从上到下削土修成扩底形。

弃土装入活底吊桶或算筐内，垂直运输时则在孔口安支架，用10～20kN慢速卷扬机提升桩孔较浅时，也可用木吊架或木辘铲用粗麻绳提升。吊至地面上后用机动翻斗车或手推车运出。

在地下水以下施工时，应及时用吊桶将泥水吊出。如遇大量渗水，则在孔底一侧挖集水坑，用高扬程潜水泵排出桩孔外。

（三）测量控制

桩位轴线采取在地面设十字控制网、基准点安装提升设备时，使吊桶的钢丝绳中心与桩孔中心线一致，以做挖土时粗略控制中心线使用。

（四）支设护壁模板

通常在孔内采用现浇混凝土护壁、钢模板或波纹模板、喷射混凝土护壁等。土质稳定，渗水量少的土层也可采用预制混凝土并圈，砖砌井圈等。模板高度取决于开挖土方施工段的高度，一般为1m，由4块或8块活动钢模板组合而成。

护壁支模中心线控制，将桩控制轴线、高程引到第一节混凝土护壁上，每节以十字线对中，吊线锤控制中心点位置，用尺杆找圆周，然后由基准点测量孔深。

（五）设置操作平台

在模板顶放置操作平台，平台可用角钢和钢板制成半圆形，两个合起来即为一个整圆，用于临时放置混凝土拌和料和灌注扶壁混凝土使用。

（六）灌注护壁混凝土

护壁混凝土要注意捣实，因它起着护壁与防水双重作用，上下护壁间搭接50～75mm护壁分为外齿式和内齿式两种。外齿式的优点：作为施工用的衬体，抗塌孔的作用更好；便于人工用钢钎等捣实混凝土；增大桩侧摩阻力，护壁通常为素混凝土，但当桩径、桩长较大，或土质较差、有渗水时应在护壁中配筋。上下护壁的主筋应搭接。

分段现浇混凝土护壁厚度，一般由地下最深段护壁所承受的土压力及地下水的侧压力确定，地面上施工堆载产生的侧压力影响可不计。

（七）拆除模板继续下一段的施工

当护壁混凝土达到一定强度（按承受土的侧向压力计算）后便可拆除模板，一般在常温情况下约过24h后便可以拆除模板。模板拆除后，再开挖下一段土方，然后继续支模灌注护壁混凝土，如此循环，直到挖到设计要求的深度。

（八）钢筋笼沉放

钢筋笼就位，对质量在1000kg以内的小型钢筋笼，可用带有小卷扬机的活动三支木搭的小型吊运机具，或用汽车吊吊放入孔内就位。对直径、长度、质量大的钢筋笼，可用履带吊或大型汽车吊进行吊放。

（九）排除孔底积水，灌注桩身混凝土

在灌注混凝土前，应先放置钢筋笼，并再次测量孔内虚土厚度，超过要求应进行清理。混凝土坍落度为8～10cm。

混凝土灌注可用吊车吊混凝土，或用翻斗车，或用手推车运输向桩孔内灌注。混凝土下料用串桶，深桩孔用混凝土导管。混凝土要垂直灌入桩孔内，避免混凝土斜向冲击孔壁，造成塌孔（对无混凝土护壁桩孔的情况）。

混凝土应连续分层灌注，每层灌注高度不得超过1.5m。对于直径较小的挖孔桩，距地面6m以上可利用混凝土的大坍落度（掺粉煤灰或减水剂）和下冲力使之密实；6m以内的混凝土应分层振捣密实。对于直径较大的挖孔桩应分层捣实，第一次灌注到扩底部位的顶面，随即振捣密实；再分层灌注桩身，分层捣实，直至桩顶，当混凝土灌注量大时，可用混凝土泵车和布料杆。在初凝前抹压平整，以避免出现塑性收缩裂缝或环向干缩裂缝。表面浮浆层应凿除，使之与上部承台或底板连接良好。

三、人工挖孔桩施工注意要点

（1）孔内必须设置应急软爬梯；供人员上下井使用的电葫芦、吊笼等应安全可靠，并配有自动卡紧保险装置，不得使用麻绳和尼龙绳吊挂或脚踏井壁凸缘上下。电葫芦宜用按钮式开关，使用前必须检验其安全起吊能力。

（2）每日开工前必须检测井下是否有有毒、有害气体，并应有足够的安全防范措施。桩孔开挖深度超过10m时，应有专门向井下送风的设备，风量不宜少于25L／s。

（3）孔口四周必须设置护栏，护栏高度一般为0.8m。

（4）挖出的土石方应及时运离孔口，不得堆放在孔口四周1m范围内，机动车辆的通行不得对井壁的安全造成影响。

第二章　地基处理

第一节　地基处理的概述

一、地基处理的目的及对象

地基处理的目的，就是对软弱地基上可能发生的问题，如沉降、承载力偏低和渗漏等，采取一定的方法和措施加以改善地基条件，以满足建（构）筑物对地基的要求。

目前，我国国民经济飞速发展，岩土工程和土木工程建设规模日益扩大，对地基的要求越来越高，难度也越来越大。土木工程功能化、城市建设立体化、交通高速化和改善综合居住条件成为现代化土木工程的特征。随着现代化建设事业的发展，越来越多的岩土工程和土木工程需要对天然地基进行处理，以满足现代建（构）筑物对地基的要求。

与建（构）筑物的上部结构相比，地基不确定因素多、问题复杂、难度大地基问题处理不好，后果严重。总结国内外地基处理方面的经验教训，推广和发展各种地基处理技术，提高地基处理水平对加快基本建设速度、节约基本建设投资具有特别重要的意义。

地基处理的对象是软弱地基和特殊土地基。在这类地基上建造建筑物时，主要有以下五个方面问题。

（一）地基承载力及稳定性

地基承载力及稳定性是指地基在建（构）筑物荷载（包括静、动荷载及其各种组合）作用下能否保持稳定，若地基承载力不能满足要求，在建（构）筑物荷载作用下地基将会产生局部或整体剪切破坏，影响建（构）筑物的安全与正常使用，严重的会引起建（构）筑物的破坏天然地基承载力主要与土的抗剪强度有关，同时与基础的形式和埋深也有关系。天然地基承载力不能满足要求时，需要进行地基处理，形成人工地基，以满足建（构）筑物对地基承载力的要求。

（二）沉降、水平位移及不均匀沉降

在建（构）筑物的荷载（包括静、动荷载及它们的各种组合）作用下，地基发生沉降或水平位移，或不均匀沉降可能会超过相应的允许值。若地基变形超过允许值就会影响建（构）筑物的安全与正常使用，严重的会引起建（构）筑物的破坏。天然地基变形主要与荷载大小和土的变形特性有关，也与基础形式有关。

（三）渗漏

渗漏主要分两类：一类是堤坝蓄水构筑物地基渗流量超过其允许值时，其后果是造成较大量损失；另一类是地基中水力比降超过其允许值时，地基土会因潜蚀和管涌产生破坏而导致建（构）筑物破坏造成工程事故天然地基渗漏问题主要与土的渗透性有关。若天然地基不能满足要求，则需对地基进行改良，以减小土的渗透性，或在地基中设置止水帷幕，阻截渗流。

（四）液化

在动荷载（地震、机器振动与波浪荷载、车辆振动和爆破等）作用下，会引起饱和松散的粉细砂（包括部分粉土）产生液化，它是土体失去抗剪强度与承载力，出现近似液体特性的一种现象，并会造成地基失稳和震陷。

（五）特殊土不良地基的特性

主要是指消除或减少黄土的湿陷性和膨胀土的胀缩性等特殊土的不良地基特性。

我国地域辽阔，分布着各种各样的地基土，其物理力学性质和水理性质等，因土的种类不同而可能存在很大差别。各种地基土中，主要包括：软黏土、人工填工（包括素填土、杂填土和冲填土）、饱和粉细砂（包括部分轻亚黏土）、湿陷性黄土、有机质土和泥炭土、膨胀土、多年冻土、岩溶、土洞和山区岩石地基等。为了更好地进行地基处理，我们应对它们有所了解和熟悉。分别简单介绍如下：

1. 软黏土

软黏土是软弱黏性土的简称，有时还简称为软土。它是第四纪后期形成的海相、泻湖相、三角洲相、溺谷相和湖泊相的黏性土沉积物或河流冲积物，有的属于新近淤积物软黏土大部分是饱和的，其天然含水量大于液限，孔隙比大于1.0。当天然孔隙比大于1.5时，称为淤泥；当天然孔隙比大于1.0而小于1.5时，称为淤泥质土。软黏土的特点是天然含水量高，天然孔隙比大，抗剪强度低，压缩系数高，渗透系数小。在荷载作用下，软弱土地基承载力低，地基沉降变形大，不均匀沉降也较大，而且沉降稳定历时比较长，在比较深厚的软黏土层上，结构物基础的沉降往往需要几年甚至几十年。软黏土地基是在工程建设中遇到最多需要处理的软弱地基，它们广泛地分布在我国沿海以及内地河流两岸和湖泊地区例如：上海、宁波、福州、厦门、广州、珠海等沿海地区，以及南京、武汉、芜湖和昆明等内陆地区。

2. 人工填土地基（包括素填土、杂填土和冲填土）

人工填土按照物质组成和堆填方式可以分为素填土、杂填土和冲填土三类：按堆填时间分为老填土和新填土两类。黏性土堆填时间超过10年、粉土堆填时间超过5年，称为老填土。

（1）素填土

是由砂、粉土、黏性土等一种或几种材料组成的填土，其中不含杂质或含杂质较少。若分层压实则称为压实填土，其性质取决于填土性质、压实程度以及堆填时间。

（2）杂填土

是人类活动形成的无规则堆积物，由大量建筑垃圾、工业废料或生活垃圾组成，其成分复杂，成层有厚有薄，性质也不相同，且无规律性。在大多数情况下，杂填土较为疏松且不均匀。在同一场地的不同位置，地基承载力和压缩性也有较大差异。

（3）冲填土

是由水力冲填泥沙形成的。冲填土的性质与所冲填泥沙的来源及冲填时的水力条件等有密切关系。含黏土颗粒较多的冲填土往往是欠固结的，其强度和压缩性指标都比同类天然沉积土差；粉细砂为主的冲填土，其性质基本上和粉细砂相同。

3. 饱和粉细砂

指饱和粉砂土、饱和细砂土和砂质粉土。粒径大于0.25mm的颗粒不超过全重的50%，粒径大于0.075mm的颗粒超过全重的85%的称为细砂土；粒径大于0.075mm的颗粒不超过全重的85%但超过50%的称为粉砂土。粒径大于0.075mm的颗粒不超过全重的50%，而粒径小于0.005mm的颗粒含量不超过全重的10%，塑性指数不大于10的称为砂质粉土。处于饱和状态的细砂土、粉砂土和砂质粉土在静载作用下虽然具有较高的强度，但在机器振动、车辆荷载、波浪或地震力的反复作用下有可能产生液化或大量震陷变形。地基会因液化而丧失承载能力。如需要承担动力荷载，这类地基也需要进行处理，以消除其振动液化性。

4. 湿陷性土

湿陷性土主要包括湿陷性黄土、粉砂土和干旱、半干旱地区具有崩解性的碎石土等。是否属于湿陷性土可根据野外浸水载荷试验确定，当在200kPa压力作用下附加变形量与载荷板宽之比大于0.015时称为湿陷性土。在工程建设中遇到最多的是湿陷性黄土。

湿陷性黄土是指在覆盖土层的自重应力或自重应力与建筑物附加应力综合作用下，受水浸湿后，土的结构迅速被破坏，并发生显著的附加下沉，其强度迅速降低的黄土由于黄土湿陷而引起建筑物不均匀沉降是造成黄土地区事故的主要原因由于大面积地下水位上升等原因，部分湿陷性黄土饱和度达到80%以上，黄土湿陷性消退，转变为低承载力（100kPa）和高压缩性土。饱和黄土既不同于软土，也不属于湿陷性黄土，它兼具两者特性，这类地基的处理问题逐渐增多。黄土在我国特别发育、地层多、厚度大，广泛分布在甘肃、陕西、山西大部分地区，以及河南、河北、山东、宁夏、辽宁、新疆等部分地区。当黄土作为建筑物地基时，首先判断它是否具有湿陷性，然后才考虑是否需要地基处理以及如何处理。

5. 有机质土和泥炭土

土中有机质含量大于5%时称为有机质土，大于60%时称为泥炭土。

土中有机质含量高，强度往往降低，压缩性增大，特别是泥炭土，其含水量极高，压缩性大，且不均匀，一般不宜作为天然地基，需要进行地基处理。

6. 膨胀土

膨胀土是一种吸水膨胀、失水收缩，具有较大往复胀缩变形的特殊黏土。主要矿物成分为强亲水性的蒙脱石和伊利石，天然状态下一般强度高、压缩性低，易被误认为是工程性质良好的土。由于膨胀土的显著胀缩特性，使膨胀土地区的房屋建筑、铁路、公路、机场、水利工程等经常遭受巨大的破坏，因此，给各国造成的经济损失每年都很大。利用膨胀土作为建（构）筑物地基时，如果没有采取必要措施进行地基处理，常会给建（构）筑物造成危害。

7. 多年冻土

多年冻土是指温度连续3年或3年以上保持在0℃或0℃以下，并含有冰的土层多年冻土的强度和变形有许多特殊性质例如，冻土中因有冰和冰水存在，故在长期荷载作用下有强烈的流变性多年冻土作为建（构）筑物地基需慎重考虑，并采取必要的处理措施。

8. 岩溶、土洞和山区岩石地基

岩溶或称"喀斯特"，它是石灰岩、白云岩、泥灰岩、大理石、岩盐、石膏等可溶性岩层受水的化学和机械作用而形成的溶洞、溶沟、裂隙，以及由于溶洞的顶板塌落使地表产生陷穴、洼地等现象和作用的总称。土洞是岩溶地区上覆土层被地下水冲蚀或被地下水潜蚀所形成的洞穴岩溶和土洞对建（构）筑物的影响很大，可能造成地面变形、地基陷落，发生水的渗漏和涌水现象在岩溶地区修建建筑物时要特别重视岩溶和土洞的影响。

山区地基地质条件比较复杂，主要表现在地基的不均匀性和场地的稳定性两方面山区基岩表面起伏大，且可能有大块孤石，这些因素常会导致建筑物基础产生不均匀沉降；另外，在山区常有可能遇到滑坡、崩塌和泥石流等不良地质现象，给建（构）筑物造成直接的或潜在的威胁在山区修建建（构）筑物时要重视地基的稳定性和避免过大的不均匀沉降，必要时需进行地基处理。

托换技术或称基础托换是指解决对原有建筑物的地基需要处理和基础需要加固；或解决对既有建筑物基础下需要修建的地下工程，其中包括隧道要穿越既有建筑物，以及邻近需要建造新工程而影响到既有建筑物的安全等问题的技术总称。

托换技术是一种建筑技术难度较大、费用较贵、工期较长和责任心较强的特殊地基处理施工方法。托换技术需要应用各种地基处理技术，因而国内外都将托换技术列入"地基处理"的内容范畴同时，一个优秀的托换工程也是一个善于巧妙和灵活地综合选用各种地基处理方法的工程。

二、地基处理方法的分类及处理方案的选定

（一）地基处理方法的分类

地基处理是一门既古老又年轻的学科，即使在21世纪的今天，新的加固技术和材料仍在不断地出现和发展地基处理方法的不断发展使其功能不断扩大，由于许多地基处理方法还同时兼有几种不同的处理效果，如碎石桩在软弱黏性土中主要起置换作用，在砂性土中则主要起挤密作用和振密作用，而在粉土地基中则既有置换作用又有挤密、振密作用，因此，使得地基处理方法的精确分类变得十分困难。

地基处理方法按时间效果可分为临时性处理和永久性处理；按处理深度可分为浅层处理和深层处理；按土性对象可分为砂性土处理和黏性土处理、饱和土处理和非饱和土处理；按处理的作用机理可分为化学处理和物理处理；按添加加固材料的作用可分为加筋法、七质改良法和置换法；按是否添加加固材料和处理时间效果可分为临时性处理、不加任何添加料的永久性加固和添加加固材料的永久性加固。

（二）地基处理方案的选定

地基处理的效果能否达到预期的目的，首先有赖于地基处理方案的选择是否得当、各种加固参数的设计是否合理。地基处理方法虽然很多，但任何一种方法都不是万能的，都有其各自的适用范围和优、缺点。由于具体工程条件和要求各不相同，地质条件和环境条件也不相同，此外，施工机械设备、所需的材料也会因提供部门的不同而产生很大差异，施工队伍的技术素质状况、施工技术条件和经济指标状况都会对地基处理的最终效果产生很大的影响。一般地说，在选择确定地基处理方案以前应充分地综合考虑以下几方面因素：土的类别、地基处理加固深度、上部结构要素、当地能提供的材料、施工单位的机械设备、施工现场周围环境、施工工期、施工队伍素质和工程造价等。

地基处理的方法繁多，合理地选择处理方案对确保工程质量、进度，降低处理费用都具有重要意义。

方案的选择一般应先做好调查研究，详细了解结构类型、地质情况、环境影响以及施工条件等。地基处理方案的选定，一般可按以下方法进行：

（1）收集详细的工程地质、水文地质及地基基础的设计资料。根据基础结构类型、荷载大小及使用要求，结合了解的地质资料、周围环境和相邻建筑物等情况，初步选定几种可供考虑的地基处理方案。在选择地基处理方案时，也可考虑采取加强上部结构、基础、刚度（整体性）的措施，使其与地基处理共同作用。

（2）对初步选用的几种地基处理方案进行筛选，分别从工程、地质、水文状况、加固效果、材料消耗及来源、施工机具、场地条件、工程进度要求、环境影响、地基处理费用等方面进行综合的技术与经济分析比较，根据技术上可行，质量安全可靠，施工方便，经济上合理，又能满足进度要求等原则，因地、因工程制宜地优选一最佳、合理的地基处理方案在选用某一方法时，还应注意克服盲目性，因每一种地基处理方案都有其一定的适用场合、优缺点和局限性，没有一种方法是万能的，可以选用一种处理方法，也可选用两种或两种以上地基处理方法组成的综合处理方案。在确定地基处理方法时，还应注意节约能源，注意环境保护，避免因地基处理对地面水和地下水产生污染，振动噪声对周围环境产生不良影响等。

（3）对已选定的地基处理方案，应在有代表性的场地上进行相应的原位现场试验或试验性施工，以检验设计参数、施工工艺的合理性和处理效果，如未达到设计要求，应查明原因，采取措施或修正地基处理方案，直至满足要求为止。

一般来说，当软弱地基的土层厚度较薄时，可选用简单的浅层加固方法，如换土垫层、机械碾压、重锤夯实等；当软弱土层厚度较大时，可按加固土的性状和含水量情况采用挤密桩法、振冲碎石桩法、强夯法或排水堆截预压法等；如遇软土层中夹有砂层，则可直接采用堆载预压法，而不需设置竖向排水井；当遇粉细砂地基，如仅为防止砂土的液化，一般可选用强夯法、振冲法、挤密桩法等；当遇淤泥质土地基，因其透水性差，一般宜采用设置竖向排水井的堆载预压法、真空预压法、土工聚合物加固法等；当遇杂填土、冲填土（含粉细砂层）和湿陷性地基，在一般情况下，可采用深层密实法效果较佳。在地基处理方案确定后，应搞好施工技术管理，以保证方案的正确实施，达到预期的良好效果。

第二节 常用的地基处理

一、灰土地基

灰土地基是将基础底下一定范围内的软弱土层挖去，然后分层用一定比例石灰土（熟石灰与土的体积比一般为3：7或2：8，也可以根据具体土质研究和设计来确定石灰土配合比，如土、生石灰粉的质量比=1：0.06）回填夯实或压实而成。

灰土地基具有一定的强度、承载力，也具有水稳定性和抗渗性，可作为结构辅助层。

　　灰土地基具有施工工艺简单、建筑材料取用方便、工程费用较低、施工质量易控等特点，是一种在建筑和市政工程中广泛使用的地基加固方法。

　　适于加固处理的厚度一般为1～3m的软弱土、湿陷性黄土、杂填土等，通过土质换填，改变湿陷性土层、杂填土层沉降量大和不均匀、承载力低、水稳定性差等特点，还可用作结构的辅助防渗层。

　　（一）基本要求

　　（1）灰土土料、石灰或水泥（当水泥替代灰土中的石灰时）等材料及配合比应符合设计要求，灰土应搅拌均匀。

　　（2）施工过程中应检查分层铺设的厚度、分段施工时上下两层的搭接长度、夯实时加水量、夯压遍数、压实系数。

　　（3）施工结束后，应对灰土地基进行检验，灰土地基的各项指标应达到质量验收标准。

　　（二）施工准备

　　1. 施工机具

　　（1）人工夯实采用石夯、木夯。

　　（2）小型夯实机械一般采用蛙式打夯机、柴油打夯机和电动打夯机。

　　（3）工程较大的灰土地基夯实采用6～12t压路机（带振动为4～6t）。

　　（4）拌和：少量采用人工，工程较大时采用机械拌和（如铲运机）。

　　（5）挖掘机和运输车：用于摊铺。

　　2. 材料要求

　　（1）土料

　　①灰土中的土料一般选用就地挖出的黏性土，也可以选用$I_p>4$（I_p为塑性指数）的粉土，不宜使用块状黏土和砂质粉土，土中不得有松软杂质和杂物（有机物、杂填土等）；土质应过筛，土粒应小于15mm。

　　②土料要送实验室检验。

　　（2）石灰

　　①用Ⅲ级以上的新鲜块灰，在使用前1～2d进行消解并过筛，其颗粒不得大于5mm，且不应夹有未熟化的生石灰块料和其他杂质，同时，化解的石灰不能有过多的水分。

　　②可以根据设计要求，选用优质的袋装生石灰粉。

　　③石灰应送实验室进行复试，其CaO（氧化钙）、MgO（氧化镁）含量要满足规范要求，具体参见现行国家标准《建筑石灰及其试验方法》和《建筑生石灰》《建筑生石灰粉》和《建筑消石灰粉》。

（三）灰土地基的施工

1.施工方法

灰土地基施工的工序为：清表验→原土压实→灰土拌和→摊铺第一层→压实→验收合格后铺第二层→压实→第三层→……→整体验收合格。

（1）要把原地面上草、杂物等进行清理，把淤泥、积水、软土层、松土坑等挖干净；同时做好防雨、排水保护措施，使灰土地基施工在基槽（坑）无积水的状态下进行。

（2）对原土进行验槽，并做隐蔽验收记录。

（3）灰土地基施工前，用打夯机或压路机对原土基夯实或压实，最不得小于2遍。

（4）灰土配合比应符合设计规定，一般用3∶7或2∶8（石灰∶土，体积比）。多用人工翻拌，不少于3遍，使其达到均匀，颜色一致，并适当控制含水量，现场以手握成团，两指轻捏即散为宜，一般最优含水量为14%～18%；含水过多或过少时，应稍晾干或洒水湿润，如有球团应打碎，要求随拌随用。

（5）铺灰应分段分层夯筑：夯实机具可根据工程大小和现场机具条件用人力或机械、夯打或碾压遍数，按设计要求的干密度由试夯（或碾压）确定，一般不少于4遍一

（6）对第一层夯土进行验收，确保合格。

（7）进行摊铺第二层灰土并摊铺及压实，再经验收。

（8）按照设计的层数，重复摊铺第三层灰土，并经压实和验收，直至达到所需要的地基标高。

（9）整体验收并达到合格标准、

2.施工注意事项

（1）施工所采用的灰土应做击实试验，以确定现场灰土的最佳含水量和击实曲线。

（2）做试验段，以确定每层的虚铺系数、夯实遍数或压实遍数。

（3）灰土应当日铺填夯压，入槽（坑）灰土不得隔日夯打。夯实后的灰土30d内不得受水浸泡，并及时进行基础施工与基坑回填，或在灰土表面做临时性覆盖，避免日晒雨淋。雨期施工时，应采取适当防雨、排水措施，以保证灰土基槽（坑）在无积水的状态下进行，刚打完的灰土，如突然遇雨，应将松软灰土除去，并补填夯实；稍受湿的灰土可在晾干后补夯。

（4）灰土分段施工时，不得在墙角、柱基及承重墙下接缝，上下二层的接缝距离要大于500mm，接缝处应压实，并做成直槎。当二层灰土地基高度不一时，应在交接处做成阶梯状，每阶宽要大于500mm；对用作辅助防渗层的灰土，应将地下水位以下的结构进行包围，并做好接缝处理，在做接缝时，每层虚土从留缝处向前多铺500mm，压实时应重叠300mm以上；做接缝时，要将接缝切整齐（垂直切下）后，再做下一段。

（5）压实好的灰土要进行30d的养护，不得上重载或车辆在上通行，不得受水浸泡，

养护好后及时进行上面基础施工。

（6）下雨前用塑料薄膜进行覆盖，如受到大雨淋浸，要将表面松土层挖掉，补土压实。

（7）当温度低于0℃、有冰冻时和基层土有冻土时，不得进行施工；已施工好的要采取保温措施（如覆盖等），有冻土块时，要挖出来进行清理。

二、砂和砂石地基

砂垫层和砂石垫层地基是用夯（压）实的砂或垫层替换基础下部一定厚度的软土层，以起到提高基础下地基强度、承载力，减少沉降量的作用。其特点是由于其材料透水性好，软弱土层受压后，垫层可作为良好的排水面，使基础下面的孔隙水压力迅速消散，加速软弱土层的排水固结，并提高其强度，而且砂垫层材料孔隙大，不易产生毛细管现象，因此，可防止寒冷地区土中结冻造成冻胀，也可消除膨胀土的胀缩作用。

砂和砂石垫层应用范围广泛；由于砂颗粒大，可防止地下水因毛细管作用上升，地基不受冻结的影响；能在施工期间完成沉陷；用机械或人工都可使垫层密实，施工工艺简单，可缩短工期，降低造价等。

适于处理3.0m以内的软弱、透水性强的黏性土地基；不宜用于加固湿陷性黄土地基及渗透系数极小的黏性土地基。

（一）基本要求

（1）砂和砂石垫层适用于中小型建筑工程的浜、塘、沟等的局部处理。

（2）砂和砂石垫层材料中严禁混入垃圾。

（3）填筑前应清除杂草、树根等杂物以及表层耕土；在明浜、水槽、水田地区还应清除淤泥及腐殖土。

（4）填筑区须防止地表水和地下水渗入，并须排除积水。

（5）砂和砂石垫层的施工质量检验必须分层进行。应在每层的压实系数符合设计要求后，铺填上层土。

（二）施工准备

1.施工机具

根据所选用的施工方法不同，采用的施工机具及要求也不同。砂和砂石垫层的施工方法主要有三种：碾压法、夯实法和平振法；此外还有插振法和水撼法。

（1）碾压法

碾压法是采用压路机、推土机、羊足碾或其他压实机来压实地基土。对于采用各种施工机具，在分层回填碾压的每层铺填厚度及压实遍数。

当地基下是以黏性土为主的软弱土时，宜采用平碾或羊足碾，对于狭窄场地、边角及接触带可用蛙式夯实机。

为保证有效压实深度，机械碾压速度应控制在：平足碾为2km/h，羊足碾为3km/h，振动碾为2km/h，振动压实机为0.5km/h。

（2）夯实法

夯实法是采用木夯或机械夯，如蛙式夯等来对地基土进行夯实。

夯实法施工前，应检查基坑中土的含水量，并根据试验结果决定是否需要加水；还要在建筑物场地附近试夯以确定最少夯实遍数及总下沉量。

（3）平振法

平振法是用振动压实机来处理无黏性土、透水性好的地基的方法。采用这种方法进行施工时，要先进行试振，得出稳定下沉量与时间的关系，确定振实时间振实范围是从基础边缘放出0.6m左右，先振基槽两边后振中间。

2. 材料要求

（1）砂垫层和砂石垫层所用材料系砂或砂石混合物。宜选用碎石、卵石、角砾、圆砾、砾砂、粗砂、中砂或石屑（粒径小于2mm的部分不应超过总重的45%）。

（2）砂宜用颗粒级配良好、质地坚硬的中砂或粗砂，当用细砂、粉砂（粒径小于0.075mm的部分不超过总重的9%）时，应掺入不少于总重30%的粒径20~50mm的卵石（或碎石），且要分布均匀。砂中不得含有杂草、树根等有机物，含泥量应小于5%，兼做排水垫层时，含泥量不得超过3%。自然级配的砂砾石（或卵石碎石）的混合物，粒径应在50mm以下，其含量应在50%以内，不得含有植物残体、垃圾等杂物，含泥量小于5%，对湿陷性黄土地基，不得选用砂石等透水材料。

（三）砂和砂石地基的施工

1. 施工方法

砂垫层和砂石垫层的施工过程可分解为以下三个阶段：

（1）准备阶段

①在施工开始前，应根据所采用的施工方法，做好垫层的设计即确定垫层断面的合理厚度及宽度，编制垫层铺筑的施工组织设计，并做相关试验得出现场砂和砂石的最佳含水量，从而确定夯实（压实）遍数或振实时间。

②开挖基坑时，要避免扰动坑底软弱土层，因此，可先保留200mm厚土层暂不挖去，待铺砂前再挖至设计标高。

③铺筑前，要先验槽，浮土要清除，边坡要稳定。基坑两侧附近如有低于基坑的孔洞、沟、井、墓穴等，应在未做地基前加以填实。

④当地下水位较高或在饱和的软弱地基上铺设垫层时，应加强基坑内及外侧四周的排水工作，防止砂垫层泡水引起砂的流失，保持基坑边坡的稳定。或采取降低地下水位的措

施，使地下水位降低到基坑底500mm以下。

⑤冬期施工时，不得采用夹有冰块的砂石做垫层，应采取措施防止砂石内水分冻结。

⑥人工级配的砂、石材料，铺填前，应按级配将砂、卵石拌合均匀。

（2）铺设阶段

①砂垫层和砂石垫层的底面宜铺设在同一标高上，如果深度不同时，施工应按先深后浅的顺序施工，土面应挖成阶梯或斜坡搭接。

②分段施工时，接头应做成斜坡，每层错开0.5～1.0m，并应充分捣实。

③垫层应分层铺设，分层捣实，并应采用标桩控制每层砂垫层的铺设厚度、每层的铺设厚度、砂石最佳含水量控制及施工机具、方法的选用。

④垫层铺设时，严禁扰动垫层下卧层及侧壁的软弱土层，防止被践踏、受冻或受浸泡而降低其强度。若垫层下有厚度较小的淤泥时，可先在软弱土面上堆填块石、片石等，然后将其压入以置换出软弱土，再做垫层。

⑤排水砂石层可用人工铺设，也可用推土机、压路机来铺设。

⑥垫层铺设完毕应立即进行下道工序施工，严禁推车及人在砂层上行走。

（3）垫层捣实

①砂和砂石垫层地基的捣实，有振实、奇实、压实等方法。其捣实效果与填土成分、夯实、压实遍数、振实时间等因素有关，具体应通过试验确定。

②振捣夯实要做到振捣夯实面积有1／3交叉重叠，防止漏振、漏夯、漏压。

③大面积施工可采用成组喷雾淋水器均匀喷水使砂层达到饱和状态，然后用成组电动插入式振捣器按顺序排列进行振捣使其密实，最后由地下暗沟将密实砂层中多余的水分排出，其振捣密实后的位移距离不得大于单一振动器振动有效半径的1.4倍。

④在振动首层垫层时，不得将振动棒插入原土层或基槽边坡，以避免软土混入砂垫层而降低砂垫层的强度，也不要扰动基坑四侧的土，以免影响和降低地基强度。

⑤每铺一层垫层，经密实度检验合格后方可进行上一层的施工。

⑥垫层竣工验收合格后，应及时进行基础施工与基坑回填。

2.施工注意事项

（1）铺设垫层前应验槽，将基底表面浮土、淤泥、杂物清除干净，两侧应设一定坡度，防止振捣时塌方。

（2）垫层底面标高不同时，土面应挖成阶梯或斜坡搭接，并按先深后浅的顺序施工，搭接处应夯压密实。分层铺设时，接头应做成斜坡或阶梯形搭接，每层错开0.5～1.0m，并注意充分捣实。

（3）人工级配的砂砾石，应先将砂、卵石拌和均匀后，再铺夯压实。

（4）垫层铺设时，严禁扰动垫层下卧层及侧壁的软弱土层，防止被践踏、受冻或受浸泡而降低其强度。如垫层下有厚度较小的淤泥或淤泥质土层，在碾压荷载下抛石能挤入该层底面时，可采取挤淤处理。先在软弱土面上堆填块石、片石等，然后将其压入以置换和挤出软弱土再做垫层。

（5）垫层应分层铺设、分层夯或压实。基坑内预先安好5m×5m网格标桩，控制每层砂垫层的铺设厚度。

振夯压要做到交叉重叠1/3，防止漏振、漏压。夯实、碾压遍数、振实时间应通过试验确定。用细砂做垫层材料时，不宜使用振捣法或水撼法，以免产生液化现象排水砂垫层可用人工铺设，也可用推土机、压路机来铺设。大面积施工可采用成组喷雾淋水器均匀喷水使砂层达到饱和状态。然后用成组电动插入式振动器按顺序排列进行振动捣固使其密实，最后由地下暗沟将密实砂层中多余的水排出。其振捣密实后的移位距离不得大于单一振动器振动有效半径的1.4倍。

（6）当地下水位较高或在饱和的软弱地基上铺设垫层时，应加强基坑内及外侧四周的排水工作，防止砂垫层泡水引起砂的流失，保持基坑边坡稳定；或采取降低地下水位措施，使地下水位降低到基坑底500mm以下。

（7）当采用水撼法或插振法施工时，以振捣棒振幅半径的1.75倍为间距（一般为400~500mm）插入振捣，依次振实，以不再冒气泡为准，直至完成，同时应采取措施控制注水和排水。垫层接头应重复振捣，插入式振动棒振完所留孔洞应用砂填实；在振动育层到垫层时，不得将振动棒插入原土层或基槽边部，以免使软土混入砂垫层而降低砂垫层的强度。

（8）垫层铺设完毕，应进行下道工序施工，严禁小车及人在砂层上面行走，必要时应在垫层上铺板行走。

三、土工合成材料地基

土工合成材料地基是用土工合成材料铺设而成的地基。土工合成材料在我国的应用开始于20世纪60年代中期，首先是塑料薄膜在渠道防渗方面的应用，后来推广到水库、水闸和蓄水池等工程。近十多年来，已在水利、水电、公路、铁路、建筑、港口等工程中成功地得到了应用。随着该材料使用范围的不断扩大，土工合成材料的生产和应用技术也在迅速提高，使其逐渐形成一门新的边缘性学科。它以岩土力学为基础，与纺织工程、石油化学工程有密切联系，应用于岩土工程的各个领域。

土工合成材料的特点是：质地柔软，重量轻，整体连续性好；施工方便，抗拉强度高，没有显著的方向性，各向强度基本一致；弹性、耐磨、耐腐蚀性、耐久性和抗微生物侵蚀性好，不易霉烂和虫蛀。土工纤维具有毛细作用，内部具有大小不等的网眼，有较好的渗透性和良好的疏导作用，水可竖向、横向排出材料为工厂制品，材质易保证，施工简捷，造价较低，与砂垫层相比可节省大量砂石材料，节省费用1／3左右。用于加固软弱地基或边坡，作为加筋形成复合地基，可提高土体强度，承载力增大3～4倍，显著地减少沉降，提高地基稳定性。但土工聚合物存在抗紫外线（老化）能力较低，如埋在土中，不受阳光紫外线照射，则不受影响，可使用40年以上。

适用于加固软弱地基，以加速土的固结，提高土体强度；用于公路、铁路路基的加强层，防止路基翻浆、下沉；用于堤岸边坡，可使结构坡角加大，又能充分压实；做挡土墙后的加固，可代替砂井，此外还可用于河道和海港岸坡的防冲，水库、渠道的防渗以及土石坝、灰坝、尾矿坝与闸基的反滤层和排水层，可取代砂石级配良好的反滤层，达到节约投资、缩短工期、保证安全使用。

（一）土工合成材料的分类与作用

1.土工合成材料的分类

土工合成材料由合成纤维制成。合成纤维是以煤、石油、天然气和石灰石等做起始原料，经过化学加工而成的聚合物，再经过机械加工制成纤维、条带、网格和薄膜等。目前，合成纤维的品种主要有锦纶、涤纶、月青纶、维纶、丙纶和氯纶等。

土工合成材料分类随着新材料和新技术的发展，会有所变化。从现状和分类趋向发展，暂将土工合成材料分为四大类。

（1）土工织物

土工织物是由单股丝、多股丝和纤维等一种或多种原材料合成。根据原材料和制作方法的不同，它包括了编织物、有纺型织物、无纺型织物和复合织物等。

（2）土工膜

土工膜是由各种塑料、橡胶或土工织物喷涂防水材料而制成的各种不透水膜，它包括土工（薄）膜、加筋土工膜和复合土工膜等。

（3）特种土工合成材料

特种土工合成材料是通过特殊原材料和特殊的制造方法制成的土工合成材料它包括土工垫、土工网、土工格栅、土工格室、土工膜袋和土工泡沫塑料板等。

（4）复合型土工合成材料

复合型土工合成材料是由土工织物与特种土工合成材料组合而成。

2.土工合成材料的作用

土工聚合物在岩土工程中应用的主要作用有排水、反滤、隔离、加固和补强等。

（1）排水作用

土工纤维具有良好的三维透水特性，可使水经过土工纤维的平面迅速地沿水平方向排走，构成水平排水层。它还可与其他材料（如粗粒料、排水管、塑料排水板等）共同构成排水系统或深层排水井。

（2）反滤作用

多数渗水性土工纤维在单向渗流的情况下，发生细粒逐渐向渗滤层移动，自然形成一个反滤带和一层骨架网阻止细的颗粒被滤过，防止土粒的继续流失，最后趋向于平衡，使土工纤维与其相接触的部分土层共同形成一个完整的反滤体系，有效地起到反滤作用，防止土粒流失，使土体保持稳定。

（3）隔离作用

土工纤维可设置在两种不同土或材料，或者土与其他材料之间，将它们相互隔离，避免混杂产生不良效果，并可依靠其优良特性以适应受力、变形和各种环境变化的影响而不破损。当用于受力的结构体中，则有助于保证结构的状态和设计功能当用于材料的储存堆放场地，可以避免材料损失和劣化，对于废料还有助于防止污染。但用作隔离的土工纤维，其渗透性应大于所隔离土的渗透性；当承受动荷载作用时，土工纤维应有足够的耐磨性和抗拉强度。

（4）加固补强作用

利用土工纤维的高强度和韧性等力学性能，与其上填土间有较大的摩擦力，可分散荷载，扩散应力，将作用土层上的力均匀地分布传递于地基，从而起到加劲（加强）作用，有利于阻止填土的侧向位移和沉降，减少地基的不均匀变形和沉陷，防止浅层地基的极限破坏，并避免局部基础的破损，同时增大土体的刚度模量，提高地基的承载力和稳定性，或作为筋材构成加筋土以及各种土工结构。

（二）施工准备

在土工合成材料地基施工中，主要是对土工合成材料的准备，即应按设计要求，选择土工合成材料的种类、规格和性能。

其性能要求主要有以下几个方面：

1. 规格尺寸

（1）厚度

常用的各种土工合成材料厚度：土工织物一般为0.1~5mm，最厚的可达10mm以上；土工膜一般为0.25~0.75mm，最厚的可达2~4mm；土工格栅的厚度随部位的不同而异，其肋厚一般为0.5~5mm。

（2）单位面积质量

土工织物和土工膜单位面积的质量取决于原材料的密度，同时受厚度、外加剂和含水量的影响。常用的土工织物和土工膜单位面积质量一般在50~1200g／m2。

（3）开孔尺寸

开孔尺寸即等效孔径：土工织物一般为0.05~1.0mm；土工垫为5~10mm；土工网及土工格珊为5~100mm。

2. 力学特性

力学特性主要是抗拉强度、渗透性和界面剪切摩擦等。

（1）抗拉强度

它是土工合成材料主要的特性指标。由于土工织物在受力过程中厚度是变化的，故其受力大小一般以单位宽度所承受的力表示。常用的无纺型土工织物抗拉强度为10～30kN／m，高强度的为30～100kN／m；常用的有纺型土工织物为20～50kN／m，高强度的为50～100kN／m；一般的土工格栅为30～200kN／m，高强度的为200～400kN／m。

（2）渗透性

土工合成材料的渗透性是其重要的水力学特性之一根据工程应用的需要，常要确定垂直和平行于织物平面的渗透性。渗透性主要以渗透系数表示，土工织物的渗透系数为 $8 \times 10^{-4} \sim 5 \times 10^{-1}$ cm／s，其中无纺型土工织物的渗透系数为 $4 \times 10^{-3} \sim 5 \times 10^{-1}$ cm／s。

（3）剪切摩擦土工合成材料作为加筋材料埋在土内，或作为反滤层铺在土坡上，都将与周围土体构成复合体系两种材料在外荷及自重作用下产生变形时，将会沿其界面发生相互剪切摩擦作用。土与土工合成材料之间的摩擦角，与土的颗粒大小、形状、密实度和土工合成材料的种类、孔径以及厚度等因素有关。对于细粒土以及疏松的中砂等与织物之间的摩擦角，大致接近于土的内摩擦角；对于粗粒土以及密实的中细砂等与织物之间的摩擦角，一般小于土的内摩擦角。

此外，土工合成材料的力学特性，除了上述的3种特性外，还有撕裂强度、顶破强度、穿透强度和握持抗拉强度等。

3. 其他性能

土工合成材料还有对抗老化性、耐腐蚀性、抗生物腐蚀性、对紫外线和对温度的敏感性的要求。

（三）土工合成材料地基的施工

1. 施工方法

土工合成材料地基施工的工序如下：基土表面压实→修整→铺覆土工合成材料→覆盖垫层。

（1）铺设土工织物前，应将基土表面压实、修整平顺均匀，清除杂物、草根，表面凹凸不平的可铺一层砂找平。当做路基铺设时，表面应有4%～5%的坡度，以利排水。

（2）铺设应从一端向另一端顺序进行，端部应先铺填，中间后铺填。端部必须精心铺设锚固，铺设松紧应适度，防止绷拉过紧或褶皱，同时需保持连续性、完整性。避免过量拉伸超过其强度和变形的极限而发生破坏、撕裂或局部顶破等。在斜坡上施工，应注意均匀和平整，并保持一定的松紧度；避免石块使其变形超出聚合材料的弹性极限；在护岸工程坡面上铺设时，上坡段土工织物应搭在下坡段土工织物上。

为防止土工织物在施工中产生顶破、穿刺、擦伤和撕破等，一般在土工织物下面宜设置砾石或碎石垫层，在其上面设置砂卵石护层，其中碎石能承受压应力，土工织物承受拉应力，充分发挥织物的约束作用和抗拉效应，铺设方法同砂、砾石垫层。

（3）铺设一次不宜过长，以免下雨渗水难以处理，土工织物铺好后应随即铺设砂石材料或土料，避免长时间暴晒和暴露，使材料劣化。

（4）土工织物用作反滤层时应连续铺设，不得出现扭曲、褶皱和重叠。土工织物上抛石时，应先铺一层30mm厚卵石层，并限制高度在1.5m以内，对于重而带棱角的石料，抛掷高度应不大于50cm。

（5）土工织物上铺垫层时，第一层铺垫厚度应在50cm以下，用推土机铺垫时，应防止刮土板损坏土工织物，在局部不应有过大的应力集中。

2.施工注意事项

（1）铺设土工织物滤层的关键是保证织物的连续性，使织物的弯曲、褶皱、重叠以及拉伸至显著程度时，仍不丧失抗拉强度。

为此，尤其应注意接缝的连接质量。连接的方式，一般有如下几种：

①搭接法：将相邻两块织物重叠一部分，一般重叠宽度为30～90cm。轻型建筑物可取小值。织物的压重增大或倾斜度增大时，搭接长度也要相应增大。水下的不规则铺设时，还要大一些。在搭接处尽量避免受力，以免织物移动。若织物上铺有一层砂土，最好不采用搭接法，因砂土极易挤入两层织物之间而将织物抬起。

②缝合法：用移动式缝合机将尼龙或涤纶线面对面缝合或折叠缝合。缝合法能节省材料，但施工费时。

③钉接法：用U形钉将两块织物连接起来。U形钉应能防锈。接缝方法最好是折叠式钉接的接缝强度一般低于缝合法和胶结法。

④胶结法：此法又可分为加热黏结法、胶粘剂黏结法和双面胶布黏结法。黏结时搭接宽度可取10cm左右，其接缝处的强度与土工织物原有的强度相同。双面胶布黏结法工艺复杂，不宜在现场使用。

（2）若用块石保护土工织物，施工时应将块石轻轻铺放，不得在高处抛掷：如块石下落的情况不可避免时，应先在织物上铺一层砂以保护。

（3）土工织物铺完之后，不得长时间受阳光暴晒，最好在一个月内把上面的保护层做好。备用的土工织物在运送、储存过程中，也应加以遮盖，不得长时间受阳光暴晒。

（4）土工织物应沿堤轴线的横向展开铺设，不容许有褶皱，更不容许断开，并尽量以人工拉紧。

（5）铺设时，应注意端头位置和锚固，在护坡坡顶可使土工纤维末端绕在管子上，埋设于坡顶沟槽中以防土工纤维下落；在堤坝，应使土工纤维终止在护坡块石之内，路基应终止在排水沟底部，避免冲刷时加速坡脚冲刷成坑。

（6）对于有水位变化的斜坡，施工时直接堆置于土工纤维上的大块石间空隙，应填塞或设垫层，以免水位下降时，上坡中的饱和水因来不及渗出形成显著水位差，使土挤向没有压载空隙，引起土工纤维膨胀而造成损坏。

（7）现场施工中发现土工聚合物受到损坏时，应立即修补好。

四、粉煤灰地基

粉煤灰地基是对软弱土地基采用的换填加固技术之一。

粉煤灰是燃煤电厂的工业废物，是一种以硅、铝氧化物为主的人工火山灰质材料，化学成分随着煤种、燃烧工况和收尘方式的不同而变化。实践证明，粉煤灰是一种良好的地基处理材料资源，用作垫层材料时，类似于砂质粉土，具有良好的地基强度和压缩变形模量，能满足工程设计的技术要求；并且在产生可观的经济效益的同时，又能带来良好的环保效益和社会效益。但粉煤灰是轻质、松散、毫无黏性的工业弃料，可否用作填料，须通过试验验证。

用粉煤灰做垫层有以下特点：

（1）粉煤灰自重轻，可降低对下卧土层的压力，减少沉降。

（2）粉煤灰垫层击实性能好，在施工过程中达到设计密实度要求的含水量容易控制，施工质量容易保证。

（3）粉煤灰垫层遇水后强度会降低，影响其承载力。

（4）垫层施工过程中，压实时及压实初期其渗透系数较大，但随着龄期的增加，渗透性能减弱。

（5）粉煤灰抗液化能力比砂质粉土强。

（6）在粉煤灰铺筑层中铺设金属构件时，宜采用适当的防腐措施，如涂沥青或采用镀锌管等措施。

粉煤灰垫层的主要作用是提高地基承载力、减少建筑物的地基压缩变形量、加速软土层的排水固结：粉煤灰垫层适用于厂房、机场、道路、港区陆域和堆场等大中型工程的大面积填筑。

（一）基本要求

（1）粉煤灰垫层上宜覆土0.3～0.5m。

（2）粉煤灰垫层中采用掺加剂时，应通过试验确定其性能及适用条件。

（3）作为建筑物垫层的粉煤灰应符合有关放射标准的要求。

（4）粉煤灰垫层中的金属构件、管网宜采取适当防腐措施，大量使用粉煤灰时，应考虑对地下水和土壤的环境影响。

（二）施工准备

1. 施工机具

铺摊机械可采用推土机。压实机械可采用压路机（大面积场地使用）；平板振动机或蛙式打夯机（较小场地及边角处使用）。

2. 材料要求

（1）粉煤灰具有很好的力学特性，可以用来作为地基的一种材料，其力学特性有：

强度指标和压缩性指标：内摩擦角$\phi=23°\sim30°$，黏聚力$c=5\sim30MPa$，压缩模量$Es=8\sim20MPa$，渗透系数$k=2\times10^{-4}\sim9\times10^{-5}$。

（2）粉煤灰可选用湿排灰、调湿灰和干排灰，且不得含有植物、垃圾和有机物杂质。

（3）粉煤灰选用时应使硅铝化合物含量越高越好。

（4）粉煤灰粒径应控制在$0.001\sim2.0mm$。

（5）含水量应控制在$31\%\pm4\%$范围内，且还应防止被污染。

（6）烧失量不应大于12%。

（7）现场测试时，压实系数$\lambda_c=0.90\sim0.95$时，承载力可达到$120\sim200MPa$，$\lambda_c>95$时可抗地震液化。

（三）粉煤灰地基的施工

1. 施工方法

粉煤灰地基的施工工序如下：

清理地基底面→预压→摊铺第一层粉煤灰→压实→摊铺第二层粉煤灰→压实→……→直至达到所要求的垫层厚度→验收。

（1）铺设前应先验槽，清除地基底面垃圾杂物

（2）平整场地，并用压路机或其他压实机械预压两遍。

（3）粉煤灰铺设含水量应控制在最佳含水（Wop±2%）范围内；如含水量过大时，需摊铺沥干后再碾压。粉煤灰铺设后，应于当天压完；如压实时含水量过低，呈松散状态，则应洒水湿润再碾压密实，洒水的水质不得含有油质，pH值应为6～9。

（4）垫层应分层铺设与碾压，分层厚度、压实遍数等施工参数应根据机具种类、功能大小、设计要求通过实验确定。铺设厚度用机动夯为$200\sim300mm$，夯完后厚度为$150\sim200mm$，用压路机铺设厚度为$300\sim400mm$，压实后为$250mm$左右。对小面积基坑、槽垫层，可用人工分层摊铺，用平板振动器和蛙式打夯机压实，每次振（夯）板应重叠$1/3\sim1/2$板，往复压实由二侧或四周向中间进行，夯实不少于3遍。大面积垫层应用推土机摊铺，先用推土机预压2遍，然后用8t压路机碾压，施工时压轮重叠$1/3\sim1/2$轮宽，往复碾压，一般碾压$4\sim6$遍。

2. 施工注意事项

（1）粉煤灰遇水强度降低，选择的地基场地须将含水量控制在一定范围。

（2）地下水位过高时，须降低地下水位。

（3）粉煤灰垫层在地下水位施工时须先采取排水降水措施，不能在饱和状态或浸水状态下施工，更不能用水沉法施工。

（4）在软弱地基上填筑粉煤灰垫层时，应先铺设20cm的中、粗砂或高炉干渣，以免下卧软土层表面受到扰动，同时有利于下卧软土层的排水固结和切断毛细管水的上升。

（5）夯实或碾压时，如出现"橡皮土"现象，应暂停压实，可采取将垫层开槽、翻松、晾晒或换灰等方法处理。

（6）每层铺完经检测合格后，应及时铺筑上层，以防干燥、松散、起尘、污染环境，并应严格将延伸率对比≤3%为合格。

第三章　路面施工技术

第一节　路面基层（底基层）施工技术

一、级配碎（砾）石类基层（底基层）施工

级配碎（砾）石基层是由各种粗细集料（碎石和石屑或砾石和砂）按最佳级配原理修筑而成。级配碎（砾）石是用大小不同的材料按一定比例配合，逐级填充空隙，并借黏土黏结、经过压实后能形成密实的结构。级配碎（砾）石基层的强度是由摩阻力和黏结力构成，具有一定的水稳性和力学强度。

（一）级配碎（砾）石基层（底基层）材料要求

1.级配碎石

粗、中、小碎石集料和石屑各占一定比例的混合料，当其颗粒组成符合规定的密实级配要求时，称作级配碎石。级配碎石可用未筛分碎石和石屑组成，缺乏石屑时，也可以添加细砂砾或粗砂，但其强度和稳定性不如添加石屑的级配碎石。也可以用颗粒组成合适的含细集料较多的砂砾与未筛分碎石配合成级配碎砾石，但其强度和稳定性不如级配碎石。

轧制碎石的材料可以是各种类型的岩石（软质岩石除外）、圆石或矿渣。圆石的粒径应是碎石最大粒径的3倍以上；矿渣应是已崩解稳定的，其干密度和质量应比较均匀，干密度不小于960kg／m。碎石中针片状颗粒的总含量应不超过20%。碎石中不应有黏土块、植物等有害物质。石屑或其他细集料可以使用一般碎石场的细筛余料，也可以利用轧制沥青表面处治和贯入式用石料时的细筛余料，或专门轧制的细碎石集料，也可以用天然砂砾或粗砂代替石屑。天然砂砾的颗粒尺寸应该合适，必要时应筛除其中的大尺寸颗粒。天然砂砾或粗砂应有较好的级配。

级配碎石或级配碎砾石所用石料的压碎值应满足下列规定：

（1）基层

高速公路和一级公路：不大于26%；

二级公路：不大于30%；

二级以下公路：不大于35%。

（2）底基层

高速公路和一级公路：不大于30%；

二级公路：不大于35%；

二级以下公路：不大于40%。

2. 级配砾石

粗、中、小砾石和砂各占一定比例的混合料，当其颗粒组成符合规定的密实级配要求且塑性指数和承载比均符合规定要求时，称为级配砾石。当天然砂砾符合规定的级配要求，而且塑性指数在6或9以下时，可以直接用于基层。塑性指数偏大的砂砾，可加少量石灰降低其塑性指数，也可以用无塑性的砂或石屑进行掺配，使其塑性指数降低到符合要求，或塑性指数与细土（粒径小于0.5mm的颗粒）含量的乘积符合要求。为提高混合料的强度和稳定性，可在天然砂砾中掺加部分碎石或轧碎砾石。天然砂砾掺加部分未筛分碎石组成的混合料的强度和稳定性介于级配碎石和级配砾石之间。级配砾石适用于轻交通（设计车道在设计基准期内所承受的设计轴载累计作用次数小于3万次时为轻交通等级）的二级和二级以下公路的基层以及各级公路的底基层。

级配砾石用于基层时，砾石的最大粒径不应超过37.5mm；用于底基层时，砾石的最大粒径不应超过53mm。砾石颗粒中细长及扁平颗粒的含量不应超过20%。

在塑性指数偏大的情况下，塑性指数与0.5mm以下细土含量的乘积的有关规定与级配碎石相同。

当级配砾石试件的干密度（在最佳含水量下制备）与工地规定达到的压实干密度相同时，浸水4d的承载比值应不小于60%，压碎值大于30%。

（二）级配碎（砾）石基层（底基层）施工

级配碎（砾）石可采用路拌法和中心站集中厂拌法进行施工。

1. 路拌法施工

（1）准备下承层

①基层的下承层是底基层及其以下部分，底基层的下承层可能是土基也可能还包括垫层。下承层表面应平整、坚实，具有规定的路拱，没有任何松散的材料和软弱地点。

②下承层的平整度和压实度应符合《公路路面基层施工技术规范》中的规定。

③土基不论是路堤还是路堑，必须用12～15t三轮压路机或等效的碾压机械进行3～4遍碾压检验。在碾压过程中，若发现土过干、表层松散，应适当洒水；若土过湿，发生

"弹簧"现象，应采用挖开晾晒、换土、掺石灰或水泥等措施进行处理。

④对于底基层，应进行压实度检查，对于柔性底基层，还应进行弯沉值检验。凡不符合设计要求的路段，必须根据具体情况，分别采用补充碾压、加厚底基层、换填好的材料、挖开晾晒等措施，以达到规范规定的标准。

⑤底基层或老路面上的低洼和坑洞，应仔细填补及压实；搓板和辙槽应刮除；松散处应耙松、洒水并重新碾压，达到平整密实。

⑥新完成的底基层或土基，必须按规范规定进行验收。凡验收不合格的路段，必须采取措施。

（2）施工放样

①在下承层上恢复中线，直线段每15～20m设一桩，平曲线段每10～15m设一桩，并在两侧路肩边缘外0.3～0.5m设指示桩。

②在两侧指示桩上用明显标记标出基层或底基层的边缘的设计高程。

（3）备料

①计算材料用量。根据各路段基层或底基层的宽度、厚度和规定的压实干密度，以及按确定的配合比分别计算各段需要的未筛分碎石和石屑的数量或不同粒级碎石和石屑的数量，并计算每车料的堆放距离。

②未筛分碎石的含水量较最佳含水量宜大1%左右。

③未筛分碎石和石屑可按预定比例在料场混合，同时洒水加湿，使混合料的含水量超过最佳含水量约1%，以减轻施工现场的拌和工作量以及运输过程中的离析现象（级配碎石的最佳含水量为5%）。

（4）运输和摊铺集料

①运输：（a）集料装车时，应控制每车料的数量基本相等。（b）在同一料场供料的路段内，宜由远到近卸置集料。卸料距离应严格掌握，避免料不够或过多，料堆每隔一定距离应留一缺口，以便施工。当采用两种集料时，应先将主要集料运到路上，待主要集料摊铺后，再将另一种集料运到路上。未筛分碎石和石屑分别运送时，应先运送碎石。（c）集料在下承层上的堆置时间不应过长。运送集料较摊铺集料工序只宜提前1～2d。

②摊铺：（a）摊铺前，应事先通过试验确定集料的松铺系数并确定松铺厚度。人工摊铺混合料时，其松铺系数为1.40～1.50；平地机摊铺混合料时，其松铺系数为1.25～1.35。（b）用平地机或其他合适的机具将料均匀地摊铺，表面应力求平整，并具有规定的路拱。应同时摊铺路肩用料。（c）检查松铺材料层的厚度，看其是否符合预计要求。必要时，应进行减料或补料工作。（d）级配碎（砾）石基层设计厚度一般为8～16cm。当厚度大于16cm时，应分层铺筑。下层厚度为总厚度的60%，上层厚度为总厚度的40%。

（5）拌和及整形

应采用专用稳定土拌和机拌和级配碎石。在无稳定土拌和机的情况下，可采用平地机进行拌和。

①用稳定土拌和机拌和时，应拌和两遍以上。拌和深度应直到级配碎石层底。在进行最后一遍拌和之前，必要时先用多铧犁紧贴底面翻拌一遍。

②用平地机进行拌和时，宜翻拌5~6遍，使石屑均匀分布于碎石料中。平地机拌和的作业长度，每段宜为300~500m。

③用缺口圆盘耙与多铧犁相配合拌和。用多铧犁在前面翻拌，圆盘耙紧跟在后面拌和，即采用边翻边耙的方法，共翻耙4~6遍。圆盘耙的速度应尽量快，且应随时检查并调整翻耙的深度。用多铧犁翻拌时，第一遍由路中心开始，将混合料向中间翻，同时机械应慢速前进。第二遍从两边开始，将混合料向外翻。翻拌遍数应以双数为宜。

无论采用哪种拌和方法，在拌和的过程中应保持足够的水分，拌和结束时，混合料的含水量应均匀，同时应没有粗细颗粒离析现象。使用在料场已拌和均匀的级配碎石混合料时，摊铺后混合料若有粗细颗粒离析现象，应用平地机进行补充拌和。

用平地机将拌和均匀的混合料按规定的路拱进行整平和整形。在整形过程中，应注意消除粗细集料离析现象，然后用拖拉机、平地机或轮胎压路机在已初平的路段上快速碾压一遍，以暴露潜在的不平整，再用平地机进行整平和整形。在整形过程中，必须禁止任何车辆通行。

（6）碾压

整形后，当混合料的含水量等于或略大于最佳含水量时，立即用8t以上三轮压路机（每层压实厚度不应超过15~18cm）或轮胎压路机（每层压实厚度可达20cm）进行碾压。直线和不设超高的平曲线段，由两侧路肩开始向路中心碾压；在设超高的平曲线段，由内侧路肩向外侧路肩进行碾压。碾压时，后轮应重叠1/2轮宽，后轮必须超过两段的接缝处。后轮压完路面全宽时，即为一遍。碾压一直进行到要求的密实度为止。一般需碾压6~8遍，应使表面无明显轮迹。为保证压实质量，压路机的碾压速度必须恒定。

（7）横缝的处理

两作业段的衔接处，应搭接拌和。第一段拌和后，留5~8m不进行碾压，第二段施工时，前段留下未压部分与第二段一起拌和整平后进行碾压。

（8）纵缝的处理

应避免纵向接缝。在必须分两幅铺筑时，纵缝应搭接拌和。前一幅全宽碾压密实，在后一幅拌和时，应将相邻的前幅边部约30cm搭接拌和，整平后一起碾压密实。

2. 中心站集中拌和（厂拌）法施工

级配碎石混合料除上述介绍的路拌法外，还可以在拌和中心站用稳定土长拌设备进行集中拌和。

（1）材料

宜采用不同粒径的单一尺寸碎石和石屑按预定配合比在拌和机内拌制级配碎石混合料。

（2）拌制

在正式拌制级配碎石混合料之前，必须先调试所用的厂拌设备，使混合料的颗粒组成和含水量都能达到规定的要求。

（3）摊铺

对于用于高速公路和一级公路的级配碎石施工，应用沥青混凝土摊铺机或其他碎石摊铺机摊铺碎石混合料。用于二级和二级以下公路时，若没有摊铺机，也可用自动平地机（或摊铺箱）摊铺混合料。根据摊铺层的厚度和要求达到的压实干密度，计算每车混合料的摊铺面积。将混合料均匀地卸在路幅中央，路幅宽时，也可将混合料卸成两行，并用平地机将混合料按松铺厚度摊铺均匀。用平地机进行摊铺时，应设一个三人小组跟在平地机后面，及时消除粗细集料离析现象。

（4）碾压

用振动压路机、三轮压路机进行碾压，碾压方法和要求与路拌法相同。

（5）接缝处理

①横向接缝。用摊铺机摊铺混合料时，对于摊铺机当天未压实的混合料，可与第二天摊铺的混合料一起碾压，但应注意此部分混合料的含水量。必要时，应人工补充洒水，使其含水量达到规定的要求。用平地机摊铺混合料时，每天工作缝的处理与路拌法相同。

②纵向接缝。应避免纵向接缝。当摊铺机的摊铺宽度不够，必须分两幅摊铺时，宜采用两台摊铺机一前一后，相隔约5～8m同步向前摊铺混合料。在仅有一台摊铺机的情况下，可先在一条摊铺带上摊铺一定长度后，再开到另一条摊铺带上摊铺，然后一起进行碾压。

二、无机结合料稳定土基层（底基层）施工

无机结合料稳定基层又称为半刚性基层或整体型基层，它包括水泥稳定类、石灰稳定类和综合稳定类。它的显著特点是：整体性强、承载力高、刚度大、水稳性好，而且较为经济。半刚性材料已广泛用于修建高等级公路路面基层或底基层。

（一）石灰稳定土基层

在粉碎或原来松散的土（包括各种粗、中、细粒土）中，掺入足量的石灰和水，经拌和、压实及养生后得到的混合料，当其抗压强度符合规定的要求时，称为石灰稳定土。

用石灰稳定细粒土（颗粒最大粒径小于10mm，且其中小于2mm的颗粒含量不小于

90%）得到的强度符合要求的混合料，称为石灰土。用石灰稳定中粒土（颗粒最大粒径小于30mm，且其中小于20mm的颗粒含量不小于85%）和粗粒土（颗粒最大粒径小于50mm，且其中小于20mm的颗粒含量不小于85%）得到的强度符合要求的混合料，视所用原材料而定，原材料为天然砂砾土或级配砂砾时，称为石灰砂砾土；原材料为碎石土或级配碎石时，称为石灰碎石土。

用石灰稳定土铺筑的路面基层和底基层，分别称为石灰稳定土基层和石灰稳定土底基层，或分别简称石灰稳定基层和石灰稳定底基层，也可在基层或底基层前标以具体简名，如石灰土碎石基层、石灰土底基层等。

石灰稳定土具有良好的力学性能，并有较好的水稳性和一定的抗冻性，它的初期强度和水稳性较低，后期强度较高；但由于干缩、冷缩易产生裂缝。石灰稳定土适用于各类路面的基层和底基层，但不宜用作高级路面的基层，而只能用作底基层。在冰冻地区的潮湿路段，以及其他地区的过分潮湿路段，不宜采用石灰土做基层。当只能采用石灰土时，应采取措施防止水分浸入石灰土层。

在石灰稳定土基层施工中，为避免该层受弯拉而断裂，并使在施工碾压时能压稳而不起皮，其层厚不宜小于100mm。为便于拌和均匀和碾压密实，用12～15t压路机碾压时，压实厚度不宜大于150mm；用15～20t压路机碾压时，压实厚度不应大于200mm，且采用先轻后重进行碾压（分层铺筑时，下层宜稍厚）。石灰稳定土基层施工在最低气温0℃之前完成，并尽量避免在雨季施工。

1. 路拌法施工

（1）准备工作

①准备下承层

按规范规定对拟施工的路段进行验收，凡验收不合格的路段，必须采取措施，使其达到标准后，方能在上铺筑石灰稳定土层。

②测量

在底基层或土基上恢复中校，直线段每15～20m设一桩，平曲线段每10～15m设一桩，并在对应断面的路肩外侧设指示桩。在两侧指示桩上用红漆标出石灰稳定土层边缘的设计高程。

③备料

a. 集料。采备集料前，应先将树木、草皮和杂土清除干净，并在预定采料深度范围内自上而下采集集料，不宜分层采集，不应将不合格材料采集在一起。若分层采集集料，则应将集料分层堆放在一场地上，然后从前到后（上下层一起装入汽车），将料运到施工现场。料中的超尺寸颗粒应予筛除。

b. 石灰。石灰堆放在拌和场时，宜搭设防雨棚。石灰应在使用前7～10d充分消解。

每吨石灰消解需用水量一般为500~800kg。消解后的石灰应保持一定的湿度，以免过于飞扬，但也不能过湿成团，应尽快使用：

c. 材料用量。根据各段石灰稳定土层的宽度、厚度及预定的压实度（换算为压实密度），计算各路段需要的干集料量。根据料场集料的含水量和运料车辆的吨位，计算每车料的堆放距离。根据石灰稳定土层的厚度和预定的干容重及石灰剂量，计算每平方米石灰稳定土需用的石灰数量，并计算每车石灰的摊铺面积，若使用袋装生石灰粉，则计算每袋石灰的摊铺面积。

（2）运输与摊铺

①运料

预定堆料的下层在堆料前应先洒水，使其湿润，但不应过分潮湿而造成泥泞。集料装车时，应控制每车料的数量基本相等。在同一料场供料的路段，由远到近将料按计算的距离（间距）卸置于下承层中间或上侧。卸料距离应严格掌握，避免料不够或过多；料堆每隔一定距离应留一缺口；集料在下承层上的堆置时间不应过长。运送集料较摊铺集料工序宜提前1~2d。

②摊铺集料

在摊铺集料前，应先在下承层上洒水使其湿润，但不应过分潮湿而造成泥泞。摊铺集料应在摊铺石灰的前一天进行。摊料长度应与施工日进度相同，以够次日摊铺石灰、拌和、碾压成型为准。

用平地机将集料均匀摊铺在预定的宽度上，表面应保证平整，并有规定的路拱。摊铺过程中，应注意将土块、超尺寸颗粒及其他杂物去除。

③摊铺石灰

摊铺石灰时，如黏性土过干，应事先洒水闷料，使土的含水量略小于最佳值。细粒土宜闷料一夜；中粒土和粗粒土，视细土含量的多少，可闷1~2h。在人工摊铺的集料层上，用6~8t两轮压路机碾压1~2遍，使其表面平整，并有一定密实度。然后，按计算的每车石灰的纵横间距，将卸置的石灰均匀摊开。石灰摊铺完后，表面应没有空白位置。测量石灰的松铺厚度，根据石灰的含水量和松密度，校核石灰用量是否合适。

（3）拌和与洒水

①集料应采用稳定土拌和机拌和，拌和深度应达到稳定层底。应设专人跟随拌和机，随时检查拌和深度并配合拌和机操作员调整拌和深度。拌和应适当破坏下承层的表面（约10mm，不应过多），以利上、下层黏结。通常应拌和两遍以上。

②在拌和过程中，及时检查含水量。用喷管式洒水车补充洒水，使混合料的含水量等于或大于最佳值1%左右，洒水段应长些。拌和机械应紧跟在洒水车后面进行拌和，尤其在纵坡大的路段上更应配合紧密以减少水分流失。拌和完成的标志是混合料色泽一致，水

分合适、均匀。

③拌和石灰加黏土的稳定碎石或砂砾时，应先将石灰土拌和均匀，然后均匀地摊铺在碎石或砂砾层上，再一起进行拌和。用石灰稳定塑性指数大的黏土时，由于黏土难以粉碎，宜采用两次拌和法。即第一次加70%～100%预定剂量的石灰进行拌和，闷放一夜，然后补足石灰用量，再进行第二次拌和。

（4）整形与碾压

①整形

混合料拌和均匀后，先用平地机初步整平和整形。在直线段，平地机由两侧路肩向路中心进行刮平；在平曲线段，平地机由内侧向外侧进行刮平。需要时，再返回刮一遍。用平地或轮胎压路机快速碾压1～2遍，然后根据测量结果整平，最后用平地机进行精平。每次整形都要按照规定的坡度和路拱进行，特别要注意接缝处的整平，接缝必须顺直、平整。

②碾压

整形后，当混合料含水量处于最佳含水量1%左右范围时（若表面水分不足，应适当洒水），立即用12t以上压路机、重型轮胎压路机或振动压路机在路基全宽内进行碾压。直线段由两侧路肩向路中心碾压；平曲线段，由内侧路肩向外侧路肩进行碾压。碾压一直进行到要求的密实度为止。在碾压过程中，石灰稳定土的表面应始终保持湿润。若表面水蒸发得快，应及时补洒少量的水。若有松散、起皮等现象，应及时翻开重新拌和，或用其他方法处理，使其达到质量要求。

（5）养生

①石灰稳定土在养生期间应保持一定的湿度，不应过湿。养生期一般不少于7d。在养生期间石灰土表层不应忽干忽湿，每次洒水后，应用两轮压路机将表面压实。

②若石灰稳定土分层施工，下层石灰稳定土碾压完后，可以立即在其上铺筑另一层石灰稳定土，不需专门的养生期。

③养生期结束后，应立即喷撒透层沥青，并在5～10d内铺筑沥青面层。

（6）施工中应注意的问题

①接缝和"调头"处的处理。同日施工的两工作段的衔接处，应采用搭接形式。前一段拌和整形后，留5～8m不进行碾压，后一段施工时，应与前段留下未压部分一起再进行拌和。拌和机械及其他机械不宜在已压成的石灰稳定土层上"调头气若必须"调头"，应采取措施保护"调头"部分，使石灰稳定土表层不受破坏。

②纵缝的处理。石灰稳定土层的施工应该避免纵向接缝，在必须分两幅施工时，纵缝必须垂直相接，不应斜接。一般情况下，纵缝应按下述方法处理：在施工前一幅时，在靠中央一侧用方木或钢模板做支撑，方木或钢模板的高度与稳定土层的压实厚度相同。混合

料拌和结束后，靠近支撑木（或板）的一部分，应人工进行补充拌和，然后整形和碾压。养生结束后，在铺筑另一幅之前，拆除支撑木（或板）。第二幅混合料拌和结束后，在靠近第一幅的部分，应人工进行补充拌和，然后进行整形和碾压。

2. 中心站集中拌和（厂拌）法施工

石灰稳定土集中拌和有利于保证配料的准确性和拌和的均匀性。

（1）备料

集料的最大粒径和级配都应符合要求，必要时，应先筛除集料中不符合要求的颗粒。配料应准确，在潮湿多雨地区施工时，还应采取措施保护集料，特别是保护细集料（含土）和石灰免遭雨淋。

（2）拌制

在正式拌制稳定土混合料之前，必须先调试所用的厂拌设备，使混合料的颗粒组成和含水量都达到规定的要求。当集料的颗粒组成发生变化时，应重新调试设备。应根据集料和混合料的含水量，及时调整向拌和室中添加的水量，拌和要均匀。

（3）运输

已拌和的混合料应尽快运送到铺筑现场。若运距远、气温高，则车上的混合料应加以覆盖，以防水分过多蒸发。

（4）摊铺及碾压

下承层为石灰稳定土时，应先将下承层顶面拉毛，再摊铺混合料。摊铺应采用稳定土摊铺机、水泥混凝土摊铺机摊铺混合料。在没有以上摊铺机的情况下，可以用地机摊铺混合料。用摊铺机摊铺时，拌和机与摊铺机的生产能力要相互协调。摊铺后应用压路机及时进行碾压。

（5）横向接缝处理

①用摊铺机摊铺混合料时，每天的工作缝应做成横向接缝。摊铺机应驶离混合料末端。

②人工将末端混合料处理整齐，紧靠混合料放两根方木，方木的高度与混合料的压实厚度相同，整平紧靠方木的混合料。

③方木的另一侧用砂砾或碎石回填约3m长，其高度应高出方木几厘米。

④将混合料碾压密实。

⑤在重新开始摊铺混合料之前，将砂砾（碎石）和方木除去，并将下承层顶面清扫干净和拉毛。

⑥摊铺机返回到已压实层的末端，重新开始摊铺混合料。

⑦若压实层末端未用方木作支撑处理，在碾压后末端成一斜坡，则在第二天开始摊铺新混合料之前，应将末端斜坡挖除，并挖成一横向垂直向下（与路中心线垂直）的断面。

挖出的混合料洒水到最佳含水量拌匀后仍可使用。

（6）纵向接缝

应避免纵向接缝，如果摊铺机的摊铺宽度不够，必须分两幅摊铺时，宜采用两台摊铺机一前一后，相隔8～10m同步向前摊铺混合料，一起进行碾压。在仅有一台摊铺机的情况下，可先在一条摊铺带上摊铺一定长度后，再开到另一条摊铺带上摊铺，然后一起进行碾压，在不能避免纵向接缝的情况下，纵缝必须垂直相接，严禁斜接。

（二）水泥稳定土基层

在粉碎或原来松散的土（包括各种粗、中、细粒土）中，掺入足量水泥和水，经拌和得到的混合料，在压实及养生后，其抗压强度符合规定的要求时，称为水泥稳定土。用水泥稳定土铺筑的路面基层和底基层，分别称为水泥稳定（土）基层和水泥稳定（土）底基层。也可以在基层或底基层前标以具体名称，如水泥碎石基层、水泥土底基层等。

水泥稳定土具有良好的力学性能和板体性，它的水稳性和抗冻性都较石灰稳定土好。稳定土的初期强度高并且强度随龄期增长而增加，它的力学强度还可视需要进行调整。它适用于各种交通类别道路的基层和底基层。

水泥稳定土施工时，必须采用流水作业法，使各工序紧密衔接。特别是要尽量缩短从拌和到完成碾压之间的延迟时间。所以，在施工时应做延迟时间对强度影响的试验以确定合适的延迟时间。

水泥稳定土基层的施工方法主要有路拌法和中心站集中拌和（厂拌）法两种，厂拌法较为普遍使用。水泥稳定土基层施工与石灰稳定土基层的施工相似，在此不再赘述。但应该注意的是：在摊铺过程中，若中断时间已超过2～3h，又未按横向接缝方法处理，则应将摊铺机附近及其下面未经压实的混合料铲除，并将已碾压密实且高程和平整度符合要求的末端，挖成一横向垂直向下（与路线垂直）的断面，然后再摊铺新的混合料。

水泥稳定土基层每一段碾压完成并经压实度检查合格后，应立即开始养生，不应延误。但若水泥稳定土分层施工，下层水泥稳定土碾压完后，过一天就可以铺筑上层水泥稳定土，则不需经过7d养生期。但在铺筑上层稳定土之前，应始终保持下层表面湿润。为增加上、下层之间的黏结性，在铺筑上层稳定土时，宜在下层表面撒少量水泥或水泥浆。此外，若水泥稳定土用作水泥混凝土路面的基层，且面层是用小型机械施工的，则基层完成后不需养生就可铺筑混凝土面层。

水泥稳定土基层的养生方法有：

①用不透水薄膜或湿砂进行养生。用砂覆盖时，砂层厚70～100mm，砂铺匀后应立即洒水，并保持在整个养生期间砂的潮湿状态。也可以用潮湿的帆布、粗麻布、草帘或其他合适的材料覆盖，但不得用湿黏土覆盖。养生结束后，必须将覆盖物清除干净。

②采用沥青乳液进行养生。乳液应采用沥青含量约35%的慢裂沥青乳液，使其能透

入基层几毫米深度。沥青乳液的用量为1.2～1.4kg／m²，宜分两次喷撒。乳液分裂后，宜撒粒径为3～8mm或5～10mm的小碎（砾）石，小碎石约撒60%的面积（不完全覆盖，露黑）。养生结束后，沥青乳液相当于透层沥青。也可以在完成基层上立即做下封层，利用下封层进行养生。

③无上述条件时，可用洒水车经常洒水进行养生，每天洒水的次数应视气候而定。整个养生期间应始终保持稳定土层表面潮湿，不应时干时湿。洒水后，应注意表层情况，必要时，用两轮压路机压实。

除采用沥青养生外，养生期不宜少于7d，若养生期少于7d就已做上承层，则应注意勿使重型车辆通行。若养生期间未采用覆盖等措施，除洒水车外，应封闭交通。

养生期结束后，应立即喷撒透层沥青或做下封层，并在5～10d内铺筑沥青面层。在喷撒透层沥青后，应撒粒径为3～8mm或5～10mm的碎（砾）石。若喷撒的透层沥青能透入基层，且运料车辆和面层混合料摊铺机在其上行驶时不会破坏沥青膜，可以不撒粒径小的碎（砾）石。若面层为水泥混凝土，也不宜让基层长期曝晒开裂。

三、基层施工质量控制与检查验收

（一）施工质量控制

确保基层的施工质量符合设计文件和技术规范要求是基层施工的首要任务，施工过程中应采取有效措施控制施工质量，如建立健全工地现场试验、质量检查与工序间的交接验收制度。各工序完成后应进行相应指标的检查验收，上一道工序完成且质量符合要求方可进入下一道工序施工。施工质量控制的内容包括原材料与混合料质量技术指标试验、铺筑试验路段、质量控制与外形管理三大部分。

1. 原材料与混合料质量技术指标试验

基层施工前及施工过程中原材料出现变化时，应对所采用的原材料进行规定项目的质量技术指标试验，以试验结果作为判定材料是否适用于基层的主要依据。原材料技术指标试验项目及试验方法参见前述有关的内容。

2. 铺筑试验路段

为了有一个标准的施工方法作指导，在正式施工前应铺筑一定长度的试验路段，以便考查混合料的配合比是否适宜，确定混合料的松铺系数、标准施工方法及作业段的长度等，并根据铺筑试验路段的实际过程优化基层的施工组织设计及施工机械的组合。

3. 质量控制与外形管理

基层施工质量控制是施工过程中对混合料的含水量、集料级配、结合料剂量、混合料抗压强度、拌和均匀性、压实度、表面回弹弯沉值等项目进行检查。外形管理包括基层的宽度、厚度、路拱横坡、平整度等，施工时应按规定的频度和质量标准进行检查。

（二）质量验收

基层施工完毕应进行竣工检查验收，内容包括竣工基层的外形、施工质量和材料质量三个方面。检查验收过程中的试验、检验应做到原始记录齐全、数据真实可靠，为质量评定提供客观、准确的依据。检查验收应随机抽样进行，不能带有任何倾向性，通常以1km长的路段为一个评定单位。

第二节　沥青路面面层施工

一、材料质量要求

路面等级按面层材料的组成、结构强度、路面所能承担的交通任务和使用的品质划分为高级路面、次高级路面、中级路面和低级路面等四个等级。高级路面面层通常采用沥青混凝土、水泥混凝土，次高级路面面层通常采用沥青灌入式、沥青碎石、沥青表面处治，中级路面面层通常采用碎、砾石、半整齐石块或其他粒料，低级路面面层通常采用粒料加固土、其他当地材料加固或改善土。

沥青路面常用作道路的面层。与水泥混凝土路面相比，沥青路面具有表面平整、无接缝、行车舒适、噪声低、施工期短等优点，因此广泛应用于各级公路。沥青与矿料的性质对沥青路面的强度、稳定性及其他路用性能的影响很大，可以说，高质量的原材料是铺筑高质量沥青路面的根本保证，因此，沥青路面使用的各种材料，必须符合规定的质量要求。

（一）沥青

路用沥青材料包括道路石油沥青、乳化沥青、液体石油沥青、煤沥青、改性沥青、改性乳化沥青等。沥青种类及沥青标号的选择应根据路面类型、交通量、矿料性质、气候条件、施工方法及材料来源等条件选用。

1.道路石油沥青

道路石油沥青适用于各级、各类沥青路面。沥青路面可采用的沥青标号，宜按照公路等级、气候条件、交通条件、路面类型及在路面结构中的层位及受力特点、施工方法等，结合当地的使用经验，经技术比较后确定。

对高速公路、一级公路，夏季温度高、高温持续时间长、重载交通、山区及丘陵区上坡路段、服务区、停车场等行车速度慢的路段；对冬季寒冷的地区或交通量小的公路、旅游公路，宜选用稠度小、低温延度大的沥青；对日温差、年温差大的地区，宜注意选用针入度指数大的沥青。当高温要求与低温要求发生矛盾时，应优先考虑满足高温性能的要求。当缺乏所需标号的沥青时，可采用不同标号掺配的调和沥青，其掺配比例由试验决定，掺配后的沥青质量应符合规范要求。

沥青必须按品种、标号分开存放。除长期不使用的沥青可放在自然温度下存储外，沥青在储罐中的贮存温度不宜低于130℃，并不得高于170℃，避免因温度过低而引起沥青供给困难、温度过高而使沥青老化。桶装沥青应直立堆放，加盖苫布。沥青在存放、储运及使用过程中应做好防水措施，避免雨水或加热管内的蒸汽进入沥青中。

2. 乳化石油沥青

乳化石油沥青适用于沥青表面处治路面、沥青贯入式路面、冷拌沥青混合料路面，修补裂缝，喷撒透层、黏层与封层等。乳化沥青的质量应符合规范的规定。在高温条件下宜采用黏度较大的乳化沥青，寒冷条件下宜使用黏度较小的乳化沥青。

乳化沥青使用时不需要加热，对减轻污染、保护环境很有利，常用于沥青路面的养护与维修。阳离子乳化沥青适用各种集料和施工温度较低的环境。阴离子乳化沥青适用于碱性、干燥的石料，可与水泥、石灰或粉煤灰共同使用。乳化沥青的破乳速度、黏度宜根据用途与施工方法选择。用胶体磨或匀油机制备乳化沥青时，乳化剂用量（按有效含量计）宜为沥青质量的0.3%~0.8%。制备温度通过试验确定，一般情况下，乳化剂水溶液的温度为40~70石油沥青加热至120~160℃。制成后的乳化沥青应及时使用。乳化沥青宜存放在立式罐中，并保持适当搅拌；存放期以不离析、不冻结、不破乳为度。若存放时间较长，使用前应抽样检查，质量不合格的不得使用。

3. 液体石油沥青

道路用液体石油沥青是指用汽油、煤油、柴油等溶剂将石油沥青稀释而成的沥青产品，也称轻质沥青或稀释沥青。液体石油沥青适用于透层、黏层及拌制冷拌沥青混合料，也可用于常温沥青混合料路面及沥青路面养护与维修。根据使用目的与场所，合理选用快凝、中凝、慢凝的液体石油沥青，其质量应符合规范规定要求。

液体石油沥青宜采用针入度较大的石油沥青，使用前按先加热后加稀释剂的顺序，掺配煤沥青或轻柴油，经适当的搅拌、稀释制成。掺配比例根据使用要求由试验确定。

液体石油沥青在制作、储存、使用的全过程必须通风良好，并有专人负责，确保基质沥青的加热温度不超过140℃，液体沥青的储存温度不得高于50℃。

4. 煤沥青

道路用煤沥青的标号根据气候条件、施工温度、使用目的的选用，其质量应符合规范的规定。道路用煤沥青适用于各种等级公路的各种基层上的透层，宜采用T-1或T-2级，其他等级不合喷撒要求时可适当稀释使用；三级及三级以下的公路铺筑表面处治或贯入式沥青路面宜采用T–5、T–6或T–7级；与道路石油沥青、乳化沥青混合使用，以改善渗透性。

道路用煤沥青严禁用于热拌热铺的沥青混合料，作其他用途时的贮存温度宜为70～90℃，且不得长期贮存。若存放时间较长，使用前应抽样检验，质量不符合要求的不得使用。

5. 改性沥青

改性沥青是指掺加橡胶、树脂、高分子聚合物、天然沥青、磨细的橡胶粉，或者其他材料等外加掺剂（改性剂）制成，从而使沥青或沥青混合料的性能得以改善。

改性沥青可单独或复合采用高分子聚合物、天然沥青及其他改性材料制作。各类聚合物改性沥青的质量应符合规范规定要求，当使用规范以外的聚合物及复合改性沥青时，可通过研究制定相应的技术要求。

制造改性沥青的基质沥青应与改性剂有良好的配合性，其质量宜符合A级或B级道路石油沥青的技术要求。供应商在提供改性沥青的质量报告时应提供基质沥青的质量检验报告或沥青样品。用作改性沥青的SBR胶乳中的固体物质含量不宜少于45%，使用中严禁长时间曝晒或遭冰冻。改性沥青的剂量宜在固定式工厂或在现场设厂集中制作，也可在拌和厂现场边制作边使用，改性沥青的加工温度不宜超过180℃。胶乳类改性剂和制成颗粒的改性剂中可直接投入拌和缸中生产改性沥青混合料。

现场制作的改性沥青宜随配随用，需作短时间保存，或运送到附近的工地时，使用前必须搅拌均匀，在不发生离析的状态下使用。改性沥青制作设备必须设有随机采集样品的取样口，采集的试样宜立即在现场灌模。

工厂制作的成品改性沥青到达施工现场后存储在改性沥青罐中，改性沥青罐中必须设置搅拌设备并进行搅拌，使用前，改性沥青必须搅拌均匀。在施工过程中应定期取样检验产品质量，发现离析等不符合要求的改性沥青不得使用。

（二）矿料

沥青混合料的矿料包括粗集料、细集料及填料。粗、细集料形成沥青混合料的矿质骨架，填料与沥青组成的沥青胶浆填充于骨料间的空隙中并将矿料颗粒黏结在一起，使沥青混合料具有抵抗行车荷载和环境因素作用的能力。

1. 粗集料

粗集料形成沥青混合料的主骨架，应洁净、干燥、无风化、无杂质，具有足够的强度和耐磨耗能力，与沥青有良好的黏附性能，颗粒形状以近于立方体为佳。碎石、破碎砾石、筛选砾石、钢渣、矿渣等均可作为沥青混合料的粗集料。筛选砾石仅适用于三级及三级以下公路的沥青表面处治。各种粗集料的最大粒径和规格应满足规范要求，质量应符合规范规定的技术要求。

2. 细集料

细集料应洁净、干燥、无风化、无杂质并有一定级配，与沥青有良好的黏附能力，质量符合规范规定的技术要求。细集料指粒径小于5mm的天然砂、机制砂、石屑。细集料的洁净程度，天然砂以小于0.075mm含量的百分数表示，石屑和机制砂以砂的当量（适用于0~4.75mm）或亚甲蓝值（适用于0~2.36mm或0~0.15mm）表示。开采天然砂必须取得当地政府主管部门的许可，并符合水利及环境保护的要求。热拌密级配沥青混合料中天然砂的用量通常不宜超过集料总量的20%，SMA和OGFC混合料不宜使用天然砂。采石场在生产石屑的过程中应具备抽吸设备，高速公路和一级公路的沥青混合料，宜将S14与S16组合使用，S15可在沥青稳定碎石基层或其他等级公路中使用。热拌沥青混合料的细集料宜采用天然砂或机制砂，在缺少天然砂的地区，也可使用石屑，但高速公路和一级公路的沥青混凝土面层及抗滑表层的石屑用量不宜超过天然砂及机制砂的用量，以确保沥青混凝土混合料的施工和易性和压实性。

3. 填料

通常采用强基性的石灰岩或岩浆岩等憎水性石料经磨细而得到的矿粉作填料。经试验确认为碱性、与沥青黏结良好的粉煤灰可作为填料的一部分，但应具有与矿粉同样的质量。由于填料的粒径很小，比表面积很大，使混合料中的结构沥青增加，从而提高沥青混合料的黏结力，因此填料是构成沥青混合料强度的重要组成部分。矿粉应干燥、洁净、无团粒，其质量应符合规范要求。

粉煤灰作为填料使用时，用量不得超过填料总量的50%，粉煤灰的烧失量应小于12%，与矿粉混合后的塑性指数小于4%，其余质量要求与矿粉相同。高速公路、一级公路的沥青面层不宜采用粉煤灰作填料。

（4）纤维稳定剂

稳定剂目前普遍使用于SMA混合料，在一般沥青混合料中也可以使用，常用的有木质素纤维、矿物纤维等。纤维应在250℃的干拌温度下不变质、不发脆，使用纤维必须符合环保的要求，不危害身体健康。纤维必须在混合料拌和过程中能分散均匀。

二、热拌沥青混合料路面机械施工

（一）施工准备

1. 施工材料、机具准备

（1）原材料质量检查

沥青：沥青的标号和性能指标符合要求，如沥青的针入度、延度、软化点、蜡含量和密度等要通过试验进行确定。

矿料：矿料的质量应符合技术要求，如石料的等级、保水抗压度、磨耗率、压碎值、磨光值以及与沥青的黏结力等技术指标是否符合要求。砂、石屑和矿粉应满足规定的质量要求。

（2）施工机械的选型和配套

根据工程量大小、工期要求、工程质量要求、施工现场条件，确定合理的机械类型、数量及组合方式，使施工能连续、均衡、高效地进行。

（3）施工机械组合

沥青混合料摊铺是以摊铺机、拌和机为主导机械，并与自卸汽车、碾压设备配套作业进行的。在沥青拌和设备与摊铺机配套时，不能发生停机待料现象。通过多年的实践和理论分析得出，在一般情况下，摊铺机组的整体理论摊铺能力要大于拌和设备的理论拌和能力的10%～15%较为合理。这是由于摊铺机在摊铺过程中遇到的情况较复杂。有自身的原因，如人员操作技术不够熟练，使得不能及时调整到位，或设备运转不稳定，如发动机、液压系统、工作装置等故障问题；也有外部原因，如弯道摊铺、运输出现问题、天气等原因都会使摊铺机的实际摊铺速度下降。这都会使实际摊铺机摊铺混合料用量小于其理论摊铺能力用量。运输车辆的数量应根据装料、卸料和返回等各工作环节所需时间来确定。这里应注意根据运输路况和运输距离的变化及时进行调度，确保摊铺用料量的需要。压实机械的配套，应先根据碾压温度和摊铺速度确定合理的碾压长度，然后配备碾压设备。

2. 铺筑试验路段

铺筑试验路段的目的在于验证施工方案的可行性，通过铺筑试验路段来修改、充实、完善施工方案，以利指导生产。

热拌热铺沥青混合料路面试验段铺筑分试拌及试铺两个阶段，应包括下列试验内容：

（1）根据沥青路面各种施工机械相匹配的原则，确定合理的施工机械、机械数量及组合方式。

（2）通过试拌确定拌和机的上料速度、拌和数量与时间、拌和温度等操作工艺。

（3）通过试铺确定以下各项：

①透层沥青的标号与用量、喷撒方式、喷撒温度；

②摊铺机的摊铺速度、摊铺宽度、自动找平方式等操作工艺；

③压路机的压实顺序、碾压温度、碾压速度及碾压遍数等压实工艺；

④确定松铺系数、接缝方法等。

（4）验证沥青混合料配合比设计结果，提出生产用的矿料配合比和沥青用量。

（5）建立用钻孔法及核子密度仪法测定密实度的对比关系。确定粗粒式沥青混凝土或沥青碎石面层的压实标准密度。

（6）确定施工产量及作业段的长度，制订施工进度计划。

（7）全面检查材料及施工质量。

（8）确定施工组织及管理体系、人员、通信联络及指挥方式。

在试验段的铺筑过程中，施工单位应认真做好记录，监理工程师或工程质量监督部门应监督、检查试验段的施工质量，及时与施工单位商定有关结果。铺筑结束后，施工单位应就各项试验内容提出试验总结报告，并取得主管部门的批复，作为施工依据。

3. 沥青混合料的拌制

（1）沥青混合料的拌制要求

高等级公路沥青混合料的拌制必须在拌和厂用专用拌和机拌制。严格控制混合料配比、各种材料的质量，严格按照拌和工艺流程、拌和温度、拌和时间、拌和机的充盈率等要求进行拌制，以保证混合料的拌和质量。

在拌制过程中，每班要抽样做沥青混合料性能、矿料级配组成和沥青用量检验。每班拌和结束时，应清洁拌和设备，放空管道中的沥青。做好各项检查记录，不符合技术要求的沥青混合料禁止出厂。

拌和的沥青混合料应色泽均匀一致、无花白料、无结团成块或严重粗细料离析现象，不符合要求的混合料应废弃并对拌和工艺进行调整。拌和的沥青混合料不立即使用时，可存入成品储料仓，存放时间以混合料温度符合摊铺要求为准。

（2）拌和质量检查

检查内容包括拌和温度的测试和抽样进行马歇尔试验并做好检查记录。控制拌和温度是确保沥青混合料拌和质量的关键，通常在混合料装车时用温度计或红外测温仪测试，抽取拌和的沥青混合料进行马歇尔试验，测试稳定度、流值、空隙率。用沥青抽提试验确定沥青用量，并检查抽提后矿料的级配组成，以各项测试数据作为判定拌和质量的依据。

4. 沥青混合料的运输

热拌沥青混合料宜采用吨位较大的自卸汽车运输，汽车车厢应清扫干净并在内壁涂一薄层油水混合液。从拌和机向运料车上放料时应每放一料斗混合料挪动一下车位，以减小集料离析现象。运料车应用篷布覆盖以保温、防雨、防污染，夏季运输时间短于0.5h时可不覆盖。混合料运料车的运输能力应比拌和机拌和或摊铺机摊铺能力略有富余。施工过程中，摊铺机前方应有运料车在等候卸料。运料车在摊铺机前100～300mm处停住，不得撞击摊铺机；卸料时运料车挂空挡，靠摊铺机推动前进，以利于摊铺平整。已结成团块、遭雨淋湿的混合料不得使用。

（二）摊铺准备

1. 下承层准备

沥青路面的下承层是指基层、联结层或面层下层。下承层完成之后，虽已进行过检查验收，但在两层施工的间隔，很可能因下雨、施工车辆通行等而使其发生不同程度的损坏。如基层可能出现软弹和松散或表面浮尘等，需对其进行维修。沥青类联结层下层表面可能泥泞，需将其清洗干净。下承层表面出现的任何质量问题，都会影响到路面结构的层间结合以至路面整体强度。因此，浇撒透层、黏层或铺筑下封层下承层应表面平整、密实，高程及路拱横坡符合设计要求，具有规定的强度和适宜的刚度。

2. 施工放样

施工放样包括高程测定与平面控制两项内容。高程测定的目的是确定下承层表面高程与原设计高程相差的准确数值，以便在挂线时纠正到设计值或保证施工层厚度。根据高程值设置挂线标准桩，用以控制摊铺厚度和高程。

高程放样应考虑下承层高程差值（设计值与实际高程差值）、厚度和本层应铺厚度，综合考虑后定出挂线桩顶的高程，再打桩挂线。当下承层厚度不够时，应在本层加入厚度差并兼顾设计高程。如果下承层厚度够而高程低，应根据设计高程放样；如果下承层的厚度与高程都超过设计值，应按本层厚度放样；若厚度和高程都不够，应按差值大的为标准放样。总之，不但要保证沥青路面总厚度，而且要保证高程不超出容许范围。当两者矛盾时，应以满足厚度为主考虑放样，放样时计入实测的松铺系数。

3. 摊铺机的检查

在每工作日的开工准备阶段，应对摊铺机的刮板输送器、闸门、螺旋布料器、振动梁、熨平板、厚度调节器等工作装置和调节机构进行检查，在确认各种装置及机构处于正常工作状态后才能开始施工，若存在缺陷和故障应及时排除。

（三）沥青混合料的摊铺

1. 调整、确定摊铺机的参数

摊铺前应先调整摊铺机的机构参数和运行参数。其中，机构参数包括熨平板的宽度、摊铺厚度、熨平板的拱度、初始工作迎角等。

摊铺机的摊铺宽度应尽可能达到摊铺机的最大摊铺宽度，这样可减少摊铺次数和纵向接缝，提高摊铺质量和摊铺效益。确定摊铺宽度时，最小摊铺宽度不应小于摊铺机的标准摊铺宽度，并使上下摊铺层的纵向接缝错位30cm以上。摊铺厚度是用两块5～10cm宽的长方木为基准来确定，方木长度与熨平板纵向尺寸相当，厚度为摊铺厚度。定位时，将熨平板抬起，方木置于熨平板两端的下面，然后放下熨平板，此时熨平板自由落在方木上，转动厚度调节螺杆，使之处于微量间隙的中值。摊铺机熨平板的拱度和初始工作迎角根据各机型的操作方法调节，通常要经过试铺来确定。

摊铺机的运行参数为摊铺机作业速度，合理确定作业速度是提高摊铺机生产效率和摊铺质量的有效途径。若摊铺速度过快，将造成摊铺层松散、混合料供应困难，停机待料时，会在摊铺层表面形成台阶，影响混合料的平整度和压性性；若摊铺时慢、时快、时开、时停，会降低混合料的平整度和密实度。因此，应在综合考虑沥青混合料拌和设备的生产能力、车辆运输能力及其他施工条件的基础上，以稳定的供料能力保证摊铺机以某一速度连续作业。

2. 摊铺作业

热拌沥青混合料应采用沥青摊铺机摊铺，在喷撒有黏层油的路面上铺筑改性沥青混合料或SMA时，宜使用履带式摊铺机。摊铺机的受料斗应涂刷薄层隔离剂或防黏结剂。摊铺机开工前应提前0.5~1h预热熨平板不低于100℃。铺筑过程中应保证熨平板的振捣或夯锤压实装置具有适宜的振动频率和振幅，以提高路面的初始压实度。熨平板加宽连接应仔细调节至摊铺的混合料没有明显的离析痕迹。

摊铺机必须缓慢、均匀、连续不间断地摊铺，不得随意变换速度或中途停顿，以提高平整度，减少混合料的离析。摊铺速度宜控制在2~6m/min的范围内。对改性沥青混合料及SMA混合料宜放慢至1~3m/min。当发现混合料出现明显的离析、波浪、裂缝、拖痕时，应分析原因，予以消除。摊铺机应采用自动找平方式，下面层或基层宜采用钢丝绳引导的高程控制方式，上面层宜采用平衡梁或雪橇式摊铺厚度控制方式，中面层根据情况选用找平方式。直接接触式平衡梁的轮子不得黏附沥青。铺筑改性沥青或SMA路面时宜采用非接触式平衡梁。

沥青混合料的松铺系数应根据混合料类型由试铺试压确定。摊铺过程中应随时检查摊铺层厚度及路拱、横坡，并按规范规定的方法由使用的混合料总量与面积校验平均厚度。

摊铺机的螺旋布料器应相应于摊铺速度调整到保持一个稳定的速度均衡地转动，两侧应保持有不少于送料器2/3高度的混合料，以减少在摊铺过程中混合料的离析。用机械摊铺的混合料，不宜用人工反复修整。当不得不由人工作局部找补或更换混合料时，需仔细进行，特别严重的缺陷应整层铲除。

在路面狭窄部分、平曲线半径过小的匝道或加宽部分，以及小规模工程不能采用摊铺机铺筑时可用人工摊铺混合料。人工摊铺沥青混合料应符合下列要求：半幅施工时，路中一侧宜事先设置挡板；沥青混合料宜卸在铁板上，摊铺时应扣锹布料，不得扬锹远甩，铁锹等工具宜沾防黏结剂或加热使用；边摊铺边用刮板整平，刮平时应轻重一致，控制次数，严防集料离析；摊铺不得中途停顿，并加快碾压，当因故不能及时碾压时，应立即停止摊铺，并对已卸下的沥青混合料覆盖苫布保温；低温施工时，每次卸下的混合料应覆盖苫布保温。

（四）沥青混合料的压实

压实是提高沥青混合料的密实度，从而提高沥青路面的强度、高温抗车辙能力及抗疲劳特性等路用性能，是形成高质量沥青混凝土路面的又一关键工序。碾压工作包括碾压机械的选型与组合、碾压温度、碾压速度的控制，碾压遍数、碾压方式及压实质量检查等。

1. 碾压机械的选型与组合

沥青路面压实机械分静载光轮压路机、轮胎压路机和振动压路机。静载光轮压路机分双轮式和三轮式，常用的有6～8t双轮钢筒压路机、8～12t或12～15t三轮钢筒压路机等。静载光轮压路机的工作质量较小，常用于预压、消除碾压轮迹。轮胎压路机安装的光面橡胶碾压轮具有改变压力的性能，工作质量5～25t，主要用于接缝和坡道的预压、消除裂纹、压实薄沥青层。振动压路机多为自行式，前面为钢质振动轮，后面有两个橡胶驱动轮，工作质量随振动频率和振幅的增大而增大，可作为主要的压实机械。

为了达到最佳压实效果，通常采用静载光轮压路机与轮胎压路机或静载光轮压路机与振动压路机组合的方式进行碾压。

2. 碾压作业

沥青混合料路面的压实分初压、复压、终压三个阶段进行。

（1）初压

初压的目的是整平、稳定混合料，为复压创造条件。初压是压实沥青混合料的基础，一般采用轻型钢筒压路机或关闭振动装置的振动压路机碾压两遍。碾压时应将压路机的驱动轮面向摊铺机，从外侧向中心碾压，在超高路段则由低处向高处碾压，在坡道上应将驱动轮从低处向高处碾压。相邻碾压轮迹重叠1／3～1／2轮宽，最后碾压中心部分，压完全幅为一遍。初压后应检查平整度、路拱，并对出现缺陷的部位作适当修整。

（2）复压

复压的目的是使混合料密实、稳定、成型，是使混合料的密实度达到要求的关键。初压后紧接着进行复压，一般采用重型压路机，碾压温度符合规范的规定，碾压遍数经试压确定，并不少于6遍，直到达到要求的压实度为止。当采用三轮钢筒式压路机时，相邻碾压带宜重叠后轮的1／2宽度，并不应小于200mm。

对粗集料为主的较大粒径的混合料，尤其是大粒径沥青稳定碎石基层，宜优先采用振动压路机复压。厚度小于30mm的薄沥青层不宜采用振动压路机碾压。振动压路机的振动频率宜为35～50hz，振幅宜为0.3～0.8mm。厚度较大时选用高频率、高振幅，以产生较大的激振力；厚度较小时采用高频率、低振幅，以防止集料破碎。相邻碾压带重叠宽度为100～200mm。振动压路机折返时应先停止振动。

对路面边缘、加宽及港湾式停车带等大型压路机难于碾压的部位，宜采用小型振动压路机或振动夯板作补充碾压。SMA路面不得使用轮胎压路机进行碾压作业。

（3）终压

终压的目的是消除碾压轮产生的轮迹，最后形成平整的路面。终压应紧接在复压后用振动压路机（关闭振动装置）进行，碾压不宜少于2遍，直至无明显轮迹为止。

碾压轮在碾压过程中应保持清洁，有混合料沾轮应立即清除。对钢轮可涂刷隔离剂或防黏结剂，但严禁刷柴油。当采用向碾压轮喷水（可添加少量表面活性剂）的方式时，必须严格控制喷水量且成雾状，不得漫流，以防混合料降温过快。轮胎压路机在开始碾压阶段，可适当烘烤、涂刷少量隔离剂或防黏结剂，也可少量喷水，并先到高温区碾压使轮胎尽快升温，之后停止洒水。轮胎压路机的轮胎外围宜加设围裙保温。

压路机不得在未碾压成型路段上转向、调头、加水或停留。在当天成型的路面上，不得停放各种机械设备或车辆，不得撒落矿料、油料等杂物。

3.影响沥青混合料压实质量的因素

（1）碾压温度

混合料的温度较高时，可用较少的碾压遍数，获得较高的密实度和较好的压实效果；而混合料的温度较低时，碾压工作变得比较困难，且易产生很难消除的轮迹，造成路面不平整。因此，在实际工作中，摊铺完毕应及时进行碾压，碾压温度应控制在合适的范围，以混合料支承路面而不产生推移为佳。

（2）碾压速度

压实速度过低，会使摊铺与压实工序间断，影响压实效果；压实速度过高，则会产生推移、横向裂纹。压路机的碾压路线及碾压方向不应突然改变而导致混合料推移。碾压区的长度应大体稳定，两端的折返位置应随摊铺机前进而推进，横向不得在相同的断面上。

（3）碾压遍数

初压通常宜采用钢轮压路机静压1～2遍，复压采用振动压实4～6遍，然后用胶轮压路机压实2～4遍。

（五）接缝处理

沥青路面的施工必须接缝紧密、连接平顺，不得产生明显的接缝离析。上下层的纵缝应错开150mm（热接缝）或300～400mm（冷接缝）。相邻两幅及上下层的横向接缝均应错位1m以上。接缝施工应用3m直尺检查，确保平整度符合要求。

纵向接缝部位的施工应符合下列要求：摊铺时采用梯队作业的纵缝应采用热接缝，将已铺部分留下100～200mm的宽度暂不碾压，作为后续部分的基准面，然后作跨缝碾压以消除缝迹。当半幅施工或因特殊原因而产生纵向冷接缝时，宜加设挡板或加设切刀切齐，也可在混合料尚未完全冷却前用镐刨除边缘留下毛茬的方式，但不宜在冷却后采用切割机作纵向切缝。加铺另半幅前应涂撒少量沥青，重叠在已铺层上50～100mm，再铲走铺在前半幅上面的混合料，碾压时由边向中碾压留下100～150mm，再跨缝挤紧压实。

三、沥青路面施工质量控制与检查验收

沥青路面的施工质量必须达到设计和规范的要求。施工过程中应进行全面质量管理，建立健全有效的质量保证体系。实行严格的目标管理、工序管理及岗位质量责任制度，对各施工阶段的工程质量进行检查、控制、评定，从制度上确保沥青路面的施工质量。施工单位在施工过程中应随时对施工质量进行自检。监理应按规定要求自主地进行试验，并对

承包商的试验结果进行认定，如实评定质量，计算合格率。当发现有质量低劣等异常情况时，应立即追加检查。施工过程中无论是否已经返工补救，所有数据均必须如实记录，不得丢弃。

沥青路面施工质量控制与验收的内容包括各类材料的质量检验、施工过程的质量管理与控制、交工验收阶段的工程质量检查、施工总结、沥青路面压实度和强度的检测。

（一）各类材料质量检验

沥青路面施工前应按规定对原材料的质量进行检验。在施工过程中逐班抽样检查时，对于沥青材料，可根据实际情况只做针入度、软化点、延度的试验；检测粗集料的抗压强度、磨耗率、磨光值、压碎值、级配等指标和细集料的级配组成、含水量、含土量等指标；对于矿粉，应检验其相对密度和含水量并进行筛析。材料的质量以同一料源、同一次购入并运至生产现场为一批进行检查。

（二）铺筑试验路段

高速公路和一级公路的沥青路面在施工前应铺筑试验段。其他等级公路在缺乏施工经验或初次使用重大设备时，也应铺筑试验段。当同一施工单位在材料、机械设备及施工方法与其他工程完全相同时，也可利用其他工程的结果，不再铺筑新的试验路段。

试验段的长度应根据试验目的确定，通常宜为100～200m，宜选在正线上铺筑。

热拌热铺沥青混合料路面试验段铺筑分试拌及试铺两个阶段，应包括下列试验内容：

①检验各种施工机械的类型、数量及组合方式是否匹配。

②通过试拌确定拌和机的操作工艺，考察计算机打印装置的可信度。

③通过试铺确定透层油的喷撒方式和效果、摊铺、压实工艺，确定松铺系数等。

④验证沥青混合料的生产配合比设计，提出生产用的标准配合比和最佳沥青用量。

⑤建立用钻孔法与核子密度仪无破损检测路面密度的对比关系。确定压实度的标准检测方法。核子密度仪等无破损检测在碾压成型后热态测定，取13个测点的平均值为1组数据，一个试验段不得少于3组。钻孔法在第2天或第3天以后测定，钻孔数不少于12个。

⑥检测试验段的渗水系数。试验段铺筑应由有关各方共同参加，及时商定有关事项，明确试验结论。铺筑结束后，施工单位应就各项试验内容提出完整的试验路段施工、检测报告，取得业主或监理的批复。

（三）施工过程中的质量管理与检查

在沥青路面施工过程中，施工单位应随时对施工质量进行抽检，工序间实行交接验收，上一工序质量符合要求方可进入下一工序的施工。

（四）交工验收阶段的工程质量检查

工程完工后，施工单位应将全线以1～3km作为一个评定路段，随机选取测点，对沥青面层进行全线自检，将单个测定值与表中的质量要求或允许偏差进行比较，计算合格率，然后计算一个评定路段的平均值、极差、标准差及变异系数。施工单位应在规定时间内提交全线检测结果及施工总结报告，申请交工验收。

沥青路面交工时应检查验收沥青面层的各项质量指标，包括路面的厚度、压实度、平整度、渗水系数、构造深度、摩擦系数。

①需要作破损路面进行检测的指标，如厚度、压实度，宜利用施工过程中的钻孔数据，检查每一个测点与极值相比的合格率。厚度也可利用路面雷达连续测定路面剖面进行评定。压实度验收可选用其中的1个或2个标准，并以合格率低的作为评定结果。

②路表平整度可采用连续式平整度仪和颠簸累积仪进行测定，以每100m计算一个测值，计算合格率。

③路表渗水系数与构造深度宜在施工过程中在路面成型后立即测定，但每一个点为3个测点的平均值，计算合格率。

④交工验收时可采用连续式摩擦系数测定车在行车道实测路表的横向摩擦系数，如实记录测点数据。

⑤交工验收时可选择贝克曼梁或连续式弯沉仪实测路面的回弹弯沉或总弯沉，如实记录测点数据（含测定时的气候条件、测定车数据等），测定时间宜在公路的最不利使用条件下（指春融期或雨季）进行。

（五）工程施工总结及质量保证期管理

工程结束后，施工企业应根据国家竣工文件编制的规定，提出施工总结报告及若干个专项报告，连同竣工图表，形成完整的施工资料档案。

施工总结报告应包括工程概况（包括设计及变更情况）、工程基础资料、材料、施工组织、机械及人员配备、施工方法、施工进度、试验研究、工程质量评价、工程决算、工程使用服务计划等。

施工管理与质量检查报告应包括施工管理体制、质量保证体系、施工质量目标、试验段铺筑报告、施工前及施工中材料质量检查结果（测试报告）、施工过程中工程质量检查结果（测试报告）、工程交工验收质量自检结果（测试报告）、工程质量评价以及原始记录、相册、录像等各种附件。

施工企业在质保期内，应进行路面使用情况观测、局部损坏的原因分析和维修保养等。质量保证的期限根据国家规定或招标文件等要求确定。

第三节　水泥混凝土路面施工

水泥混凝土路面具有较高的抗弯压和抗磨耗能力、稳定性好、耐久性好及养护维修费用少，适用于重载道路以及天气炎热、严重冰冻、缺乏优质集料等地区。我国沥青产量较少，采用水泥混凝土路面能够合理利用当地价格相对低廉的水泥产品，从而带动地区经济的发展。近年来我国水泥混凝土路面的施工质量和技术水平有了很大提高，交通量的持续增长对路面承载力提出了更高的要求，因此，在我国发展水泥混凝土路面具有重要意义。

水泥混凝土路面是以水泥混凝土（配筋或不配筋）做面层的路面，亦称刚性路面。它主要包括普通混凝土路面、钢筋混凝土路面、连续配筋混凝土路面、钢纤维混凝土路面、预应力混凝土路面、碾压混凝土路面和混凝土砌块路面等。目前采用最广泛的是普通混凝土（素混凝土）路面，它是指除接缝区和局部范围外面层内均不配筋的水泥混凝土路面。

水泥混凝土路面的施工是根据合同及设计文件、施工现场的气候、水文、地形等环境条件，经过必要的施工准备，选择满足质量要求的原材料，确定配合比、设备种类和施工工艺，建立完备的质量控制体系来进行的。

一、水泥混凝土路面的构造和特点

（一）水泥混凝土路面的构造

1. 路基

水泥混凝土弹性模量较大，面板具有较高的刚度和荷载扩散能力，通过面层板传到路基顶面的荷载压应力值很小，因此，水泥混凝土路面并不要求强度大或承载力高的路基。然而，如果路基的稳定性不足，产生不均匀沉陷，就会使面板在受荷时底部产生过大的弯拉应力，导致混凝土路面破坏。

路基支承不均匀主要是由于填料的土质不均匀、湿度不均匀、膨胀土冻胀、湿软地基未达充分固结、排水设施不良、压实不足或不当，以及新老路基交接处、填挖交界处处理不当等多种原因所造成的。为了保证路基支承的均匀性，处理措施如下：

（1）选择合适的填料

宜选用低膨胀性土或对冰冻不敏感的土作填料；将膨胀性高或对冰冻敏感的土放在路堤的下层，而在上层用好填料填筑；不同来源和性质的填料进行适当地拌和等。

（2）控制压实度和压实时的含水量

在气候为润湿、中湿或过湿的地区压实塑性土，压实时的含水量宜略高于最佳含水量。

（3）加强路基排水设施

尽可能提高路基设计标高或加深边沟底部深度，以增加路面同地下水位之间的距离。设置路基排水设施，以拦截透水层流向路基的渗透水或降低地下水位。

（4）对路基上层土进行处理

路基上层土，特别是对于湿软土层，应采用低剂量石灰或水泥等结合料作稳定处理。

2. 基层和垫层

水泥混凝土面层下设置基层和垫层，主要有如下几方面的作用：

（1）防唧泥。混凝土面层若直接放在路基上，会由于路基土塑性累计变形量大、细料含量多和抗冲刷能力低而极易产生唧泥现象。铺设基（垫）层后，可减轻以至消除唧泥的产生。但未经处治的砂砾基层，其细料含量和塑性指数不能太高，否则仍会产生唧泥。

（2）防冰冻。在季节性冰冻地区，用对冰冻不敏感的粒状多孔材料来铺筑基（垫）层，可以减少路基的冰冻深度，从而减轻冰冻的危害作用。

（3）防水。在湿软土基上，铺筑开级配粒料基（垫）层，可以排除从路表面渗入面层板下的水分，以及隔断地下水毛细上升。

（4）减小路基顶面的压应力，并缓和路基不均匀变形对面层的影响。

（5）为面层施工提供方便。同时，还能提高路面结构的承载能力，延长路面的使用寿命。

3. 排水和路肩

（1）面层-基（垫）层-路肩排水系统

由于雨水的影响，会对路面结构层产生不利的影响，而积滞在路槽内，加剧了路面的破坏。为了迅速排除渗入路槽内的水分，可以采用开级配粒料作基层（或垫层），汇集通过面层接（裂）缝和外侧边缘渗下的水分，通过空隙和横坡横向排至基层（或垫层）的外侧，并由纵向集水管汇集后横向排出路基。开级配粒料，可以不用结合料处治，而用水泥或沥青结合料处治。

当采用密级配粒料修建不透水基层或垫层时，通过接缝或裂缝下渗的水，会沿面层和不透水基层或垫层的界面流向路肩。为迅速排除这部分下渗水，可在路肩下设置排水层，以排引出路基。水量大时，可增设纵向排水管。采用不透水基层或垫层时的面层-基（垫）层-路肩排水系统的布置方案。

（2）路肩

路肩给路面结构提供侧向支承，供车辆紧急或临时停靠，在车行道进行修补时可作为临时车道使用，因而路肩应具有一定的承受车辆荷载的能力。

混凝土路面板同路肩的交界面处，路表水易渗入，侵蚀板边缘下的基层、垫层和路基，造成板边缘底部的脱空，导致唧泥和断板等损坏发生，可以采用加宽车道宽度（0.7m以上）的措施，以避免车辆沿板边缘行驶，从而减小板边应力。

路肩的层次结构和材料选择，除了考虑承载能力外，还应结合路面排水系统的布置和要求，使渗入路面的水分能由排水通道迅速排离出路面结构，为铺筑出符合质量标准的水泥混凝土路面提供基本保证。

（二）水泥混凝土路面的特点

1. 水泥混凝土路面的优点

与其他类型路面相比，混凝土路面具有以下优点：

（1）强度高。混凝土路面具有较高的抗压强度和抗弯拉强度以及抗磨耗能力。

（2）稳定性好。混凝土路面的水稳性、热稳性均较好，特别是它的强度能随着时间的延长而逐渐提高，不存在沥青路面的老化现象。

（3）耐久性好。由于混凝土路面的强度和稳定性好，所以它经久耐用，一般能使用20～40年，而且它能通行包括履带式车辆等在内的各种运输工具。

（4）养护费用少、经济效益高。与沥青混凝土路面相比，水泥混凝土路面的养护工作量和养护费用均较少。它的建筑投资虽较大，但使用年限长，故所分摊于每年的工程费用较少。因此，从长远角度来看，选用混凝土路面，其经济效益是比较显著的。

（5）有利于夜间行车。混凝土路面色泽鲜明，能见度好，对夜间行车有利。

2. 水泥混凝土路面的缺点

混凝土路面存在的缺点，主要有以下方面：

（1）对水泥和水的需求量大。这对水泥供应不足和缺水地区带来较大困难。

（2）有接缝。一般来说，混凝土路面有许多接缝，这些接缝不但增加施工和养护的复杂性，而且容易引起行车跳动，影响行车的舒适性。接缝是路面的薄弱点，若处理不当，将导致路面板边和板角处破坏。

（3）开放交通较迟。一般来说，混凝土路面完工后，要经过15～20d的湿润条件养生，才能开放交通，若需提早开放交通，则需采取特殊措施。

（4）修复困难。混凝土路面损坏后，开挖很困难，修补工程量大，费用高，且影响交通。

二、材料要求和配合比设计

（一）材料要求

水泥混凝土路面的组成材料主要有水泥、粗集料、细集料和水以及为改善工艺性能和力学性能而加入的外加剂和矿物掺合料。

1. 水泥

水泥是混凝土路面中的胶结材料，其质量直接决定着混凝土路面的抗折强度、抗冲击振动性能、抗疲劳强度、体积稳定性和耐久性等物理力学性能，应当采用强度高、收缩性小、耐磨性强、抗冻性好的水泥。

特重和重交通水泥混凝土路面宜采用旋转窑生产的道路硅酸盐水泥及硅酸盐水泥，或者普通硅酸盐水泥；中、轻交通的路面可采用矿渣硅酸盐水泥，冬季施工或有快通要求的路段可采用快硬早强的R型水泥，一般情况宜采用普通型水泥。

水泥进场时，每批量应附有齐全的化学成分、物理力学指标合格的检验证明，水泥的化学成分、物理性能等路用品质必须合格。选用水泥时，应通过混凝土配合比试验，根据其配制弯拉强度、耐久性和工作性，优选适宜的水泥品种、标号及厂家。不同标号、品种、出厂日期的水泥，不得混合堆放，严禁混合使用。水泥的存放期不得超过3个月。

采用机械化铺筑时，最好选用散装水泥，因为小包装水泥用量过大时拆包不及。小型机具及三据轴机组铺筑时可采用袋装水泥。

为降低水泥的水化反应速度，防止因温差开裂，散装水泥的夏季出厂温度，南方不宜高于65℃，北方不宜高于55℃。混凝土搅拌时的水泥温度，南方不宜高于60℃，北方不宜高于50℃，且不宜低于10℃。

水泥的抗压强度、抗折强度、安定性和凝结时间必须经检验合格。

2. 粗集料

集料通常占混凝土体积的70%～80%，因此选料非常重要。粗集料是指粒径大于5mm的碎石、碎卵石和卵石，粗集料应质地坚硬、耐久、洁净，并有良好的级配，应符合一定的技术要求。粗集料的级配优劣直接影响着混凝土的抗压强度、和易性、耐久性等性能。选配路面和桥面混凝土的粗集料，应按最大公称粒径的不同采用2～4个粒级的集料进行掺配，合成级配要满足《公路水泥混凝土路面施工技术规范》的要求。卵石最大公称粒径不宜大于19.0mm；碎卵石最大公称粒径不宜大于26.5mm；碎石最大公称粒径不应大于31.5mm。

3. 细集料

细集料是指粒径小于5mm的天然砂、机制砂或混合砂。细集料应质地洁净而有害杂质含量少、坚硬耐磨、表面粗糙而有棱角，并符合规定的级配，其级配要求和技术要求应符合《公路水泥混凝土路面施工技术规范》和《建设用砂》的规定。混凝土强度等级大于C60的高强混凝土宜用Ⅰ级高强砂；强度等级为C30～C60的中强混凝土宜用U级中强砂；强度等级小于C30的普通混凝土宜用Ⅲ级低强砂。

较好的级配应当是孔隙率小、总表面小（以减少湿润骨料表面的需水量）、有适宜含量的细颗粒（以满足和易性要求）。砂的粗细程度用细度模数来表示，细度模数仅反映全部颗粒的平均粗细程度，而不能反映颗粒的级配情况，所以选择细集料时，要同时考虑细度模数和级配两项指标，才能真正反映其全部性质。

路面和桥面用天然砂宜为中砂（细度模数为2.3～3.0），也可使用细度模数为2.0～3.0的砂。同一配合比用砂的细度模数变化范围不应超过0.3，否则应分别堆放，并调整配合比中的砂率后使用。

4. 水

用于清洗集料、搅拌和养生混凝土用的水，不应含有影响混凝土正常凝结和硬化的油、酸、碱、盐类及有机物等有害杂质，以饮用水为宜。非饮用水经检验后满足下列要求的也可以使用：硫酸盐含量小于0.0027mg／mm³；含盐量不超过0.005mg／mm³；pH值不小于4。

5. 外加剂

为了改善水泥混凝土的技术性能，可以在制备混凝土过程中加入适宜的外加剂。修建路面时常用的外加剂有以下四类：

（1）改善混凝土拌合物流动性能的外加剂，如减水剂、引气剂、泵送剂等。

（2）调节凝结时间和硬化性能的外加剂，如缓凝剂、速凝剂、早强剂。

（3）改善混凝土耐久性的外加剂，如引气剂、防水剂、阻锈剂。

（4）改善混凝土其他性能的外加剂，如膨胀剂、防冻剂、碱集料反应抑制剂等。

使用外加剂时，要与所用的水泥进行适应性检验，应使用与水泥相适应的外加剂品种。路面混凝土掺用的外加剂产品质量应达到一等品的要求。

6. 矿物掺合料

路面混凝土中可用的掺合料主要有粉煤灰、硅灰和磨细矿渣。混凝土路面在掺用粉煤灰时，应掺用质量指标符合规定的电收尘Ⅰ、Ⅱ级干排或磨细粉煤灰，不得使用Ⅲ级粉煤灰。进货时应有等级检验报告，宜采用散装灰。硅灰和磨细矿渣在使用前应经过试配检验，以确保路面和桥面混凝土抗弯拉强度、抗磨性、抗冻性等技术指标合格。

（二）配合比设计

普通混凝土路面的配合比设计在兼顾经济性的同时应满足弯拉强度、工作性和耐久性这三项技术要求。

混合料配合比设计应根据工程的设计要求、当地材料品质、施工方法、操作水平及工地环境等方面，通过选择、计算和试验来确定水泥、水、砂、碎石（砾石）、外加剂几种材料相互之间的比例关系。在确定混合料中水、水泥、细集料、粗集料四种基本成分的用量时，关键是选择好水灰比、用水量和砂率这三个参数。

混凝土配合比的试配、调整和确定的具体步骤为：

1. 初步配合比的计算

（1）按设计要求强度等级计算混凝土的配制强度；

（2）按配制强度计算相应的水灰比，并校核是否满足最大水灰比规定；

（3）选定砂率；

（4）选定混凝土单位用水量；

（5）计算单位水泥用量，并校核是否满足最小水泥用量规定；

（6）计算粗集料和细集料的用量；

（7）最后得出混凝土的初步配合比。

2. 试拌调整，提出基准配合比

先按初步配合比进行混凝土拌合物的试拌，检查拌合物的和易性。不能满足所选坍落度的要求时，应在保持水灰比不变的条件下相应调整单位用水量或砂率，反复试验，直到符合要求为止。由此提出供混凝土强度试验用的基准配合比。

3. 强度测定，确定试验配合比

按基准配合比拌制试件，测定其实际密度，并进行强度检验。通过上述步骤得到和易性和强度均满足要求的配合比后，还应按混凝土的实测密度再进行必要的校正，而后得到校正后的混凝土设计配合比。

4. 施工配合比

室内配合比确定后，实际路面铺筑前，还应进行大型搅拌楼配合比试验检验，检验通过后，其配合比方可用于摊铺。另外，根据施工的具体情况，还应对施工配合比进行微调与控制，其内容包括微调外加剂掺量和微调加水量。

三、水泥混凝土路面施工

（一）轨道摊铺机铺筑施工

在高等级公路上修建水泥混凝土路面，路面技术标准要求高，工程数量大，要保证施工进度和工程质量，宜采用机械化施工。近年来，随着我国水泥混凝土路面的迅速发展，除了小型混凝土路面施工机具得到逐步配套和完善外，高等级公路主要依靠引进的混凝土摊铺机修建。轨道式摊铺机施工，就是机械化施工中最普通的一种方法。

轨道式摊铺机施工是由支撑在平底型轨道上的摊铺机将混凝土拌合物摊铺在基层上。摊铺机的轨道与模板是连在一起的，安装时同步进行。轨道式摊铺机施工混凝土路面包括施工准备、拌和与运输混凝土、摊铺与振捣、表面整修及养护等工作。它不仅工作可靠，结构简单，操作方便，还具有平整度好、路拱横坡偏差小、熨平板偏差小和厚度标准一致等优点。

1. 施工准备

混凝土路面施工前的准备工作包括材料准备及质量检验、混合料配合比检验与调整、基层的检验与整修、施工放样及机械准备等。

根据混凝土路面施工进度计划，施工前应分批备好所需的各种材料，并在使用前进行核对、调整，各种材料应符合规定的质量要求，新出厂的水泥应至少存放一周后方可使用。路面在浇筑前必须对混凝土拌合物的工作性能进行检验并作必要的调整。

混凝土路面施工前，应对混凝土路面板下的基层进行强度、密实度及几何尺寸等方面的质量检验，基层质量检查项目及其标准应符合基层施工规范要求。基层宽度应比混凝土路面板宽30～35cm或与路基同宽。

施工放样是用轨道式摊铺机施工混凝土路面的重要准备工作。首先，根据设计图纸恢复路中心线和混凝土路面边线，在中心线上每隔20m设一中桩，同时布设曲线主点桩及纵坡变坡点、路面板胀缝等施工控制点，并在路边设置相应的边桩，重要的中心桩要进行拴桩。每隔100m左右应设置一临时水准点，以便复核路面标高。由于混凝土路面一旦浇筑成功就很难拆除，因此测量放样必须经常复核，在浇捣过程中也要进行复核，做到勤测、勤核、勤纠偏，确保混凝土路面的平面位置和高程符合设计要求。

2. 拌和与运输混凝土

确保混凝土拌和质量的关键是选用质量符合规定的原材料、拌和机技术性能满足要求、拌和时配合比计量准确。采用轨道式摊铺机施工时，拌和设备应附有可自动准确计量的供料系统；无此条件时，可采用集料箱加地磅的方法进行计量。各种组成材料的计量精度应不超过下列范围：水和水泥±1%；粗细集料±3%；外加剂±2%。拌和过程中加入外加剂时，外加剂应单独计量。用国产强制式搅拌机拌和坍落度为1～5cm的混凝土拌合物，最佳拌和时间应控制为：立轴式强制拌和机为90～180s；双卧轴强制式拌和机为60～90s，最短拌和时间不低于低限，最长拌和时间不超过高限的3倍。

通常采用自卸汽车运输混凝土拌合物，拌合物坍落度大于5cm时应采用搅拌车运输。从开始拌和到浇筑的时间应满足下列要求：用自卸汽车运输时，不得超过1h；用搅拌车运输时，不得超过1.5h。若运输时间超过上述时间限制或在夏季浇筑时，拌和过程中应加入适量的缓凝剂。运输时间过长，混凝土拌合物的水分蒸发和离析现象会增加，因此应尽量缩短混凝土拌合物的运输时间，并采取措施防止水分损失和混合料离析。拌合物运到摊铺现场后倾卸于摊铺机的卸料机内，摊铺机卸料机械有侧向和纵向两种。侧向卸料机在路面摊铺范围外操作，自卸汽车不进入路面摊铺范围卸料，没有供卸料机和汽车行驶的通道；纵向卸料机在摊铺范围内操作，自卸汽车后退供料，施工时不能像侧向卸料机那样在基层上预先安设传力杆。

3. 摊铺与振捣

（1）轨模安装

轨道式摊铺机的整套机械在轨模上前后移动，并以轨模为基准控制路面的高程。摊铺机的轨道与模板同时进行安装，轨道固定在模板上，然后统一调整定位。形成的轨模既是路面边模又是摊铺机的行走轨道。模板应能承受机组的质量，横向要有足够的刚度，轨模数量应根据施工进度配备并能满足周转要求，连续施工时至少需配备三个全工作量的轨模。

轨模安装时必须精确控制高程，做到轨模平直、接头平顺，否则将影响路面的外观质量和摊铺机的行驶性能。

（2）摊铺

轨道式摊铺机有刮板式、箱式或螺旋式三种类型，摊铺时将卸在基层上或摊铺箱内的混凝土拌合物按摊铺厚度均匀地充满轨模范围内。

刮板式摊铺机本身能在轨道上前后自由移动，刮板旋转时将卸在基层上的混凝土拌合物向任意方向摊铺。这种摊铺机质量轻，容易操作，易于掌握，使用较普遍，但摊铺能力较小。

箱式摊铺机摊铺时，先将混凝土拌合物通过卸料机一次卸在钢制料箱内，摊铺机向前行驶时料箱内的混合料摊铺于基层上，通过料箱横向移动按松铺厚度准确、均匀地刮平拌合物。由于混凝土一次全部放在箱内，所以质量大，但能摊铺均匀而且很准确，其摊铺能力大，故障较少。

螺旋式摊铺机由可以正向和反向旋转的螺旋布料器将拌合物摊平，螺旋布料器的刮板能准确调整高度。螺旋式摊铺机的摊铺质量优于前述两种摊铺机，摊铺能力较大。

摊铺过程中应严格控制混凝土拌合物的松铺厚度，确保混凝土路面的厚度和高程符合设计要求。

（3）振实

摊铺机摊铺时，振捣机跟在摊铺机后对拌合物作进一步的整平和捣实。在振捣梁前方设置一道长度与铺筑宽度相同的复平梁，用于纠正摊铺机初平的缺陷，并使松铺的拌合物在全宽范围内达到正确的高度，复平梁的工作质量对振捣密实度和路面平整度影响很大。复平梁后面是一道弧面振动梁，以表面平板式振动将振动力传到全宽范围内。

轨道摊铺机配备振捣棒组，振捣方式有斜插连续拖行及间歇垂直插入两种。当面板厚度超过150mm、坍落度小于30mm时，必须插入振捣；连续拖行振捣时，宜将作业速度控制在0.5～1.0m／min之间，并随着坍落度的大小而增减。间歇振捣时，当一处混凝土振捣密实后，将振捣棒组缓慢拔出，再移动到下一处振实。

轨道摊铺机配备振动板或振动梁对混凝土表面进行振捣和修整，振动梁的振捣频率宜控制在50～100hz，偏心轴转速调节到2500～3500r／min。经振捣棒组振实的混凝土，宜使用振动板振动提浆，并密实饰面，提浆厚度宜控制在（4±1）mm。

4. 表面整修

振捣密实的混凝土表面应进行整平、精光及纹理制作等工序的作业，使竣工后的混凝土路面具有良好的路用性能。

（1）表面整平

振捣密实的混凝土表面用能纵向移动或斜向移动的表面整修机整平。纵向表面整修机工作时，整平梁在混凝土表面纵向往返移动，通过机身的移动将混凝土表面整平。对于斜向表面，整修机通过一对与机械行走轴线成10°左右的整平梁做相对运动来完成整平作业，其中一根整平梁为振动梁。机械整平的速度决定于混凝土的易整修性和机械特性。机械行走的轨模顶面应保持平顺，以便整修机械能顺畅通行。整平时应使整平机械前保持高度为10～15cm的拥料，并使拥料向较高的一侧移动，以保证路面板的平整，防止出现麻面及空洞等缺陷。

（2）精光及纹理制作

精光是对混凝土路面进行最后的精平，使混凝土表面更加致密、平整和美观，此工序是提高混凝土路面外观质量的关键工序之一。混凝土路面整修机配置有完善的精光机械，只要在施工过程中加强质量检查和校核，便可保证精光质量。

在混凝土表面制作纹理，是提高路面抗滑性能的有效措施之一。制作纹理时用纹理制作机在路面上拉毛、压槽或刻纹，纹理深度控制在1～2mm范围内，在不影响平整度的前提下提高混凝土路面的构造深度，可提高表面的抗滑性能。纹理应与路面前进方向垂直，相邻板的纹理应相互沟通以利排水。纹理制作从混凝土表面无波纹水迹开始，过早或过晚均会影响纹理质量。

5. 养生

混凝土表面整修完毕，应立即进行养生，使混凝土在开放交通时具有规定的强度，尤其在气温较高时，必须保持已浇筑的混凝土表面湿润，以免混凝土表面干裂。

在养生初期，可用活动三角形罩栅遮盖混凝土，以减少水分蒸发，避免阳光照晒，防止风吹、雨淋等。混凝土泌水消失后，在表面均匀喷洒薄膜养护剂。混凝土路面采用喷洒养生剂养生时，喷洒应均匀、成膜厚度应足以形成完全密闭水分的薄膜，喷洒后的表面不得有颜色差异。喷洒时间宜在表面混凝土泌水完毕后进行。喷洒高度宜控制在0.5～1m。使用一级品养生剂时，最小喷洒剂量不得少于0.30kg／m²；合格品的最小喷洒剂量不得少于0.35kg／m²。不得使用易被雨水冲刷掉的和对混凝土强度、表面耐磨性有影响的养生剂。当喷洒一种养生剂达不到90%以上有效保水率要求时，可采用两种养生剂各喷洒一层或喷一层养生剂再加覆盖的方法。

养生时间应根据混凝土弯拉强度增长情况而定，不宜小于设计弯拉强度的80%，应特别注重前7d的保湿（温）养生。一般，养生天数宜为14～21d，高温天不宜少于14d，低温天不宜少于21d。掺粉煤灰的混凝土路面，最短养生时间不宜少于28d，低温天应适当延长。

在养生期间禁止车辆通行以保护混凝土路面。

模板在浇筑混凝土60h以后拆除。但兰交道车辆不直接在混凝土板上行驶，气温不低于10℃时，可缩短到20h后拆除；当温度低于10℃时，可缩短到36h后拆除。拆模板时不应损坏混凝土板和模板。

6. 接缝施工

（1）纵缝施工

当一次铺筑宽度小于路面和路肩总宽度时，应设纵向施工缝，位置应避开轮迹，并重合或靠近车道线，构造可采用平缝加拉杆型。当所摊铺的面板厚度大于等于260mm时，也可采用插拉杆的企口型纵向施工缝。采用滑模施工时，纵向施工缝的拉杆可用摊铺机的侧向拉杆装置插入。采用固定模板施工方式时，应在振实过程中，从侧模预留孔中手工插入拉杆。当一次摊铺宽度大于4.5m时，应采用假缝拉杆型纵缝，即锯切纵向缩缝，纵缝位置应按车道宽度设置，并在摊铺过程中用专用的拉杆插入装置插入拉杆。插入的侧向拉杆应牢固，不得松动、碰撞或拔出。若发现拉杆松脱或漏插，应在横向相邻路面摊铺前，钻孔重新植入。

（2）横向缩缝施工

普通混凝土路面横向缩缝宜等间距布置，不宜采用斜缝。不得不调整板长时，最大板长不宜大于6.0m；最小板长不宜小于板宽。

在特重和重交通公路、收费广场、邻近胀缝或路面自由端的3条缩缝应采用假缝加传力杆型。缩缝传力杆的施工方法可采用前置钢筋支架法或传力杆插入装置（DBI）法。钢筋支架应具有足够的刚度，传力杆应准确定位，摊铺之前应在基层表面放样，并用钢钎锚固，宜使用手持振捣棒振实传力杆高度以下的混凝土，然后机械摊铺。传力杆无防黏涂层一侧应焊接，有涂料一侧应绑扎。

（3）胀缝施工

胀缝应与混凝土路面中心线垂直，缝壁垂直于板面，宽度均匀一致，缝中不得有黏浆或坚硬杂物，相邻板的胀缝应设在同一横断面上。胀缝传力杆的准确定位是胀缝施工成败的关键，传力杆固定端可设在缝的一侧成交错布置。施工过程中固定传力杆位置的支架应准确、可靠地固定在基层上，使固定后的传力杆平行于板面和路中线，误差不大于5mm。铺筑混凝土拌合物时，严禁造成传力杆位移，否则，将导致混凝土路面接缝区的破坏。在传力杆滑动端安装长度为10cm的套筒，套筒内底与传力杆的间隙为1～1.5cm，空隙内用沥青麻絮填塞，滑动端涂饰沥青。

机械化施工混凝土路面时，胀缝可在连续铺筑混凝土拌合物的过程中完成，也可在施工结束时完成。施工时用方木、钢挡板及钢钎固定胀缝板，钢钎间距1m。在摊铺机前方，先在路面胀缝的传力杆范围内铺筑混凝土拌合物，用两个插入式振捣器在胀缝两侧0.5~1.0m的范围内对称均匀地捣实。摊铺机摊铺至胀缝两侧各0.5m范围内时，将振动梁提起，拔去钢钎，拆除方木和挡板。留下的空隙用混凝土拌合物填充并用插入式振捣器捣实，人工进行粗平，并通过摊铺机的振荡修平梁进行最终修平。待接缝板以上的混凝土硬化后用锯缝机按接缝板的位置和宽度锯两条缝，凿除接缝板之上的混凝土和临时插入物，然后用填缝料填满。这种施工方法可确保接缝施工质量，胀缝的外观也较好。

施工完成时安装、固定传力杆和接缝板。先浇筑传力杆以下的混凝土拌合物，用插入式振捣器振捣密实，并注意校正传力杆的位置，然后再摊铺传力杆以上的混凝土拌合物。摊铺机摊铺胀缝另一侧的混凝土时，先拆除端头钢挡板及钢钎，然后按要求铺筑混凝土拌合物。填缝时必须将接缝板以上的临时插入物清除。

胀缝两侧相邻板的高差应符合如下要求：高速公路和一级公路应不大于3mm，其他等级公路不大于5mm。

（4）施工缝设置

施工中断形成的横向施工缝应尽可能设置在胀缝或缩缝处，多车道路面的施工缝应避免设在同一横断面上。施工缝设在缩缝处应增设一半锚固、另一半涂刷沥青的传力杆，传力杆必须垂直于缝壁，平行于板面。

（5）切缝法施工

贫混凝土基层、各种混凝土面层、加铺层、桥面和搭板的纵、横向缩缝均应采用切缝法施工。切缝作业应符合下列规定：

（6）灌缝

混凝土板养生期满后，应及时灌缝。灌缝要求先采用切缝机清除接缝中夹杂的砂石、凝结的泥浆等，再使用压力大于等于0.5MPa的压力水和压缩空气彻底清除接缝中的尘土及其他污染物，确保缝壁及内部清洁、干燥。缝壁检验以擦不出灰尘为灌缝标准。使用常温聚氨酯和硅树脂等填缝料时，应按规定比例将两组分材料按1h灌缝量混拌均匀后使用。使用加热填缝料时应将填缝料加热至规定温度。加热过程中应将填缝料熔化，搅拌均匀，并保温使用。灌缝的形状系数宜控制在2左右，灌缝深度宜为15~20mm，最浅不得小于15mm。先挤压嵌入直径9~12mm多孔泡沫塑料背衬条，再灌缝。热天时，灌缝顶面应与板面齐平；冷天时，应填为凹液面，中心低于板面1~2mm。填缝必须饱满、均匀、厚度一致并连续贯通，填缝料不得缺失、开裂和渗水。常温施工式填缝料的养生期，低温天宜为24h，高温天宜为12h。加热施工式填缝料的养生期，低温天宜为2h，高温天宜为6h。在灌缝料养生期间应封闭交通。

路面胀缝和桥台隔离缝等应在填缝前凿去接缝板顶部嵌入的木条，涂黏结剂后，嵌入胀缝专用多孔橡胶条或灌进适宜的填缝料。当胀缝的宽度不一致或有啃边、掉角等现象时，必须灌缝。

（二）滑模机械铺筑施工

滑模式摊铺机安装在履带式底盘上，在板边外侧移动，支撑侧边的滑动模壳沿机器长度安装在机器内。机器的方向和水平由固定在路面两侧桩上拉紧的导向钢丝来控制，摊铺厚度通过摊铺机上下移动来调整。滑模式摊铺机施工混凝土路面不需要轨模，不受模板限制，可以实现连续铺筑，一次通过即可完成摊铺、振捣、整平等多道工序，它与沥青混凝土摊铺机的功能调控和操作类似。滑模式摊铺机铺筑混凝土路面具有密实度好（可达96%以上）、铺筑均匀、表面平整度好、摊铺厚度大、路面质量好等优点。但是，由于滑模的移动，混凝土在硬化期间没有侧模的保护，有坍落的危险，且操作技术难度大。

铺筑混凝土时，首先由螺旋式布料器将堆积在基层上的混凝土拌合物横向铺开，用刮平器进行初步刮平，然后用振捣器进行捣实，随后用刮平板进行振捣后的整平，形成密实而平整的表面，再使用搓动式振捣板对拌合物进行振实和整平，最后用光面带进行光面。整面作业与轨道式摊铺机施工基本相同，但滑模摊铺机的整面装置均由电子液压系统控制，精度较高。

滑模式摊铺机比轨道式摊铺机更高度集成化，整机性能好，操纵方便，生产效率高，但对原材料混凝土拌合物的要求更严格，设备费用较高。

1. 施工准备

滑模式摊铺机施工水泥混凝土路面的准备工作包括以下内容：

（1）基层质量检查与验收

对基层的检验项目及质量验收标准与轨模式摊铺机施工相同。一般情况下，滑模式摊铺机施工的长度不少于4km，基层应留有供摊铺机施工行走的位置，因此，基层应比混凝土面层宽50~80cm。

（2）测量放样，设置基准线

滑模式摊铺机的摊铺高度和厚度可实现自动控制。滑模摊铺机具备两侧4个水平传感器和一侧2个方向传感器，沿基准线滑行，摊铺出路面所要求的方向、平面、高程、横坡、板厚、弯道等。方向传感器接触方向基准线，方向基准线的位置沿路面的前进方向安装。水平传感器接触水平基准线，水平基准线的空间位置根据路线高程的相对位置来安装。测量时沿线应每200m增设一水准点，并在控制测量精度、平差后使用。摊铺机摊铺的方向和高程准确与否，取决于基准线的准确程度，因此基准线经准确定位后固定在打入基层的钢钎上。

基准线的设置形式按照施工需要可采用单向坡双线式、单向坡单线式和双向坡双线式三种。单向坡双线式基准线的两根基准线间的横坡应与路面一致。单向坡单线式基准线必须在另一侧具备适宜的基准，路面横向连接摊铺，其横坡应与已铺路面一致。双向坡双线式的两根基准线直线段应平行，且间距相等，并对应路面高程，路拱靠滑模摊铺机调整自动铺成。

（3）确定混凝土配合比与外加剂

滑模式摊铺机对混凝土拌合物的品质要求十分严格，集料最大粒径应为30～40mm，拌合物摊铺时的坍落度应控制在4～6cm。为了增加混凝土拌合物的施工和易性，以达到所需要的坍落度，常需要使用外加剂，所掺外加剂品种、数量应先通过试验确定。

2. 施工工艺

（1）混凝土搅拌

滑模式摊铺机施工水泥混凝土路面所使用的混凝土必须通过专门的搅拌站或搅拌楼拌和。混凝土拌和计量应准确，偏差应符合规范要求。

施工开始及搅拌过程中，应按规范规定检验项目和频率检验坍落度、坍落度损失、含水量、泌水率、混凝土凝结时间、砂石料含水量及混凝土重度等。按标准方法预留规定数量的弯拉强度试件。

（2）混凝土运输

运送混凝土的车辆，在装料时，应防止混凝土离析，每装一盘应挪动一下车位，卸料落差高度不得大于2m。驾驶员必须了解拌合物的运输、摊铺完毕的允许最长时间，超过摊铺允许最长时间的混凝土不得用于路面摊铺。混凝土一旦在车内停留时间超过初凝时间，应采取紧急措施处置，防止混凝土硬化在车厢内或车罐内。混凝土运输过程中要防止漏浆、漏料和污染路面。烈日、大风、雨天和冬季施工，应遮盖自卸车上的混凝土。运输车辆在每次装混凝土前，均应将车厢清洗干净并洒水润湿。

（3）布料

滑模摊铺机前的正常料位高度应在螺旋布料器叶片最高点以下，亦不得缺料。卸料、布料应与摊铺速度相协调。当坍落度为10～50mm时，布料松铺系数宜控制在1.08～1.15之间。布料机与滑模摊铺机之间的施工距离宜控制在5～10m。摊铺钢筋混凝土路面、桥面或搭板时，严禁任何机械开上钢筋网。

（4）滑模摊铺机的施工参数设定及校准

对滑模摊铺机所有机构工作部件应进行正确施工位置的初步设定，并将这些正确的施工参数通过试铺调整固定下来，正式摊铺时根据情况变化进行微调。

（5）铺筑作业技术要领

①滑模摊铺机应缓慢、匀速、连续不间断地作业。严禁料多追赶，然后随意停机等

待，间歇摊铺。摊铺速度应根据拌合物稠度、供料多少和设备性能控制在0.5～3.0m／min之间，一般宜控制在1m／min左右。拌合物稠度发生变化时，应先调振捣频率，然后改变摊铺速度。

②应随时调整松方高度板控制进料位置，开始时宜略设高些，以保证进料。正常摊铺时应保持振捣仓内料位高于振捣棒100mm左右，料位高低上下波动宜控制在±30mm之内。

③正常摊铺时，振捣频率可在6000～11000r／min之间调整，宜控制在9000r／min左右。应防止混凝土过振、欠振或漏振。应根据混凝土的稠度大小，随时调整摊铺的振捣频率或速度。摊铺机起步时，应先开启振捣棒振捣2～3min，再缓慢平稳推进。摊铺机脱离混凝土后，应立即关闭振捣棒组。

④滑模摊铺机满负荷时可铺筑的路面最大纵坡为：上坡5%，下坡6%。上坡时，挤压底板前仰角宜适当调小，并适当调小抹平板压力；下坡时，前仰角宜适当调大.并适当调大抹平板压力。当板底不小于3／4长度接触路表面时，抹平板压力适宜。

⑤滑模摊铺机施工的最小弯道半径应不小于50m；最大超高横坡宜不大于7%。

⑥单车道摊铺时，应视路面设计要求配置一侧或双侧打纵缝拉杆的机械装置。2个以上车道摊铺时，除侧向打拉杆的装置外，还应在假纵缝位置配置拉杆自动插入装置。

⑦软拉抗滑构造时表面砂浆层厚度宜控制在4mm左右，硬刻槽路面的砂浆表层厚度宜控制在2～3mm。

⑧养护5～7d后，方允许摊铺相邻车道。

（6）问题处置

①摊铺中应经常检查振捣棒的工作情况和位置。路面出现麻面或拉裂现象时，必须停机检查或更换振捣棒。摊铺后，路面上出现发亮的砂浆条带时，必须调高振捣棒位置，使其底缘在挤压底板的后缘高度以上。

②摊铺宽度大于7.5m时，若左右两侧拌合物稠度不一致，摊铺速度应按偏干一侧设置，并应将偏稀一侧的振捣棒频率迅速调小。

③应通过调整拌合物稠度、停机待料时间、挤压底板前仰角、起步及摊铺速度等措施控制和消除横向拉裂现象。

④摊铺中的滑模摊铺机停机等料最长时间超过当时气温下混凝土初凝时间的4／5时，应将滑模摊铺机迅速开出摊铺工作面，并做施工缝。

（7）滑模摊铺机路面修整

滑模摊铺过程中应采用自动抹平板装置进行抹面。对少量局部麻面和明显缺料部位，应在挤压板后或搓平梁前补充适量拌合物，由搓平梁或抹平板机械修整。

（三）三棍轴机组铺筑施工

1. 卸料、布料

设专人指挥车辆均匀卸料。布料应与摊铺速度相适应，不适应时应配备适当的布料机械。坍落度为10～40mm的拌合物，松铺系数为1.12～1.25。坍落度大时取低值，坍落度小时取高值。超高路段，横坡高侧取高值，横坡低侧取低值。

2. 密排振实

混凝土拌合物布料长度大于10m时，可开始振捣作业。密排振捣棒组间歇插入振实时，每次移动距离不宜超过振捣棒有效作用半径的1.5倍，并不得大于500mm，振捣时间宜为15～30s。排式振捣机连续拖行振实时，作业速度宜控制在4m／min以内。排式振捣机应匀速缓慢、连续不断地振捣行进。其作业速度以拌合物表面不露粗集料，液化表面不再冒气泡并泛出水泥浆为准。

3. 拉杆安装

面板振实后，应随即安装纵缝拉杆。单车道摊铺的混凝土路面，在侧模预留孔中应按设计要求插入拉杆；一次摊铺双车道路面时，除应在侧模孔中插入拉杆外，还应在中间纵缝部位使用拉杆插入机在1／2板厚处插入拉杆，插入机每次移动的距离应与拉杆间距相同。

4. 三辊轴整平机作业

①三辊轴整平机按作业单元分段整平，作业单元长度宜为20～30m，振捣机振实与三辊轴整平两道工序之间的时间间隔不宜超过15min。

②三辊轴滚压振实料位高差宜高于模板顶面5～20mm，过高时应铲除，过低时应及时补料。

③三根轴整平机在一个作业单元长度内，应采用前进振动、后退静滚方式作业，宜分别进行2～3遍。最佳滚压遍数应经过试铺确定。

④在三辊轴整平机作业时，应有专人处理轴前料位的高低情况，过高时，应辅以人工铲除，轴下有间隙时，应使用混凝土找补。

⑤滚压完成后，将振动辊轴抬离模板，用整平轴前后静滚整平，直到平整度符合要求、表面砂浆厚度均匀为止。

⑥表面砂浆厚度宜控制在（4±1）mm，三辊轴整平机前方表面过厚、过稀的砂浆必须刮除丢弃。

5. 精平饰面

棍轴整平机前方表面过厚、过稀的砂浆必须刮除丢弃，应采用3～5m刮尺，在纵、横两个方向进行精平饰面，每个方向不少于两遍，也可采用旋转抹面机密实精平饰面两遍。刮尺、刮板、抹面机、抹刀饰面的最迟时间不得迟于规定的铺筑完毕允许最长时间。

使用三辊轴机组摊铺时，饰面相当重要，若无饰面工具，可用刮尺和刮板人工纵横向认真反复刮平。直接使用三辊轴整平机滚过的表面，实践证明平整度是达不到3m尺不大于3mm要求的，因此，必须配备饰面工具认真操作，精心施工。

（四）小型机具铺筑施工

小型机具施工在中、轻交通的低等级水泥路面中使用，它技术成熟，施工便捷，不需要大型设备，其施工要点如下：

1. 摊铺

①混凝土拌合物摊铺前，应对模板的位置及支撑稳固情况，传力杆、拉杆的安设等进行全面检查。修复破损基层，并洒水润湿。用厚度标尺板全面检测板厚与设计值相符，方可开始摊铺。

②专人指挥自卸车，尽量准确卸料。

③人工布料应用铁锹反扣，严禁抛掷。人工摊铺混凝土拌合物的坍落度应控制在5~20mm之间，拌合物松铺系数宜控制在1.10~1.25之间，料偏干，取较高值，反之，取较低值。

④因故造成1h以上停工或达到2／3初凝时间，致使拌合物无法振实时，应在已铺筑好的面板端头设置施工缝，废弃不能被振实的拌合物。

2. 插入式振捣棒振实

①在待振横断面上，每车道路面应使用2根振捣棒，组成横向振捣棒组，沿横断面连续振捣密实，并应注意路面板底、内部和边角处不得欠振或漏振。

②振捣棒在每一处的持续时间，应以拌合物全面振动液化，表面不再冒气泡和泛水泥浆为限，不宜过振，也不宜少于30s。振捣棒的移动间距不宜大于500mm；至模板边缘的距离不宜大于200mm。应避免碰撞模板、钢筋、传力杆和拉杆。

③振捣棒插入深度宜离基层30~50mm，振捣棒应轻插慢提，不得猛插快拔，严禁在拌合物中推行和拖拉振捣棒振捣。

④振捣时，应辅以人工补料，应随时检查振实效果、模板、拉杆、传力杆和钢筋网的移位、变形、松动、漏浆等情况，并及时纠正。

3. 振动板振实

①在振捣棒已完成振实的部位，可开始振动板纵横交错两遍全面提浆振实，每车道路面应配备1块振动板。

②振动板移位时，应重叠100~200mm，振动板在一个位置的持续振捣时间不应少于15s。振动板须由两人提拉振捣和移位，不得自由放置或长时间持续振动。移位控制以振动板底部和边缘泛浆厚度（3±1）mm为限。

③缺料的部位，应辅以人工补料找平。

4. 振动梁振实

①振动梁应具有足够的刚度，底部应焊接或安装深度4mm左右的粗集料压实齿，保证（4±1）mm的表面砂浆厚度。

②振动梁应垂直路面中线沿纵向拖行，往返2~3遍，使表面泛浆均匀平整。在振动梁拖振整平过程中，缺料处应使用混凝土拌合物填补，不得用纯砂浆填补；料多的部位应铲除。

5. 整平饰面

①每车道路面应配备1根滚杠（双车道两根）。振动梁振实后，应拖动滚杠往返2~3遍提浆整平。第一遍应短距离缓慢推滚或拖滚，以后应较长距离匀速拖滚，并将水泥浆始终赶在滚杠前方。多余水泥浆应铲除。

②拖滚后的表面宜采用3m刮尺，纵横各1遍整平饰面，或采用叶片式或圆盘式抹面机往返2~3遍压实整平饰面。每车道路面配备的抹面机不宜少于1台。

③在抹面机完成作业后，应进行清边整缝，清除黏浆，修补缺边、掉角。应使用抹刀将抹面机留下的痕迹抹平，当烈日暴晒或风大时，应加快表面的修整速度，或在防雨棚遮阴下进行。精平饰面后的面板表面应无抹面印痕，致密均匀，无露骨，平整度应达到规定要求。

6. 真空脱水施工

（1）真空脱水施工要求

小型机具施工三、四级公路混凝土路面，应优先采用在拌合物中掺外加剂，无掺外加剂条件时，应使用真空脱水工艺，该工艺适用于面板厚度不大于240mm混凝土面板施工。使用真空脱水工艺时，混凝土拌合物的最大单位用水量可比不采用外加剂时增大3~12kg／m3。拌合物适宜坍落度：高温天30~50mm；低温天20~30mm。每台真空脱水机应配备不少于3块吸垫。

（2）真空脱水施工作业

①脱水前，应检查真空泵空载真空度不小于0.08MPa，并检查吸管、吸垫连接后的密封性，同时应检查随机工具和修补材料是否齐备。

②吸垫铺放应采取卷放，避免皱折；边缘应重叠已脱水的面板50~100mm。

③开机脱水，真空度应逐渐升高，最大真空度不宜超过0.085MPa。脱水量应经脱水试验确定。

④当脱水达到规定时间和脱水量要求后，应先将吸垫四周微微掀起10~20mm，继续抽吸15s，以便吸尽作业表面和吸管中的余水。

真空脱水后，应采用振动梁、滚杠或叶片、圆盘式抹面机重新压实精平1~2遍。整平后的路面，应采用硬刻槽方式制作抗滑构造。真空脱水混凝土路面切缝时间可比规定时间适当提前。

四、水泥混凝土路面施工质量控制与检查验收

水泥混凝土路面施工，应根据质量管理要求，建立健全有效的质量保证体系，实行严格的质量、投资、工期控制、工序管理和岗位责任制度，对各施工阶段进行全面控制检查，以确保施工质量。

（一）施工前材料控制

原材料精良是修筑高质量路面的前提条件，进场前控制好原材料的质量非常重要，无论工期怎样紧张，都要把好原材料进场关。

要配备充足的质量检验设备和人员，做好原材料抽检工作。施工前，实验室应对混凝土路面工程计划使用的原材料进行质量检验和混凝土配制试验，以便进一步优选原材料和优化配合比，之后出具原材料检验和配合比报告，并应通过监理对原材料抽检和配合比试验验证，然后报业主审批。重要的原材料供应，如水泥外加剂、养生剂等，和供应商签订合同时，不仅要确定供应量、方式，还要明确各项技术指标等要求。

（二）铺筑试验路段

由于每个工程项目的情况各不同，所用原材料和配合比也不尽相同，摊铺机各项参数也需调整。因此，在正式摊铺前，必须进行不小于200m的试验摊铺，试验段路面厚度、摊铺宽度、基准线设置、接缝设置、钢筋设置等均应和实际工程相同，通过试验段施工应达到以下目的：

①检验拌和楼性能并确定合理搅拌制度，全面检验摊铺机性能和生产能力，以及机械配套是否合理，并提出改进措施。

②通过试拌确定拌合物各种技术指标，如坍落度、振动黏度系数、含气量、泌水量、是否离析等，以优化调整配合比。

③通过试铺确定模板架设或基准线设置方式，调整设置摊铺机工作参数。

④检验确定辅助人工、机具、工具、模具种类和数量，确定合理的施工组织形式和人员组成。

⑤通过试铺建立原材料和新拌混凝土的各项技术指标，如坍落度、含气量和路面弯拉强度、平整度、构造深度等，并熟悉检验方法。

⑥通过试铺掌握各种接缝设置和施工方法、抗滑构造施工工艺、养生方式；检验全套施工工艺流程。

在试铺过程中，施工人员应认真做好记录，监理工程师或质监部门应监督检查试验段的施工质量，及时与施工单位商定并解决问题。试验段铺筑后，施工单位应提出试验路段总结报告，上报监理和业主批复，取得正式开工认可。

（三）工程质量检查验收

工程施工完成后，施工单位应将全线按每公里一个评价段，按规定的检验项目和1／3频率进行自检，准备好总结报告、自检结果、原始记录等完整资料，申请验收。

业主、监理和质监站收到施工单位验收申请，确认资料完整后，应首先对照施工中的抽检数据，检查交工报告中数据是否与其吻合，然后再按《公路工程质量检验评定标准》规定的检查项目和验收频率进行检查和验收。

第四章　公路桥梁下部结构施工技术

第一节　桥梁基础施工

一、明挖扩大基础施工

明挖基础是将基础底板设在直接承载地基上，来自上部结构的荷载通过基础底板直接传递给承载地基。其施工方法通常是采用明挖的方式进行的，是一种直接敞坑开挖就地灌注的浅基础形式。由于施工简便、造价低，只要在地质和水文条件许可的情况下，这种施工方法都应优先选用。明挖基础适用于无水、少水或浅水河流的基础工程，可采用人工开挖或机械开挖。明挖基础施工重点需解决的问题是敞坑边坡稳定及开挖过程中的排水。

明挖基础适用于基础埋置深度较浅，且水流冲刷不严重的浅水地区，施工中坑壁的稳定性是必须特别注意的问题。由于它的构造简单，埋深浅，施工容易，加上可以就地取材，故造价低廉，广泛用于中小桥涵及旱桥。

明挖基础也称扩大基础，是由块石或混凝土砌筑而成的大块实体基础，其埋置深度较其他类型基础浅，故为浅基础。由于它的构造简单，所用材料不能承受较大的拉应力，故基础的厚宽比要足够大，使之形成所谓刚性基础，受力时不致产生挠曲变形。为了节省材料，这类基础的立面往往设计成台阶形，平面将根据墩台截面形状而采用矩形、圆形、T形或多边形等。建造这种基础多用明挖基坑的方法施工。在陆地开挖基坑，将视基坑深浅、土质好坏和地下水位高低等因素来判断是否采用坑壁支护结构。在水中开挖则应先筑围堰。基坑开挖时应注意以下事项：

①基坑开挖对邻近建筑物或临时设施有影响时，应提前采取安全防护措施。

②基坑顶面应提前做好地面防水、排水设施。

③基坑开挖时，不得采用局部开挖深坑及从底层向四周掏土。

④基坑顶有动荷载时，坑口边缘与动载间的安全距离应根据基坑深度、坡度、地质和水文条件及动载大小等情况确定，且不应小于1.0m。

⑤在土石松动地层或在粉、细砂层中开挖基坑时，应先做好安全防护；当基坑开挖需要爆破时，应执行国家现行《爆破安全规程》中的有关规定；土质松软层基坑开挖必须进行支护。

⑥基坑开挖时，应观测坡面稳定情况。当发现坑沿顶面出现裂缝，坑壁松塌或遇涌水、涌砂时，应立即停止施工，加固处理后，方可继续施工。

明挖基础施工的主要内容包括基础的定位放样、基坑开挖、基坑排水、基底处理以及砌筑（浇筑）基础结构物等。

（一）基础的定位放样

在基坑开挖前，先进行基础的定位放样工作，以便正确地将设计图上的基础位置准确地设置到桥址上。放样工作是根据桥梁中心线与墩台的纵横轴线，推出基础边线的定位点，再放线画出基坑的开挖范围。基坑各定位点的高程及开挖过程中高程检查，一般用水准测量的方法进行。

（二）基坑开挖

基坑开挖的主要工作有：挖掘、出土、支护、排水、防水、清底以及回填等。施工时，应根据地质条件、水文条件、基坑开挖深度、开挖所采用的方法和机具等，采用不同的开挖工艺。

基坑在开挖前通常需完成下列准备工作：施工场地的清理，地面水的排除，临时道路的修筑，供电与供水管线的敷设，临时设施的搭建，基坑的放线等工作。

场地清理包括拆除房屋、古墓，拆迁或改建通信设备、电力设备、上下水道以及其他建筑物，迁移树木等工作。

场地内低洼地区的积水必须排除，同时应注意雨水的排除，使场地保持干燥，以便基坑开挖。地面水的排除一般采用排水沟、截水沟、挡水土坝等措施。应尽量利用自然地形来设置排水沟，使水直接排至基坑外，或流向低洼处，再用水泵抽走。主排水沟最好设置在施工区域的边缘或道路的两旁，其横断面和纵向坡度应根据最大流量确定。一般情况下，排水沟的横断面不小于0.5m×0.5m，纵向坡度一般不小于3‰。平坦地区，若出水困难，其纵向坡度不应小于2‰，沼泽地区可降至1‰。在基坑开挖过程中，要注意保持排水沟畅通，必要时应设置涵洞。

1.土方边坡及其稳定

（1）土方边坡

为了防止塌方，保证施工安全，在开挖深度超过一定限度时，均应在其边沿做成一定程度的边坡。

　　根据各层土质以及土体所受的压力，土方边坡可做成直线形、折线形和台阶形。合理选择基坑边坡是减少土方量的有效措施。

　　（2）边坡稳定

　　基坑边坡的稳定，主要取决于土体内土颗粒之间存在摩擦阻力和内聚力，使土体具有一定的抗滑力来保持稳定。当土体的下滑力大于抗滑力，边坡就会失去稳定而发生滑动，这种滑动一般是在一定范围内整体沿某一滑动面向下和向外移动。基坑边坡的失稳往往是在外界不利因素影响下触发和加剧的。这些外界不利因素往往会导致土体剪应力的增加或抗剪强度的降低。一旦土体失去平衡，土体就会塌方，不仅会造成人身安全事故、影响工期，有时还会危及邻近建筑物的安全。

　　2. 基坑开挖方式

　　基坑开挖的方式与基础的埋置深度、地质土的性质、施工周期的长短有关。可分为直立壁开挖、放坡开挖、支护开挖。按其基坑所处的环境可分为陆地基坑开挖和水中基础的基坑开挖两种。

　　（1）陆地基坑开挖

　　基坑大小应满足基础施工要求，对有渗水土质的基坑坑底开挖尺寸，需按基坑排水设计（包括排水沟、集水井、排水管网等）和基础模板设计而定，一般基底尺寸应比设计平面尺寸各边增宽0.5～1.0m。基坑可采用垂直开挖、放坡开挖、支撑加固或其他加固的开挖方法，具体应根据地质条件、基坑深度、施工期限与经验，以及有关地表水或地下水等现场因素来确定。

　　①坑壁不加支撑的基坑

　　对于在干涸无水河滩、河沟中，或有水经改河或筑堤能排除地表水的河沟中；在地下水位低于基底0.5m，或渗透量少，不影响坑壁稳定；以及基础埋置不深（一般在5m以内）施工期较短，挖基坑时不影响邻近建筑安全的施工场所，土质稳定时可考虑选用坑壁不加支撑的基坑。

　　不加支护的基坑开挖时，坑壁依靠土体本身的抗剪强度，或采取适量放坡的方式来解决边坡的稳定问题。

　　在无水土质基坑底面，基坑平面尺寸每边放宽0.5～1.0m或模板施工及工作宽度要求的宽度。对有水基坑底面，应预留四周开挖排水沟或汇水井的位置，每边放宽0.8～1.2m。但如果采用坑壁为土模灌注混凝土时，基底尺寸为基础轮廓。

　　坑顶边缘应留有护道，避免在此范围内加载，以保持顶边稳定。静载距坑缘不小于0.5m，动载距坑缘不小于1.0m。在垂直坑壁坑缘顶面的护道还应适当增宽，荷载距坑缘距离应满足不使土体坍塌为限。

　　基坑应尽量安排在枯水或少雨季节施工。基坑开挖不宜间断，应连续施工并进行基础混凝土的灌注施工。基坑宜用原土及时回填，对桥台及有河床铺砌的桥墩基坑，均应分层夯实。

②坑壁有支撑的基坑

当基坑壁坡不易稳定并有地下水渗入，或放坡开挖场地受到限制，或基坑较深、放坡开挖工程数量较大，不符合技术经济要求时，可视具体情况，采用以下的加固坑壁措施，如挡板支撑、钢木结合支撑、混凝土护壁及锚杆支护等。常用的坑壁支撑形式有：直衬板式坑壁支撑、横衬板式坑壁支撑、框架式支撑及其他形式的支撑（如锚桩式、锚杆式、锚碇板式、斜撑式等）。

（2）水中基础的基坑开挖。

桥梁墩台基础大多位于地表水位以下，有时水流还比较大，施工时都应在无水或静止水条件下进行。桥梁水中基础最常用的施工方法是围堰法。围堰的作用主要是防水和挡水，有时还起着支撑施工平台和基坑坑壁的作用。公路桥梁常用的围堰类型有：土石围堰、木笼围堰或竹笼围堰、钢板桩围堰、套箱围堰。

围堰必须满足以下要求：

①围堰顶高宜高出施工期间最高水位700mm，最低不应小于500mm，用于防御地下水的围堰宜高出水位或地面200～400mm。

②围堰的外形应适应水流排泄，大小不应压缩流水断面过多，以免壅水过高危害围堰安全，以及影响通航、导流等。围堰内形应适应基础施工的要求，并留有适当的工作面积。堰身断面尺寸应保证有足够的强度和稳定性，使基坑开挖后，围堰不致发生破裂、滑动或倾覆。

③围堰要求防水严密，应尽量采取措施防止或减少渗漏，以减轻排水工作。对围堰外围边坡的冲刷和筑围堰后引起的河床的冲刷均应有防护措施。

④围堰施工一般应安排在枯水期间进行。

（三）基坑排水

基坑坑底一般多位于地下水位以下，地下水会经常渗进坑内，因此必须设法把坑内的水排除，以便于施工。要排除坑内渗水，首先要估算涌水量，方能选用相当的排水设备。桥梁基础施工中常用的基坑排水方法有：

1. 集水坑排水法

基坑开挖时，宜在坑底基础范围之外设置集水坑并沿坑底周围开挖排水沟，使水流入集水坑内，排出坑外。集水坑的尺寸宜视渗水量的大小确定。排水设备的排水能力宜为总渗水量的1.5～2.0倍。

2. 井点降水法

井点降水法宜用于粉砂、细砂、地下水位较高、挖基较深、坑壁不易稳定的土质基坑，在无砂的黏质土中不宜采用。井点类别的选择，宜按照土层的渗透系数、要求降低水位的深度以及工程特点确定。井管的成孔可根据土质分别采用射水成孔后冲击钻机、旋转钻机及水压钻机成孔。井点降水曲线顶部应低于基底设计高程或开挖高程0.5m。

应做好沉降及边坡位移监测，保证水位降低区域内建筑物、构筑物的安全，必要时应采取防护措施。

3. 帷幕防渗法

帷幕防渗法施工时应进行施工设计。帷幕防渗层的厚度应满足基坑防渗的要求，截水帷幕的渗透系数宜小于10×10^{-6}mm／s。采用防水土工膜在围堰外侧铺底防渗时，应将河床面杂物清除干净并整平。土工膜应从围堰外侧的水位以上铺起，并超过堰脚不小于3m；土工布之间的接头应搭接严密。铺底土工膜上应满压不小于300mm厚的砂土袋。

（四）地基处理

天然地基上的基础是直接靠基底土壤来承担荷载的，故基底土壤状态的好坏，对基础及墩台、上部结构的影响极大，不能仅检查土壤名称与容许承载力大小，还应为土壤更有效地承担荷载创造条件，即要进行基底处理工作。

对符合设计要求的细粒土、特殊土基底，修整妥善后，应尽快修建基础，不得使基底浸水和长期暴露。当地基需加固或现场开挖后地质情况与设计不符时，应按设计要求及有关规范执行。地基处理应根据地基土的种类、强度和密度，按照设计要求，结合现场情况，采取相应的处理方法。地基处理的范围至少应宽出基础之外0.5m。

1. 细粒土及特殊土地基的处理

属细粒土或特殊土类的饱和软弱黏土层、粉砂土层及湿陷性黄土、膨胀土和黏土及季节性冻土，强度低，稳定性差，处理时应视该类土的处治深度、含水量等情况，按基底的要求采取固结处理，以满足设计要求。

2. 粗粒土和巨粒土地基的处理

对于强度和稳定性满足设计要求的粗粒土及巨粒土基底，应将其承重面平整夯实，其范围应满足基础的要求。基底有水不能彻底排干时，应堵塞或将水引至排水沟，然后在其上修筑基础。

3. 岩层基底的处理

风化的岩层应挖至满足地基承载力要求或其他方面的要求为止。在未风化的岩层上修建基础前，应先将淤泥、苔藓、松动的石块清除干净，并洗净岩石。对于坚硬的倾斜岩层，应将岩层面凿平。倾斜度较大，无法凿平时，则应凿成多级台阶，台阶的宽度宜不小于0.3m。

4. 多年冻土地基的处理

基础不应置于季节冻融土层上，并不得直接与冻土接触。基础的基底修筑于多年冻土层（即永冻土）上时，基底之上应设置隔温层或保温层材料，且铺筑宽度应在基础外缘加宽1m。按保持冻结的原则设计的明挖基础，其多年平均地温等于或高于-3℃时，应在冬季施工；多年平均地温低于-3℃时，可在其他季节施工，但应避开高温季节，并应按下列规定处理：

①严禁地表水流入基坑。

②及时排除季节冻层内的地下水和冻土本身的融化水。

③必须搭设遮阳棚和防雨棚。

④施工前做好充分准备，组织快速施工。做好的基础应立即回填封闭，不宜间歇。必须间歇时，应以草袋、棉絮等加以覆盖，防止热量侵入。

施工时，明水应在距坑顶10m之外修排水沟。水沟中的水，应引于远离坑顶宣泄并及时排除融化水。

5.溶洞地基的处理

影响基底稳定的溶洞，不得堵塞溶洞水路。干溶洞可用砂砾石、碎石、干砌或浆砌片石及灰土等回填密实。基底干溶洞较大，回填处理有困难时，可采用桩基处理，桩基应进行设计，并经有关单位批准。

6.泉眼地基的处理

基底泉眼的处理不应使基底土层饱水。可将有螺口的钢管紧紧打入泉眼，盖上螺帽并拧紧，阻止泉水流出；或向泉眼内压注速凝的水泥砂浆，再打入木塞堵眼。堵眼有困难时，可采用导管塞入泉眼，将水引流至集水坑排出。在基底下设盲沟引流至集水坑排出，待基础圬工完成后，向盲沟压注水泥浆堵塞。采用引流排水时，应注意防止砂土流失引起基底沉陷。

（五）地基检验

基坑已挖至基底设计高程，或已按设计要求加固、处理完毕后，须经过基底检验，方可进行基础结构施工。

基坑施工是否符合设计要求，在基础浇筑前应按规定进行检验。其目的在于：确定地基的容许承载力的大小、基坑位置与高程是否与设计文件相符，以确保基础的强度和稳定性，不致发生滑移等病害。基底检验的主要内容包括：检查基底平面位置、尺寸大小、基底标高；检查基底处理和承载力是否与设计资料相符；检查基底处理和排水情况；检查施工记录及有关试验资料等。

为使基底检验及时，以免因等候检验、基底暴露时间过久而风化变质，施工负责人应提前通知检验人员，安排检验。

按桥涵大小、地基土质复杂（如溶洞、断层、软弱夹层、易溶岩等）情况及结构对地基有无特殊要求，可采用以下检查方法：

①小桥涵的地基检验：可采用直观或触探方法，必要时可进行土质试验。

②大、中桥和地基土质复杂、结构对地基有特殊要求的地基检验，一般采用触探和钻探（钻深至少4m）取样做土工试验，或按设计的特殊要求进行荷载试验。

③特大桥按设计要求处理。

（六）基础施工

扩大基础的种类有浆砌片石、浆砌块石、片石混凝土和钢筋混凝土等。现将片石混凝土、钢筋混凝土施工方法分别介绍如下。

1. 片石混凝土

采用片石混凝土时，可在混凝土中掺入不多于其体积20%的片石，片石的抗压强度等级应符合设计规定；设计未规定时，小桥涵的墩台、基础应不低于MU30，大、中桥的墩台和基础以及轻型桥台应不低于MU40。片石混凝土施工时，应选用无裂纹、无夹层且未被火烧过的、具有抗冻性能的片石。片石石料要求坚硬、密实、耐久，质地适当细致、色泽均匀，禁止使用风化岩石、水锈石和凸凹片石。卵石和薄片石（厚度小于150mm）也不得使用。

2. 钢筋混凝土基础

旱地浇筑钢筋混凝土基础，应在对基底及基坑验收完成后尽快放置、绑扎钢筋；在底部放置混凝土垫块，以保证钢筋的混凝土净保护层厚度，同时安放墩柱或台身钢筋的预埋部分，保证其定位准确；对全部钢筋进行检查验收，在其钢种、根数、直径、间距、位置验收合格后，才可浇筑混凝土。拌制好的混凝土运输至现场后，若高差不大，可直接倒入基坑内；若倾斜高度过大，为防止发生离析，应设置串筒或溜槽，槽内焊上减速钢梳，以保证混凝土整体均匀运入基坑，用插入式振捣器振捣密实。浇筑应分层进行，但应连续施工，在下层混凝土初凝之前，应将上层混凝土灌注捣实完毕。最低气温在5℃以上时，基础全部浇筑完凝结后，要立即覆盖草袋、麻袋、稻草或砂子，并经洒水养生；冬季施工的混凝土覆盖后不得洒水。养生时间为：一般，普通硅酸盐水泥混凝土为7昼夜以上；矿渣水泥、火山灰质水泥或掺用外加剂的混凝土应为14昼夜以上。

水中混凝土基础在基坑排水施工的情况下，施工方法与旱地基础相同，只是在混凝土凝固后即可停止排水，也不需再进行专门的养生工作。

二、钻孔灌注桩施工

钻孔灌注桩是指采用不同的钻（挖）孔方法，在土中形成一定直径的井孔，达到设计标高后，将钢筋骨架（笼）吊入井孔中，灌注混凝土形成桩基础。

（一）施工前的准备工作

钻孔灌注桩施工的主要工序包括：准备场地、埋设护筒、制备泥浆、钻孔、清空、钢筋笼制作与吊装以及灌注混凝土等。

1. 场地平整

钻孔前对施工场地要进行准备，其内容包括：

①场地为旱地时，应该除杂物，换除软土，整平夯实；

②场地为陡坡时，可用枕木、型钢等搭设工作平台；

③场地为浅水时。宜采用筑岛施工，筑岛面积应根据钻孔方法、设备大小等要求确定，高度应高于最高施工水位0.5~1.0m。

④场地为深水或淤泥较厚时，可搭设工作平台，平台必须牢固稳定，能承受工作时所有静、动荷载，并考虑施工机械能安全进出。

若水流平稳，水位升降缓慢，全部工序可在船舶或浮箱上进行，但必须锚固稳定，桩位准确。若流速较大，但河床可以整理平顺时，可采用钢桩或钢丝网水泥薄壁运沉井，就位后灌水下沉至河床，然后在其顶部搭设工作平台，在其底部安设护筒；在某些情况下，可在钢板桩围堰内搭设钻孔平台。

2. 选择钻孔设备

根据土质、桩径大小和入土深度，选择合适的钻孔设备。

3. 埋设护筒

护筒宜采用钢板卷制，其内径应大于桩径至少200mm，壁厚应能使护筒保持圆筒状且不变形；在水中以机械沉设的护筒，其内径和壁厚的大小，应根据护筒的平面、垂直度偏差要求及长度等因素确定；对参与结构受力的护筒，其内径、壁厚及长度应符合设计的规定。

护筒中心竖直线应与桩中心线重合，除设计另有规定外，平面允许误差为50mm，竖直线倾斜不大于1%，干处可实测定位，水域可依靠导向架定位。旱地、筑岛处护筒可采用挖坑埋设法，护筒底部和四周所填黏质土必须分层夯实。护筒内径宜比桩径大200~400mm。护筒高度宜高出地面0.3m或水面1.0~2.0m。当钻孔内有承压水时，应高于稳定后的承压水位2.0m以上。护筒埋置深度应根据设计要求或桩位的水文地质情况确定，一般情况下，埋置深度宜为2~4m，特殊情况应加深以保证钻孔和灌注混凝土的顺利进行。有冲刷影响的河床，应沉入局部冲刷线以下1.0~1.5m。护筒连接处要求筒内无突出物，应耐拉、耐压，不漏水。

4. 泥浆制备

钻孔泥浆由水、黏土（膨润土）和添加剂组成。它具有浮悬钻渣、冷却钻头、润滑钻具、增大静水压力，并有在孔壁形成泥膜、隔断孔内外渗流、防止坍孔的作用。调制的钻孔泥浆及经过循环净化的泥浆，应根据钻孔方法和地层情况采用不同的性能指标。泥浆稠度应视地层变化和操作要求，灵活掌握。泥浆太稀，排渣能力小，护壁效果差；泥浆太稠，会削弱钻头冲击功能，降低钻进速度。

对大直径或超长钻孔灌注桩，泥浆的选择应根据钻孔的工程地质情况、孔位、钻机性能、泥浆材料条件等确定。在地质复杂、覆盖层较厚、护筒下沉不到岩层的情况下，宜使用丙烯酰胺即PHP泥浆。

（二）钻孔施工方法

1. 冲抓锥钻进

冲抓锥是一种最简单的钻孔机械，由三脚立架、锥头和卷扬机3部分组成。施工时使三角立架固定滑轮，绕过滑轮的钢丝绳下端吊着由3块钢锥片组成的锥头，锥头张开的最大外围尺寸与桩孔直径相同。锥头对准桩孔中心，放开制动，锥头在自重作用下下落，打入孔内土层中。卷扬机将其向上提升时，通过拉索位锥头合龙，渣土被封闭在锥体内提升至井外。等锥体提升至孔口以上时，工人及时在井口放置一块钢盖板，将手推车或其他运输工具放于其上。打开锥头控制栓，使锥头张开，土体落入运输车中运走。移走钢板，即进行下一轮冲抓作业，如此循环钻进。

该方法的优点是：所需机械简单，成本较低。缺点是：施工自动化程度低，需人工操作清运渣土，劳动强度大，施工速度较慢。此种方法适用于砂砾石和砂土地层。

施工中应注意以小冲程稳而准地开孔，待锥具全部进入护筒后，再松锥进行正常冲抓。提锥应缓慢，冲击高度一般为1.0~2.5m。冲抓施工中，每冲抓一次需将冲抓钻头旋转一个小角度，以防形成梅花形孔。

2. 冲击钻孔

其设备由冲击钻头、三角立架和卷扬机3部分组成。该方法适用于砂砾石和岩石地层。其工作原理是：用卷扬机钢丝绳通过三角立架上的滑轮将锥头提起，然后放开卷扬机，使锥头自由下落，锥头的冲击作用将砂砾石或岩石挤进孔壁或砸成碎末、细渣，靠泥浆将其悬浮起来排出孔外。锥体一般为圆柱形，用钢材制成，锥头呈"十"字形，利于破碎岩石。一般可先用60~80cm的细锥头钻进，然后再用大锥头扩孔至设计孔径。这样一来可以保证孔壁稳定，防止塌孔，二来可以提高功效。卷扬机可以人工操作，也可以选用自动操作设备，因而该方法节省人力，可以24小时连续作业，施工效率较高，在工程中普遍适用。

施工时应注意以小冲程开孔，使初成孔坚实、竖直、圆顺并起导向作用。钻进深度超过钻锥全冲程后才能进行正常冲击。若遇坚硬漂卵石层，可采用中、大冲程，但最大冲程不宜超过4~6m。钻进中及时排除钻渣，并添加黏土造浆，防止塌孔和沉积，使钻锥经常冲击新鲜地层。冲击表面有不平整的漂石、硬岩时，应先投入黏土夹小片石，将表面垫平后再钻进，防止出现偏孔、斜孔。冲击成孔施工中，每冲击一次需将冲击钻头旋转一个小角度，以防形成梅花形孔。

3. 正循环钻进施工

用钻头旋转切削土体钻进，用泥浆泵将泥浆压进钻杆顶部提水龙头，泥浆通过钻杆中心从钻头处喷入孔底，泥浆与钻渣混合，钻渣被泥浆悬浮，泥浆携带钻渣沿孔壁上升，从护筒顶部排浆孔排至沉淀池，钻渣在此沉淀而泥浆流入泥浆池循环使用，该方法适用于淤泥、黏性土、砂土以及砾卵石粒径小于10cm含量少于20%的碎石土。其优点是钻进与排渣同时连续进行，在适用的土层中钻进速度较快。

4. 反循环钻进施工

与正循环法不同的是低浓度泥浆从孔口输入孔内，然后高浓度泥浆从钻头处的钻杆下口吸进，通过钻杆中心排至沉淀池内。该方法适用于黏性土、砂土以及砾卵石粒径小于钻杆内径2／3且含量少于20%的碎石土、软岩。其钻进与排渣效率较高，钻进速度比正循环快，但接长钻杆时装卸麻烦、钻渣容易堵塞管路。另外，因泥浆是从下向上流动，孔壁坍塌的可能性较正循环法大，为此需用较高质量的泥浆。

（三）清孔

钻孔深度达到设计标高后，应对孔深、孔径进行检查。清孔方法应根据设计要求、钻孔方法、机具设备条件和地层情况决定。在吊入钢筋骨架后，灌注水下混凝土之前，应再次检查孔内泥浆性能指标和孔底沉淀厚度，若超过规定，应进行第二次清孔，符合要求后方可灌注水下混凝土。

清孔方法有换浆、抽浆、掏渣、空压机喷射、砂浆置换等，可根据具体情况选择使用。不论采用何种清孔方法，在清孔排渣时，必须注意保持孔内水头，防止坍孔。清孔后应从孔底提出泥浆试样，进行性能指标试验，检查孔底沉淀土厚度。

无论采用哪种钻孔方法，钻孔施工都需遵循以下一般要求：

①钻孔就位前，应对钻孔的各项准备工作进行检查，包括场地与钻机坐落处的平整和加固、主要机具的检查与安装，并用水准仪测量钻机平台的标高，确定钻孔深度；

②及时填写施工记录表，交接班时应说明钻进情况及下一班应注意事项；

③钻机底座和顶端在钻进和运行中不应产生位移和沉陷。回转钻机顶部的起吊滑轮、转盘中心和桩位中心三者应在同一铅垂线上，偏差不超过2cm；

④钻孔作业应分班连续进行，经常对钻孔泥浆性能指标进行检验，不符合要求时要及时改正。

（四）钢筋笼及导管吊装

1. 钢筋笼制作与安装

在开始钻孔之前或者钻孔的同时，要制作好钢筋笼，以便成孔、清孔后尽快灌注混凝土，防止坍孔事故发生。应根据桩基钢筋设计图纸及施工的实际桩长来确定主钢筋下料的根数和长度，下料时应考虑钢筋搭接焊接的长度，注意主筋在50cm范围内接头数量不能超过截面主筋根数总数的50%，箍筋螺旋形布置在主筋外侧，定位筋应均匀对称地焊接在主筋外侧。下钢筋笼前应对其进行质量检查，经检查合格后，用吊车（或采用钻孔桩架）吊起，垂直缓慢放入孔内，相邻节端应焊接牢靠、定位准确。下到设计位置后，应在顶部采取相应措施反压并固定其位置，防止在混凝土灌注过程中产生上浮。

2. 导管

导管是灌注水下混凝土的重要工具。导管一般用钢管制成，内径一般为200～350mm，每节长2～3m，端头用丝扣或法兰盘螺栓连接，用法兰盘螺栓连接时，接头间夹有橡胶垫以防止漏水。导管使用前应进行水密承压和接头抗拉试验，严禁用压气试压。进行水密试验的水压不应小于孔内水深1.3倍的压力，也不应小于导管壁和焊缝可能承受灌注混凝土时最大内压力的1.3倍。

在灌注过程中，应保持孔内的水头高度；导管的埋置深度宜控制在2～6m之间，并应随时测探桩孔内混凝土的位置，及时调整导管埋深。

（五）水下混凝土灌注

水下混凝土灌注过程中应注意以下施工要求：

①水下混凝土灌注时间不得超过首批混凝土的初凝时间；

②混凝土运至灌注地点时，应检查其均匀性和坍落度等，不符合要求时不得使用；

③首批灌注混凝土的数量应能满足导管首次埋置深度（大于等于1.0m）和填充导管底部的需要，所需混凝土数量按公式（4-1）计算：

$$V = \frac{\pi D^2}{4}(H_1 + H_2) + \frac{\pi d^2}{4}h_1 \qquad (4-1)$$

式中 V——灌注首批混凝土所需数量，m^3；

　　　D——桩孔直径，m；

　　　H_1——桩孔底至导管底端间距，一般为0.3～0.4m；

　　　H_2——导管初次埋置深度，m；

　　　d——导管内径，m；

　　　h_1——桩孔内混凝土达到埋置深度 时，导管内混凝土柱平衡导管外（或泥浆）压力所需的高度，m。

④首批混凝土拌合物下落后，混凝土应连续灌注。

⑤为防止钢筋骨架上浮，当灌注的混凝土顶面距钢筋骨架底部1m左右时，应降低混凝土的灌注速度。当混凝土拌合物上升到骨架底口4m以上时，提升导管，使其底口高于骨架底部2m以上，即可恢复正常灌注速度。

⑥灌注的桩顶标高应比设计高，一般为0.5～1.0m，以保证混凝土强度，多余部分接

桩前必须凿除，桩头应无松散层。在灌注将近结束时，应核对混凝土的灌入数量，以确定所测混凝土的灌注高度是否正确。

⑦对变截面桩，应在灌注过程中采取措施，保证变截面处的水下混凝土灌注密实。

⑧灌注中发生故障时，应查明原因，合理确定方案进行处理。

（六）事故处理

由于地质构造的复杂性和施工期间各种因素的影响，钻孔事故常有发生。及时确认事故类型，采取补救措施，才能减少损失，保证质量。

1. 塌孔

遇钻孔坍塌时，应仔细分析，查明原因和位置，然后再进行处理。若塌孔不严重，可不进行处理，采取改善泥浆性能、加高水头、埋深护筒等措施继续钻进。若塌孔严重，应立即将已钻的孔用小砾石夹黏土回填至塌孔处以上1～2m，待其稳定后，再采取相应措施（加大泥浆浓度快速钻进等）重钻。

2. 孔身偏斜、弯曲

一般情况下，可在偏斜处吊住钻头反复扫孔，使钻孔正直。偏斜严重时应回填黏性土到偏斜处，待沉淀密实后再重钻。

3. 扩孔、缩孔

孔径较大或者过小，称为扩孔、缩孔。遇此情况要采取防止坍孔和防止钻锥摆动过大的措施。缩孔是因钻锥磨损过大，焊补不及时或因地层中有遇水膨胀的软土、黏土泥岩造成的。前者应及时补焊钻锥，后者则应选用失水率小的优质泥浆护壁。

4. 钻孔漏浆

若发现护筒内水头不能保持，水位下降，则证明有漏浆现象，宜采用将护筒周围填土筑实，增加护筒埋置深度，适当减小水头高度或采取加稠泥浆，加入黏土慢速转动等措施。用冲击法钻孔时，还可填入片石、碎卵石土，反复冲击以增强护壁。

5. 梅花孔或十字槽孔

此情况多见于冲击钻孔，是由于钻锥的转向装置失灵，泥浆太浓，钻锥旋转阻力过大或冲程太小，钻锥来不及旋转而形成的。遇此情况，应采用片石或卵石与黏土的混合物回填钻孔，重新冲击钻进。

6. 糊钻、埋钻

此现象常出现于正反循环回转钻进和冲击钻进中。遇此情况应减小泥浆浓度、提出钻头进行清理，再次钻进时控制适当进尺。若已严重糊钻，应停钻提出钻锥，清除钻渣。遇到塌方或其他原因造成埋钻时，应使用空气吸泥机吸走埋钻的泥沙，提出钻锥。

7. 卡钻、掉钻

钻头被卡住称为卡钻。卡钻后不能强提，只宜轻提，轻提不动时，可以用小冲击锥或用冲、吸的方法将钻锥周围的钻渣松动后再提出。钻头掉下称为掉钻。掉钻落物时，宜迅速用打捞叉、钩、绳套等工具打捞。若落体已被泥沙埋住，应先清除泥沙，使打捞工具接触落体后再进行打捞。应特别注意的是，在任何情况下，严禁施工人员进入没有护筒或其他防护设施的钻孔中处理故障。当必须下入护筒或有其他防护设施的钻孔时，应检查孔内有无有害气体，并备齐防毒、防溺、防塌埋等安全设施后，才能行动。

三、沉井基础施工

在修建负荷较大的建筑结构物时，其基础应该坐落在坚固、有足够承载力的土层上，当这类土层距地表较深、采用天然基础和桩基础受水文地质条件限制时，可采用一种上、下开口就位后封闭的结构物来承受上部结构的荷载，这种结构物被称为沉井。沉井是基础组成部分之一，其形状大小根据工程地质状况由设计而定，通常用钢筋混凝土制成。它一般由井壁、刃脚、隔墙、井孔、预埋冲刷管、封底混凝土、顶盖板组成。

沉井平面形状可以是圆形、矩形或圆形，井孔为单孔或多孔，井壁为钢筋混凝土，甚至由刚壳中填充混凝土等建成。若为陆地基础，由取土井排土以减少刃脚土的阻力，一般借自重下沉；若为水中基础，可用筑岛法或浮运法建造。在下沉过程中，若侧摩阻力过大，可采用高压射水法、泥浆套法或井壁后压气法等加速下沉。沉井基础是常见的深基础类型，它的刚度大、稳定性好，与桩基相比，在荷载作用下变形较小，具有较好的抗震性能，尤其适用于对基础承载力要求较高、对基础变位敏感的桥梁，如大跨度悬索桥、拱桥、连续梁桥等。在施工沉井时要注意均衡挖土、平稳下沉，若有倾斜应及时纠偏。

沉井划分一般有3种方法，其划分种类如下：

①按制造形式可分为：就地浇筑混凝土或钢筋混凝土下沉沉井；浮式沉井，该沉井多是钢壳井壁；还有空腔钢丝网水泥薄壁沉井、钢筋混凝土薄壁沉井。

②按竖向剖面形状可分为：柱形沉井、锥形沉井、阶梯形沉井。

③按横截面形状可分为：圆形沉井、矩形沉井、圆端形沉井、椭圆形沉井、菱形沉井。

（一）施工准备

1.前期准备

按施工组织设计的要求，进行施工平面布置，根据设计图纸定出沉井中心桩，纵横轴线控制桩及基坑开挖边线，并按地质环境条件决定第一节沉井浇筑高度及基坑开挖深度。基坑底部有暗浜或土质松软的土层应予清除，或控制第一节制作高度，在井壁中心线的两侧各1m范围内回填砂土整平振实，开挖基坑应分层按顺序进行，底层浮泥应清除干净并保护平整和疏干状态。

2.平整场地筑岛

一般情况下，沉井的自重很大，不便运输，所以多数沉井采用在现场进行预制。如果在旱地上施工沉井，在制作底节沉井之前应先平整场地，使其具有一定的承载能力。若地面土质松软，应铺设一层不小于0.5m厚的粗砂或砂夹卵石，并夯实；若在地基浅层含有大量大石块的土层上预制沉井，应先挖除浅层的大石块，再铺设砂石垫层（或混凝土垫层），以避免沉井在浇筑混凝土过程中和拆除层垫木（破除混凝土底模）时由于下沉不均匀而产生裂缝。若沉井下沉位置在水中，需先在水中筑岛，再在岛上制作沉井。

（二）沉井制作

沉井的制作应根据沉井施工方法而确定，在沉井施工前，应对沉井入土地层及其基底岩石地质资料详细掌握，并依次制订沉井下沉方案；对洪汛、凌汛、河床冲刷、通航及漂浮物等做好调查研究，并制定必要的安全、技术措施，以确保沉井下沉。避免沉井周围土体破坏范围过大，但内侧阶梯会影响取土机具的工作，一般较少采用。沉井的制作可分为就地制作沉井和浮式沉井两种方案。

1.就地制作沉井

干旱滩岸沉井浇筑就是墩台基础位于干旱地而制作沉井，施工时沉井就地下沉。若土质松软，应在场地平整并夯实后，在其上铺垫300~500mm的砂垫层，铺以垫木，垫木之间用砂填平，且不允许在垫木下垫塞木块、石块来调整顶面高程，以防压重（也称配重）后产生不均匀沉降。

模板及支撑应具有较好的刚性。内隔墙与井壁连接处的垫木应互相搭接连成整体，底模支撑应支于垫木上。

在支垫上立模制作沉井时，应符合下列要求：

①支垫布置应满足设计要求及抽垫方便。

②支垫顶面应与钢刃脚底面紧贴，使沉井重力均匀分布于各支垫上。

③模板及支撑应具有足够的强度和较好的刚性。内隔墙与井壁连接处支垫应联成整体，底模应支承于支垫上，以防不均匀沉陷；外模与混凝土面贴接一侧应平直并光滑。

刃脚部分采用土模制作时，应符合下列要求：

①刃脚部分的外模，应能承受井壁混凝土的重力在刃脚斜面上产生的水平分力。土模顶面的承载力应满足设计要求，土模顶面一般宜填筑至沉井隔墙底面。

②土模表面及刃脚底面的地面上，均应铺筑一层20~30mm的水泥砂浆，砂浆层表面应涂隔离剂。

③应有良好的防水、排水设施。

若沉井是分节制作，分节沉入土中，沉井分节制作的高度应既能保证其稳定，又能由重力下沉。在沉井接高时，注意各节沉井的竖向中轴线与第一节沉井重合，且外壁应光滑、平整。

2. 浮式沉井制作

位于深水中的沉井，可采用浮式沉井。根据河岸地形、设备条件进行技术经济比较，确定沉井结构、制作场地及下水方案。在浮船上或支架平台上制作沉井时，浮船、支架平台的承载力应满足设计要求。

各类浮式沉井在下水、浮运前，均应进行水密性检查，底节还应根据其工作压力进行水压试验，并进行清底，合格后方可下水。

浮式沉井应验算浮运时沉井的入水深度，当沉井的实际重力与设计重力不符时，应重新验算沉入水中的深度是否安全可靠。

浮式沉井在悬浮状态下接高时，应符合下列要求：

①沉井底节下水后接高前，应向沉井内灌水或从气筒内排气，使沉井入水深度增加到沉井接高所要求的深度，在灌注接高混凝土过程中，同时向井外排水或向气筒内补气，以维持沉井入水深度不变；

②在灌水或排气过程中，应检查并调整固定沉井位置的锚碇系统；

③在灌水、排气或排水、补气及灌注接高混凝土过程中，应均匀、对称地进行；

④带临时性井底的浮式沉井和空腔井壁沉井，应严格控制各灌水隔舱间的水头差不得超过设计规定；

⑤带气筒的浮式沉井，气筒应加防护。

沉井准确定位后，应向井孔内或在井壁腔格内迅速、对称、均衡地灌水，使沉井落至河床。在水中拆除底板时，应注意防止沉井偏斜。薄壁空腔沉井着床后，可对称、均衡地灌水，灌注混凝土和加压下沉。

沉井着床后，应随时观测由于沉井下沉的阻力和压缩流水断面引起流速增大而造成的河床局部冲刷，必要时可在沉井位置处用卵、碎石垫填整平，改变河床上的粒径，减小冲刷深度，增加沉井着床后的稳定。沉井着床后，应采取措施使其尽快下沉，并加强对沉井上游侧冲刷情况的观测和沉井平面位置及偏斜的检查，发现问题时立即采取措施并予调整。

对于水中特大沉井的施工，必要时应在沉井施工前进行河床冲刷防护数学模型或水工模型模拟分析计算，以确保沉井顺利着床及下沉。

（三）沉井下沉

1. 沉井下沉的要求

根据沉井下沉过程是否排水，下沉方法可分为排水法和不排水法。当沉井所穿过的土层较稳定，不会因排水发生流砂、管涌和井底土体失稳时，可采用排水挖土下沉的施工方法。排水引起地下水位降低和地面沉降，可能影响周围建筑物正常使用时，要采取必要的安全措施。当沉井穿过的土层不稳定，会发生流砂、管涌和土体失稳时，应采用不排水下沉。

下沉沉井时，不宜使用爆破方法，在特殊情况下，经批准必须采用爆破时，应严格控制药量。下沉过程中，应随时掌握土层情况，做好下沉观测记录，分析和检验土的阻力与沉井重力的关系，选用最有利的下沉方法。下沉通过黏土胶结层或沉井自身重力偏轻下沉困难时，可采用井外高压射水、降低井内水位等方法下沉。在结构受力容许的条件下，亦可采用压重或接高沉井下沉。正常下沉时，应自中间向刃脚处均匀对称除土。对于排水除土下沉的底节沉井，设计支承位置处的土，应在分层除土中最后同时挖除。由数个井室组成的沉井，为使下沉不发生倾斜，应控制各井室之间除土面的高差，并避免内隔墙底部在下沉时受到下面土层的顶托。下沉时应随时注意正位，保持竖直下沉，至少每下沉1m检查一次。沉井入土深度尚未超过其平面最小尺寸的1.5～2倍时，最易出现倾斜，应及时注意校正。但偏斜时的竖直校正，一般均会引起平面位置的移动。

合理安排沉井外弃土地点，避免对沉井引起偏压。在水中下沉时，应注意河床因冲淤引起的土面高差，必要时可用沉井外弃土来调整。采用吸泥吹砂等方法在不稳定的土或砂土中下沉时，必须备有向井内补水的设施，保持井内外的水位相平或井内水位略高于井外水位，防止翻砂。吸泥器应均匀吸泥，防止局部吸泥过深，造成沉井下沉偏斜。

下沉至设计标高以上2m左右时，应适当放慢下沉速度并控制井内除土量和除土位置，以使沉井平稳下沉，正确就位。

2. 辅助下沉措施

（1）高压射水

在井壁腔内的不同高度处对称预埋射水管，在井壁外侧留有喇叭口朝上方的射水嘴，遇下沉缓慢或停沉时，用高压水射水以减少井壁与土层之间的摩阻力。射水水压应根据地层情况、沉井入土深度等因素确定，可取1～2.5MPa。

（2）水中法

用高压水枪冲射刃脚下土体，以期高压水带动刃脚下、井壁外土体不断流动，井壁受摩阻力减小，从而达到沉井下沉的目的的一种沉井下沉方法。

（3）压重助沉

沉井坊工尚未接筑完毕时，可利用接筑与工压重助沉，也可在井壁顶部用钢铁块件或其他重物压重助沉。采用压重助沉时，应结合具体情况及实际效果选用。

（4）炮振助沉：一般不宜采用炮振助沉方法，在特殊情况下必须采用时，应严格控制用药量。在井孔中央底面放置炸药起爆助沉时，可采用0.1～0.2kg用药量，具体使用应视沉井大小、井壁厚度及炸药性能而定。同一沉井每次只能起爆一次，并应根据具体情况，适当控制炮振次数。

（5）空气幕下沉

预先在沉井壁腔内埋设带有喷气嘴的管道，通过管道和喷气嘴向沉井四周喷射压缩空气，瞬时形成空气幕，使其周围的土壤松动或液化，减小井壁摩阻力，使沉井顺利下沉。空气幕下沉沉井适应于砂类土、粉质土及黏质土地层，对于卵石土、砾类土、硬黏土及风化岩等地层不宜使用。

沉井下沉前，应对供气管路做压气检查。首先将刃脚下的泥土清除。待正面阻力基本消除后，开始压气下沉，先开井壁上层凹槽，再开下层，逐层开通。压气时间一般一次不超过1min。在井外1m左右范围内的地面应约低于0.5m，并保持积水，以利于观察气翻情况。应尽量使风压机达到最大气压值，在凹槽开通经过一段时间喷气后，若不经除土，会使沉井下沉减慢，此时应立即停气除土。停气须缓慢减压，不能将高压气体突然停止，易造成瞬间负压而使喷气孔内吸入泥砂而被堵塞。待刃脚下泥土清除完毕，正面阻力基本消除后，再次进行压气下沉。通过压气除土交替作业，使井沉于基底。

（6）泥浆润滑套下沉

泥浆套下沉沉井不宜使用在孔隙大、易漏失泥浆以及易翻沙坍塌破坏泥浆的地层上。泥浆原料及配合比应具有良好的固壁性、触变性和胶体率。泥浆套应设地表围圈防护，地表围圈高度可为1.5～2.0m，顶面高出地面约0.5m，上加顶盖以防土石落入或流水冲蚀。地表围圈外围应回填不透水土，分层夯实。沉井下沉时应及时补充泥浆，泥浆面不得低于地表围圈底面，同时应使沉井内外水位相近，或井内水位略高，不得翻砂、涌水，破坏泥浆套。井底置于土层的泥浆套沉井，应根据泥浆套实际效果及地层情况，提前停止压入泥浆或破坏泥浆套。

3. 沉井接高

沉井接高前应尽量纠正倾斜，接高各节的竖向中轴线应与前一节的中轴线相重合。水上沉井接高时，井顶露出水面不应小于1.5m；地面上沉井接高时，井顶露出地面不应小于0.5m。接高前不得将刃脚掏空，避免沉井倾斜，接高加重应均匀、对称地进行。

沉井下沉时，若需在沉井顶部设置防水围堰，围堰底部与井顶应连接牢固，防止沉井下沉时围堰与井顶脱离。

4. 沉井纠偏

纠偏前，应分析原因，然后采取相应措施，若有障碍物，应首先排除。纠正倾斜时，一般可采取除土、压重、顶部施加水平力或刃脚下支垫等方法进行。对空气幕沉井可采取侧压气纠偏。纠正位移时，可先除土，使沉井底面中心向墩位设计中心倾斜，然后再对侧除土，使沉井恢复竖直，如此反复进行，使沉井逐步移近设计中心。纠正扭转，可在一对角线两角除土，在另外两角填土，借助于刃脚下不相等的土压力所形成的扭矩，使沉井在下沉过程中逐步纠正其扭转角度。

（四）基底检验

沉井沉至设计标高后，应检验基底的地质情况是否与设计相符，排水下沉时，可直接检验、处理；不排水下沉时，应进行水下检查、处理，必要时取样鉴定。

不排水下沉的沉井基底面应整平，且无浮泥。基底为岩层时，岩面残留物应清除干净，清理后有效面积不得小于设计要求；沉井下沉遇倾斜岩层时，应将表面松软岩层或风化岩层凿去，并尽量整平，使沉井刃脚的2／3以上嵌搁在岩层上，嵌入深度最小处不宜小于0.25m，其余未到岩层的刃脚部分，可用袋装混凝土等填塞缺口。刃脚以内井底岩层的倾斜面，应凿成台阶或棒槽后，清渣封底。排水下沉的沉井，应满足基底面平整的要求。

沉井下沉至设计标高时，应进行沉降观测，满足设计要求后，方可封底。

（五）沉井封底

基底检验合格后，应及时封底。对于排水下沉的沉井，在清基时，若渗水量上升速度小于或等于6mm／min，可按普通混凝土浇注方法进行封底；若渗水量大于上述规定时，宜采用水下混凝土进行封底。

对于沉井封底，当井内可以排水时，按一般混凝土施工；不能排水时采用导管法灌注水下混凝土。

用刚性导管法进行水下混凝土封底时，应满足如下要求：

①混凝土材料可参照钻孔灌注桩水下混凝土有关规定，混凝土的坍落度宜为150～200mm。

②灌注封底水下混凝土时，需要的导管间隔及根数应根据导管作用半径及封底面积确定。

③用多根导管灌注时的顺序，应进行设计，防止发生混凝土夹层。若同时灌注，当基底不平时，应逐步使混凝土保持大致相同的标高。

④每根导管开始灌注时所用的混凝土坍落度宜采用下限，首批混凝土需要数量应通过计算确定。

⑤在灌注过程中，导管应随混凝土面升高而徐徐提升，导管埋深应与导管内混凝土下落深度相适应。

⑥在灌注过程中，应注意混凝土的堆高和扩展情况，正确调整坍落度和导管埋深，使每盘混凝土灌注后形成适宜的堆高和不陡于1∶5的流动坡度，抽拔导管应严格使导管不进水。混凝土面的最终灌注高度，应比设计值高出不小于150mm，待灌注混凝土强度达到设计要求后，再抽水凿除表面松弱层。沉井封底时，若为水下压浆混凝土，应按设计要求施工。

第二节　桥梁墩台施工

墩台是桥墩和桥台的合称，它是支承桥梁上部结构的构筑物。桥墩是多跨桥的中间支承结构，位于两桥台之间；桥台位于桥梁两端，并与路堤相接，兼有挡土作用。

一、片工墩台施工

现场浇筑墩台按材料可分为混凝土墩台与石砌墩台。

（一）混凝土墩台施工

1. 墩台模板

（1）墩台模板的基本要求

模板是使钢筋混凝土墩台按设计所要求的尺寸成型的模型板，一般用钢材、胶合板或其他适宜的材料制成。胶合板质量轻，便于加工成墩台所需的尺寸和形状，但较易损坏，使用次数少。对于大量或定型的混凝土结构物多采用钢模板。钢模板造价较高，装拆方便，且重复使用次数多。

钢筋混凝土对模板的基本要求与预制混凝土受压构件相同，其轮廓尺寸的准确性由制模和立模来保证。墩台模板形式复杂、数量多、消耗大，对桥梁工程的质量、进度、经济技术的可靠性均有直接影响。它应能保证墩台的设计尺寸；有足够的可靠度承受各种荷载并保证受方后不变形，结构简单、制造方便、拆卸容易。

（2）常用模板类型

①拼装式模板

各种尺寸的标准模板利用销钉连接，并与拉杆、加劲构件等组成墩台所需形状的模板。拼装式模板在厂内加工制造，板面平整、尺寸准确、体积小、质量小、拆装快速、运输方便，应用广泛。

②整体式吊装模板

将墩台模板水平分成若干段，每段模板组成一个整体，在地面拼装后吊装就位，分段高度可视起吊能力而定。其优点是安装时间短，无须施工接缝，施工进度快、质量高、拆装方便，对建造较高的桥墩较为经济。

③组合型钢模板

以各种长度、宽度及转角标准构件，，用定型的连接件将钢模拼成模板，具有体积小、质量轻、拆装简单、运输方便、接缝紧密等优点，适用于地面拼装、整体吊装的结构上。

④滑动钢模板

适用于各种类型的桥墩。各种模板在工程上的应用，可根据墩高、墩台形式、设备、期限等条件合理选用。

模板安装前应对模板尺寸进行检查；安装时要坚实牢固，以免振捣混凝土时引起跑模漏浆；安装位置要符合结构设计要求。

2. 钢筋工程

钢筋进厂时，应具有出厂质量证明书和检验报告单。品种、级别、规格和性能应符合设计要求，进场时还应抽取试件做力学性能复试，其质量必须符合国家现行标准的规定。当发现钢筋脆断、焊接性能不良或力学性能显著不正常等现象时，应对该批钢筋进行化学分析或其他专项检验。

3. 墩台混凝土灌注

（1）质量控制

施工前将基础顶面冲洗干净，整修连接钢筋。材料选用低流动度或半硬件的混凝土拌合料，分层分段对称灌注，并应同时灌完一层。灌注过程要连续，以保证施工质量。

（2）施工要点

①混凝土运输

混凝土的运输宜采用搅拌运输车，或在条件允许时采用泵送方式输送；采用吊斗或其他方式运输时，运距不宜超过100m且不得使混凝土产生离析。

采用搅拌运输车运输混凝土时，途中应以2～4r／min的慢速进行搅动，卸料前应以常速再次搅拌。混凝土运至浇筑地点后发生离析、泌水后坍落度不符合要求时，应进行第二次搅拌，二次搅拌时不宜任意加水，确有必要时，可同时加水、相应的胶凝材料和外加剂并保持其原水胶比不变，二次搅拌仍不符合要求时，则不得使用。

混凝土采用泵送混凝土时宜连续工作，泵送间歇时间不宜超过15mm，输送管应顺直，转弯处应圆缓，接头应严密不漏气；向低处泵送混凝土时，应采取必要措施，防止混凝土离析或堵管。

②大体积混凝土浇筑

大体积混凝土在选用原材料和进行配合比设计时，应按照降低水化热温升的原则进行。宜选用低水化热和凝结时间长的水泥品种。粗集料宜采用连续级配，细集料宜采用中砂。分层、分块浇筑，控制混凝土内部最高温度不大于75℃、内表温差不大于25℃，控制入模温度。在混凝土内埋设冷却管，通水冷却。

③混凝土浇筑

为防止墩台基础第一层混凝土中的水分被基底吸收或基底水分渗入混凝土，对墩台基底处理除应符合天然地基的有关规定外，还应满足以下要求：基底为非黏性土或干土时应将其湿润；基底为过湿土时，应在基底设计高程下夯填一层10～15cm的厚片石或碎（卵）石层；基底地面为岩土时，应加以润湿，铺一层厚2～3cm的水泥砂浆，然后在水泥砂浆凝结前浇筑一层混凝土。

（二）石砌墩台施工

石砌墩台的优点是施工材料可就地取材，经久耐用，在石料丰富的地区建造墩台时可节约水泥，可优先考虑。

1. 材料要求

石砌墩台是用片石、块石及粗料石与水泥砂浆砌筑的。石料与砂浆的规格要符合有关的规定。浆砌片石一般适用于高度小于6m的墩台、基础、镶面以及各式墩台填腹；浆砌粗料石则用于磨耗及冲击严重的分水体及破冰体的镶面以及有整齐美观要求的桥墩、台身等。

2. 墩台砌筑施工要求

（1）墩台放样

在砌筑前应按设计图纸放出实样，挂线砌筑。砌筑基础的第一层砌块时，若基底为土质，只在已砌石块的侧面铺上砂浆即可，不需坐浆；若基底为石质，应将其表面清洗、润湿后，先坐浆再砌石。砌筑斜面墩台时，斜面应逐层放坡，以保证规定的坡度。砌块间用砂浆黏结并保持一定的缝厚，所有砌缝要求砂浆饱满。形状比较复杂的工程，应先作出配料设计图，注明块石尺寸；形状比较简单的，也要根据砌体高度、尺寸、错缝等，先行放样，配好料石再砌。

（2）砌筑方法

同一层石料及水平灰缝的厚度要均匀一致，每层按水平砌筑，丁顺相间，砌石灰缝相互垂直。砌石顺序为先角石，再镶面，后填腹。填腹石的分层厚度应与镶面相同；圆端、尖端及转角形砌体的砌石顺序，应自顶点开始，按丁顺排列接砌镶石面。圆端形桥墩的圆端顶点不得有垂直灰缝，砌石应从顶端开始先砌石块，然后应丁顺相间排列，接砌四周的镶面石；尖端桥墩的尖端及转角处不得有垂直灰缝，砌石应从两端开始，先砌石块，再砌侧面转角，然后丁顺相间排列，接砌四周的镶面石。

（三）墩台顶帽和盖梁施工

墩台帽和盖梁的施工应在墩、台身质量检验合格后进行。当采用托架、支架或抱箍等临时结构对墩台帽、盖梁施工时，应进行受力分析计算与验算。在墩台帽、盖梁与墩身的连接处，模板与墩台身之间应密贴，，不得出现漏浆现象。钢筋安装施工时，应避免在钢筋的接头处弯起，并应保证钢筋的混凝土保护层厚度。对支座垫石的预埋钢筋及上部结构所需要的预埋件，其位置应准确。施工过程中应采取措施防止对墩台身成品造成损伤和污染。

二、装配式墩台施工

装配式墩台适用于山谷架桥、跨越平缓无漂流物的河沟、河滩等的桥梁，特别是在工地干扰多、施工场地狭窄、缺水与砂石供应困难地区，其效果更为显著。装配式墩台的优点是：结构形式轻便，建桥速度快，与工省，预制构件质量有保证等。通常采用的有砌块式、柱式和管节式或环圈式墩台等。

（一）砌块式墩台施工

砌块式墩台的施工大体上与石砌墩台相同，只是预制砌块的形式与墩台形式不同，有很多变化。

（二）柱式墩台施工

1.常用拼装接头

装配式柱式墩系将桥墩分解成若干轻型部件，在工厂或工地集中预制，再运送到现场。装配式桥墩的形式有双柱式、排架式、板凳式和刚架式等。施工工序为预制构件、安装连接与混凝土养护等。其中，拼接接头是关键工序，既要牢固、安全，又要结构简单，便于施工。常用的拼装接头有：

（1）承插式接头

将预装构件插入相应的预留孔内，插入长度一般为1.2~1.5倍的构件宽度，底部铺设2cm厚的砂浆，四周以内半干硬混凝土填充，常用于立柱与基础的接头连接。

（2）钢筋锚固接头

构件上预留钢筋或型钢，插入另一构件的预留槽内，或将钢筋互相焊接，再灌入半干硬性混凝土，多用于立柱与顶帽处的连接。

（3）焊接接头

将预埋在构件中的铁杆与另一构件的预埋铁杆用电焊连接，外部再用混凝土封闭。这种接头易于调整误差，多用于水平连接杆与立柱的连接。

（4）扣环式接头

相互连接的构件按预定位置预埋环式钢筋，安装时柱脚先坐落在承台的柱心上，上下环式钢筋相互错接，扣环间插入U形短钢筋焊牢，四周再绑扎钢筋一圈，立模浇筑外围接头混凝土。此种接头要求上下扣环预埋位置正确，施工较为复杂。

（5）法兰盘接头

在相互连接的构件两端安装法兰盘，连接时将法兰盘连接螺栓拧紧即可。此种接头要求法兰盘预埋位置必须与构件垂直，接头处可不用混凝土封闭。

2. 装配柱式墩台施工的有关规定

①墩、台柱式构件与基础顶面的预留槽洞应编号，并检查各个墩、台高度和基底标高是否符合要求，否则应进行调整。基座槽洞四周与柱边的空隙不得小于20mm。

②墩、台柱吊入基座槽洞就位时，应在柱身竖直度或倾斜度以及平面位置符合设计要求后，再将楔子塞入槽洞打紧。对重大、细长的墩柱，还需用风缆或撑木固定好后，方可摘除吊钩。

③在墩、台柱顶安装盖梁前，应先检查盖梁口预留槽眼位置是否符合要求，否则应先修凿。

④柱身与盖梁安装完毕并检查符合要求后，可在基底座槽洞空隙与盖梁槽眼处灌注设计规定的稀砂浆，待其硬化后，拆除楔子、支撑及风缆，再在楔子孔中灌填砂浆。

（三）后张法预应力混凝土装配墩施工

装配式预应力钢筋混凝土墩分为基础、实体墩身和装配墩身三大部分。装配墩身由基本构件、隔板、顶板及顶帽四种不同形状的构件组成，用高强钢丝穿入预留的上下贯通的孔道内，张拉锚固而成。实体墩身是装配墩身与基础的连接段，其作用是锚固预应力钢筋，调节装配墩身高度及抵御洪水时漂流物的冲击等。

施工工艺分为施工准备、构件预制及墩身装配三部分。全过程贯穿质量检查工作。实体墩身灌注时要按装配构件孔道的相对位置，预留张拉孔道及工作孔。构件装配的水平拼装缝采用M35水泥砂浆，砂浆厚度为15mm，便于调整构件水平标高，不使误差积累。安装构件确保吊起水平、构件顶面平、内外壁砂浆接缝抹平，起吊、降落、松钩要稳；构件尺寸准、孔道位置准、中线准及预埋配件位置准；接缝砂浆要密实；构件孔道要畅通。

张拉预应力的钢丝束分两种：一种是直径为5mm的高强度钢丝，用18 5锥形锚；另一种用7 4钢绞线，用JM12-6型锚具，采用一次张拉工艺。张拉位置可以在顶帽上，亦可在实体墩下，一般多在顶帽上张拉。

孔道压浆前先用高压水冲洗。采用纯水泥浆，由下而上压注。压浆分初压与复压，初压后，约停1h，待压浆初凝后再复压，复压压力为0.8～1.0MPa，初压压力可稍微降低。

实体墩身的封锚采用与墩身同等级的混凝土，同时要采用防水措施。顶帽上的封锚采用钢筋网罩焊在垫板上，单个或多个连在一起，然后用混凝土封锚。

三、高墩施工

随着交通事业的不断深入发展和公路等级不断提高，新桥型不断推出，高强度混凝土的不断推广应用，高桥墩（塔）也不断出现。但随着桥墩高度的增加，其施工难度及技术要求也相应增大和提高。桥墩的施工设备与一般桥墩所用设备大体相同，但其模板却有自身特色。

（一）滑动模板施工

1. 滑动模板

滑升模板由一节模板（约1.2m）.配套钢结构平台吊架、支承圆钢、多台液压穿心式千斤顶和提升混凝土等设备组成。施工时，应充分利用混凝土初期（4～8h）强度。脱模后，在混凝土保持自立而不发生塑性变形的情况下使滑模得以连续滑升。

滑模的连续滑升能加快施工进度、缩短工期、节省劳力，从而可以取得较好的效果。但由于滑模是在混凝土强度较低的情况下脱模的，故有可能使混凝土表面出现变形或环向沟缝，有时会因水平力的作用使得滑模产生旋转。滑模在动态下灌注混凝土，提升操作频繁，因而对中线的水平控制要求严格，施工中稍有不当就会发生中线水平偏差。由于滑模脱模快，对混凝土防冻十分不利，故一般不适宜冬季施工。

滑模施工不需要另设垂直提升设备或满堂脚手架，仍需要大量圆钢作为支承顶杆。圆钢一般都埋入混凝土内，难以回收。滑升模板适用于较高的墩、台和吊桥、斜拉桥的索塔施工。

目前，使用较多的是液压滑升模板和人工提升滑动模板。这两种滑模都是由模板、围圈、支承杆（亦称爬杆、顶杆）、千斤顶、顶架、操作平台和吊架等组成，滑模构造示意图如图4-1所示。

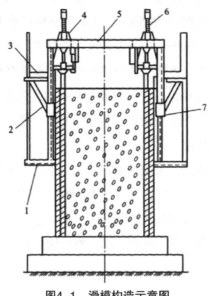

图4-1　滑模构造示意图

1-吊架；2-模板；3-操作平台；4-千斤顶；5-顶架，6-支承杆；7-围圈

2. 滑模组装

①在基础顶面搭枕木垛，定出桥墩中心线；

②在枕木垛上先安装内钢环，并准确定位，再依次安装辐射梁、外钢环、立柱、顶杆、千斤顶、模板等；

③提升整个装置，撤去枕木垛，再将模板落下就位，随后安装余下的设施。待模板滑至一定高度时，及时安装内外吊架。模板在安装前，表面需涂润滑剂，以减小滑升时的摩擦阻力。

组装完毕后，必须按设计要求及组装质量标准进行全面检查，并及时纠正偏差。

3. 浇筑混凝土

滑模宜浇筑低流动度或半干硬性混凝土，浇筑时应分层、分段地对称进行，分层厚度以200～300mm为宜，浇筑后混凝土表面距模板上缘宜有100～150mm的距离；混凝土入模时，要均匀分布，应采用插入式振动器振捣，振捣时应避免触及钢筋模板，振动器插入一层混凝土的深度不得超过50mm；脱模时混凝土强度应为0.2～0.5MPa，以防在其自重压力下坍塌变形。为此，可根据气温、水泥标号经试验后选定一定量的早强剂掺入，以加强提升；脱模后8h左右开始养生，用吊在下吊架上的环绕墩身的带小孔的水管来进行。养生水管一般设在距模板下缘1.8～2.0m处效果较好。

4. 提升与收坡

整个桥墩浇筑过程可分为初次滑升、正常滑升和末次滑升三个阶段。从开始浇筑混凝土到模板首次试升为初次滑升阶段，初灌混凝土的高度一般为600～700mm，分3次浇筑，在底层混凝土强度达到0.2～0.4MPa时即可试升。将所有千斤顶同时缓慢提升50mm，以观察底层混凝土的凝固情况。现场鉴定可用手指按刚脱模的混凝土表面，基本按不动，但留有指痕，砂浆不沾手，用指甲画过有痕，滑升时可耳闻"沙沙"的摩擦声，这些表明混凝土已具备0.2～0.4MPa的脱模强度，可以开始再缓慢提升200mm左右。初升后全面检查设备，即可进入正常滑升阶段，即每浇筑一层混凝土，滑模提升一次，使每次浇筑的厚度与每次提升的高度基本一致。在正常气温条件下，提升时间不宜超过1h。末次滑升阶段是混凝土已经浇筑到需要高度，不再继续浇筑，但模板尚需继续滑升的阶段。灌完最后一层混凝土后，每隔1～2h将模板提升50～100mm，滑动2～3次后即可避免混凝土与模板胶合。滑模提升时应做到垂直、均衡一致，顶架间高差不大于20mm，顶架模梁水平高差不大于5mm，并要求三班连续作业，不得随意停工。

5. 接长顶杆、绑扎钢筋

模板每提升至一定高度后，就需要穿插进行顶杆、绑扎钢筋等工作。为不影响提升的时间，钢筋接头均应事先配好，并注意将接头错开。对预埋件及预埋的接头钢筋，滑模抽离后，要及时清理，使之外露。

6. 混凝土工程停工后的处理

在整个施工过程中，由于工序的改变或发生意外事故，混凝土的浇筑工作停止较长时间，即需要进行停工处理。例如，每隔半小时左右稍微提升模板一次，以免黏结；停工时在混凝土表面要插入短钢筋等，以加强新老混凝土的黏结；复工时还需要将混凝土表面凿毛，并用水冲走残渣，润湿混凝土表面，灌注一层厚度为20～30mm的1∶1水泥砂浆，再浇筑原配合比的混凝土，继续滑模施工。

（二）其他提升模板的施工方法

爬升模板施工与滑动模板施工相似，不同的是支架通过千斤顶支承在预埋墩壁中的预埋件上，待浇筑好的墩身混凝土达到一定强度后，将模板松开，千斤顶上顶，将支架连同模板升到新的位置，模板就位后，再继续浇筑墩身混凝土。如此反复循环.逐节爬升，每次升高约2m。爬升模板的应用范围尚不广泛。

翻升模板施工是采用一种特殊钢模板，一般由三层模板组成一个基本单元，并配置有随模板升高的混凝土接料工作平台。当浇筑完上层模板的混凝土后，将最下层模板拆除翻上来拼装成第四层模板，依此类推，循环施工。翻升模板也能用于有坡度的桥墩施工。

第五章 公路桥梁上部结构施工技术

第一节 混凝土简支梁施工技术

简支梁桥属于静定结构，它受力明确、构造简单、施工方便，是中小跨度桥梁中应用最广泛的桥型。简支梁桥的结构尺寸设计的系列化、标准化，有利于在工厂内或工地上广泛采用工业化制造，组织大规模预制生产，并利用起重设备或架桥机进行架设。

采用预制装配式的施工方法，可以节约模板及支架材料、降低劳动强度、提高质量、缩短工期，显著加快建桥速度。因此，国内外中小跨径的桥梁，绝大部分采用装配式的简支混凝土梁、钢梁或结合梁。

一、简支梁桥的分类

从梁的截面形式来区分，混凝土简支梁桥可以分为三种类型：板桥、肋板式桥和箱梁桥。其中，肋板式桥的横截面形式又主要有Π形T形两种基本形式。

（一）板桥

板桥的承重结构就是矩形截面的钢筋混凝土或预应力混凝土板，其主要特点是构造简单、施工方便、建筑高度较小。板桥通常有三种结构形式，即装配式板桥、整体式板桥、组合式板桥。这三种结构形式的板式梁因结构上的差异而导致使用中受力与变形方面的不同，从而导致承载能力的不同，因而适用的场合和跨径也不同。

1.整体式板桥

整体式板桥是小跨径桥梁中常用的形式，因其具有结构整体性强、刚度大，成桥后桥面状况好等优势而得到广泛应用。

但整体式板桥的施工存在如下不便之处：需要现场浇筑，机械化程度低，施工速度慢，支架和模板使用量大，在架空太高或深水环境中难以施工等。

整体式板桥梁的截面形式主要有实心式、空心式、矮肋式。其通常在桥位处现场浇筑；当具有充分的吊装条件时，也可以先在桥下预制整体式板梁，然后吊装就位。整体式板桥在车辆等荷载的作用下，其变形和内力分布均表现为空间板结构的空间受力状态。受力时，发现其不但绕受力方向产生双向弯矩，而且由于弯曲曲率逐点不同，还将导致围绕法线的扭矩产生。因此，整体式板桥的承载能力优于装配式板桥。

2. 装配式板林

装配式板桥一般由数块一定宽度的实心或空心预制板组成。各板利用板间企口缝填充混凝土相连接。在荷载作用下，每块板相当于单向受力的梁式窄板，除在主跨径方向承受弯曲中心基还承受通过板间接缝（铰缝）传递剪力而引起的扭转。因此，每块预制板除承受本板内的荷载外，还承受相邻板块作用而引起的竖向剪力和其他内力作用。由于其他内力与竖向剪力相比，对确定板的内力影响很小，所以设计中多采用铰接板（梁）法确定其板中内力。板中主要受力钢筋的数量由计算得到的内力确定。此外，在板中布置适量的构造钢筋以承受计算时忽略的某些内力。装配式板桥的截面形式有实心板、空心板两种。

3. 组合式板梁

组合式板桥通常采用"装配+整体现浇"的方式成型，因而也称为叠合桥。施工中，通常在桥下将组合式板梁的底层分片预制成构件，然后在墩顶进行装配，最后以装配构件为底模，整体浇筑梁体部，从而完成组合式板桥的施工。

组合式板桥在荷载作用下的变形和受力与整体式板桥类似，属于双向受力弹性薄板。其刚度介于整体式板桥和装配式板桥之间。从组合式板梁的施工过程和成桥后的受力特点中可以看出，组合式板梁在施工过程中可以充分利用装配式板梁成桥的优点，先将部分梁体在桥下预制成构件，然后将预制构件安装于墩顶，作为上部梁体浇筑时的底模，从而大大减少了施工时所需的支撑和模板数量。组合式板梁在成桥之后又具有整体式板梁的承载能力，因此，在小跨度简支梁桥的建设中得到了广泛应用。

（二）肋板式桥

肋板式梁桥在横截面内形成明显肋形结构的梁桥称为肋板式梁桥，或简称肋梁桥。在此种桥上，梁肋（或称腹板）与顶部的钢筋混凝土桥面板结合在一起作为承重结构。由于肋与肋之间处于受拉区域的混凝土得到很大程度的挖空，显著减小了结构自重。特别对于仅承受正弯矩作用的简支梁来说，既充分利用了扩展的混凝土桥面板的抗压能力，又有效地发挥了集中布置在梁肋下部的受力钢筋的抗拉作用，从而使结构构造与受力性能达到理想的配合。与板桥相比，对于梁肋较高的肋梁桥来说，由于混凝土抗压和钢筋受拉所形成的力偶臂较大，因而肋梁桥也具有更大的抵抗荷载弯矩的能力。目前，中等跨径（20m～25m以上）的简支梁桥通常多采用肋板式梁桥。

肋板式梁桥的横截面又分为Π形和T形两种基本形式。

1. Π形截面

Π形截面的特点是：截面形状稳定，横向抗弯刚度大，梁的堆放、装卸和安装都方便，各Π形梁之间用穿过腹板的螺栓连接，但这种构件的制造较复杂。梁肋被分成两片薄的腹板，通常用钢筋网来配筋，难以做成刚度较大的钢筋骨架。设计经验证明，跨度较大时Π形梁桥的混凝土和钢筋用量都比下述的T形梁桥大，而且构件也重。故Π形梁桥一般只用于6m~12m的小跨径桥梁，应用有限。

2. T形截面

由若干个T形截面梁组成的桥，统称为T（形）梁桥。在设计整体式T梁桥时，鉴于梁肋尺寸不受起重安装机具的限制，故可以根据钢筋混凝土体积最小的经济原则来确定截面尺寸。对于桥面不宽的双车道公路桥梁，只要建筑高度不受限制，往往以建造双主梁桥较为合理，主梁的间距可按桥梁全宽的0.55~0.60布置。有时为减小桥面板的跨径，还可在两主梁之间增设内小纵梁。

（三）箱形梁桥

箱形梁是指桥横截面形式为箱形的桥。由于箱形截面具有闭合性，当荷载作用于梁上任何位置时，箱形梁桥结构的所有组成部分（包括顶板、腹板、底板和翼板）将同时参与受力，使其具有较大的抗扭刚度和抗弯刚度，因而其可制作成薄壁结构，从而节省大量建造材料。同时，因为箱形梁桥顶、底板具有较大的面积，能有效地抵抗正、负弯矩的作用，所以满足较大跨度简支桥梁建设的需要。

此外，对于曲线半径较大的弯桥和变宽度的桥梁，采用小箱梁布置有较好的适应，座。在设计中，通常根据现场条件，经技术、经济等多种因素的方案比选来确定最适宜的梁型。一般来说，整体现浇的梁桥具有整体性好、刚度大、易于做成复杂形状（如曲线桥、斜交桥、宽度变化的异形桥）等优点，但其施工速度慢，工业化程度较低，又要耗费大量支架模板材料。

二、混凝土简支梁桥施工

（一）支架与模板

1. 支架

（1）支架的类型和结构

就地浇筑简支梁桥的上部结构时，应在桥孔位置搭设支架，以支承模板和钢筋混凝土以及其他施工荷载。支架的类型主要有以下几个。

①满布式木支架

满布式木支架常用于陆地、不通航的河道、桥墩不高或桥位处水位不深的桥梁。其形式可采用排架式、人字撑式或八字撑式。排架式是最简单的满布式支架，主要由排架和纵梁等部件组成，纵梁为抗弯构件，跨径一般不大于4m。人字撑式和八字撑式支架构造较复杂，纵梁需加设可变形的人字撑或八字撑。因此，在浇筑混凝土时应适当安排浇筑程序，均匀、对称地进行浇筑，以防发生较大变形。此类支架的跨径可达8m左右。满布式木支架的排架，可设置在枕木或桩基上，基础需坚实可靠，以保证排架的沉陷值不超过规定要求。当排架较高时，为保证支架的横向稳定，除在排架上设置撑木外，还需在排架两端外侧设置斜撑木或斜立柱。满布式支架的卸落设备一般采用木楔、木马或砂筒等，可设置在纵梁支点处或桩顶帽木上面。

②钢木混合支架

钢木混合支架为加大支架跨径、减少排架数量，支架的纵梁可采用工字钢，其跨径可达10m。但在这种情况下，支架多采用木框架结构，以提高支架的承载力及稳定性，其各项参考数值可查看《五金手册》。

③万能杆件拼装支架

用万能杆件可拼装成各种跨度和高度的支架，其跨度需与杆件本身长度成整数倍。用万能杆件拼装的架的高度，可达2m、4m、6m或6m以上。当高度为2m时，腹杆拼为三角形；高度为4m时，腹杆拼为菱形；高度超过6m时，则拼成多斜杆的形式。用万能杆件拼装墩架时，柱与柱之间的距离应与析架之间的距离相同，根高除柱头及柱脚外应为2m的倍数。用万能杆件拼装的支架，在荷载作用下的变形较大，而且难以预计其数值。因此，必要时应考虑预压重。预压质量相当于浇筑的混凝土及其模板和支架上机具、人员的质量。

④装配式公路钢桥架节拼装支架

用装配式公路钢桥桁架节可拼装成桁架梁和支架，为加大桁架梁孔径和利用墩台做支承，也可拼成八字斜撑以支撑桁架梁。桁架梁与桁架梁之间，应用抗风拉杆和木斜撑等进行横向联结，以保证析架梁的稳定。用装配式公路钢桥桁架节拼装的支架，在荷载作用下的变形很大，因此应进行预压。

⑤轻型钢支架

桥下地面较平坦，有一定承载力的梁桥，为节省木料，宜采用轻型钢支架。轻型钢支架的梁和柱，以工字钢、槽钢或钢管为主要材料，斜撑、联结系等可采用角钢；构件应制成统一规格和标准；排架应预先拼装成片或组，并以混凝土、钢筋混凝土枕木或木板作为支承基底。为了防止冲刷，支承基底须埋入地面以下适当深度。为适应桥下高度，排架下应垫以一定厚度的枕木或木楔等。为便于支架和模板的拆卸，纵梁支点处应设置木楔。

⑥墩台自承式支架

在墩台上留下承台式预埋件，上面安装横梁及架设适宜长度的工字钢或槽钢，即构成模板的支架。这种支架适用于跨径不大的梁桥，但支立时仍须考虑梁的预拱度、支架梁的伸缩以及支架和模板的卸落等所需条件。

⑦模板车式支架

这种支架适用于跨径不大、桥墩为立桩式的多跨梁桥的施工。在墩柱施工完毕后即可立即铺设轨道，拖进孔间，进行模板的安装，这种方法可简化安装工序、节省安装时间。当上部构造混凝土浇筑完毕，且强度达到要求后，模板车即可整体向前移动，但移动时须将斜撑取下，将插入式钢梁节段推入中间钢梁节段内，并将千斤顶放松。

（2）支架的制作要求

支架宜采用标准化、系列化、通用化的钢构件制作拼装；制作木支架时，两相邻立柱的连接接头宜分设在不同的水平面上，并应减少长杆件接头。主要压力杆的接长连接，宜使用对接法，采用木夹板或铁夹板夹紧；次要构件的连接可采用搭接法。

（3）支架的安装要求

支架应按施工图设计的要求进行安装。立柱应垂直，节点连接应可靠。支架在纵桥向和横桥向均应加强水平、斜向连接，增强整体稳定性。高支架应设置足够的斜向连接、扣件或缆风绳，横向稳定应有保证措施。

应通过预压的方式，消除支架地基的不均匀沉降和支架的非弹性变形，并获取弹性变形参数，或检验支架的安全性。预压荷载宜为支架需承受全部荷载的1.05~1.10倍，预压荷载的分布应模拟需承受的结构荷载及施工荷载。

支架在安装完成后，应对其平面位置、顶部高程、节点连接及纵横向稳定性进行全面检查。检查符合要求，方可进行下一工序。

（4）设置支架的预拱度和卸落装置

设置的预拱度值，应包括结构本身需要的预拱度和施工需要的预拱度两部分。

施工预拱度应考虑下列因素：模板、支架承受施工荷载引起的弹性变形；受载后由于杆件接头的挤压和卸落装置压缩而产生的非弹性变形；支架地基在受载后的沉降变形。

专用支架应按其产品的要求进行模板的卸落；自行设计的普通支架应在适当部位设置相应的木楔、木马、沙筒或千斤顶等卸落装置，并应根据结构形式、承受的荷载大小确定卸落量。支架制作、安装质量应分别符合模板、支架的制作、安装质量标准。

2. 模板

（1）模板的类型与结构

就地浇筑的桥梁模板主要有木模和钢模。模板形式的选择主要取决于同类桥跨结构的数量和模板材料的供应。

当建造单跨或跨度不等的多跨桥梁结构时，一般采用木模；而对于多跨相同跨径的桥梁，可采用大型模板块件组装或采用钢模。模板制造宜选用机械化的方法，以保证模板形状的正确和尺寸的精度。模板制作尺寸偏差、表面平整度和安装偏差均应符合有关规定，尤其要保证模板具有足够的强度、刚度和稳定性。

木模包括用胶合板制成的大型整体定型的块件模板，以及局部构造较复杂部位采用的模板。大型整体定型的块件模板可按结构要求预先制作，然后在支架上用连接件迅速拼装。钢模大多做成块件，由钢板和加劲骨架焊接而成，钢板厚度通常为4mm～8mm。骨架由水平肋和竖向肋组成，肋由钢板或角钢做成。大型钢模块件用螺栓或销钉连接。对于多次周转使用的钢模，在使用前应用化学方法或机械方法清扫，在浇筑混凝土前，应在模板内壁涂脱模剂，以利脱模。

（2）模板的制作与使用要求

模板虽然是施工中的临时性结构，但对于梁体的制作十分重要。模板不仅控制着梁体尺寸的精度，直接影响施工进度和混凝土的灌筑质量，而且关系到施工安全。因此模板应符合下列要求。

具有足够的强度、刚度和稳定性，能安全可靠地承担施工中可能出现的各种荷载。保证结构的设计形状、尺寸及各部分相互之间位置的准确性。模板的接缝必须密合，确保混凝土浇筑过程中不漏浆。构造简单，拆装方便，便于周转使用，应尽量做成装配式组件或块件。

3.预拱度的设置与计算

（1）预拱度的设置

在简支梁就地浇筑施工过程中，模板和支架因承受巨大的混凝土荷载作用而产生弹性和非弹性变形。如果不加以控制，势必导致现浇梁成型后跨中起拱。为避免这种情况的发生，保证桥梁竣工后线形准确，在进行模板与支架安装时须设置一定的预拱度。设置预拱度时应考虑下列因素。

卸架后上部构造自重及1/2活荷载产生的竖向挠度δ_1；支架在荷载作用下的弹性压缩量δ_2；支架在荷载作用下的非弹性变形量δ_3；支架基础在荷载作用下的非弹性沉陷量，δ_4由混凝土收缩及温度变化引起的挠度。

根据梁的挠度和支架变形所计算出来的变形值之和，为支架体系预拱度的最大值。预拱度设置的位置在梁的跨径中点，其余各点的预拱度以中间点为最高值，以梁的两端为0，呈直线或二次抛物线形式分布。

（2）预拱度的计算

如上所述，上部构造和支架的各项变形值之和即为应设置的预拱度。各项变形值可按下列方法计算。

针对恒荷载和活荷载设置预拱度，其值等于恒荷载加1/2静活荷载所产生的竖向挠度，当恒荷载和静活荷载产生的挠度不超过跨径的1/1600时，可不设置相应的预拱度。

满布式支架的弹性变形量。当支架杆件的长度为L，压力分布为p时，其弹性变形量$\delta_2=pL/E$。当支架为桁架等形式时，应按具体情况计算其弹性变形量。

卸落设备的压缩量。沙筒内砂粒压缩量和金属筒变形的弹性压缩量应根据压力大小、沙子细度模量及筒径、筒高确定。

一般情况下，20t压力沙筒的压缩量为4mm，10t压力沙筒的压缩量为6mm；沙子未预先压紧时的压缩量为10mm。

（二）钢筋的制作与安装

1. 准备工作

（1）钢筋的检查与保管

①钢筋的外观检查和力学性能检查

进场钢筋应具有出厂质量证明书和试验报告单。进场时除应检查外观和标志外，还应按不同的钢种、等级、牌号、规格及生产厂家分批抽取试样进行力学性能检验，检验试验方法应符合现行国家标准的规定。钢筋经进场检验合格后方可使用。

②钢筋的保管

钢筋进场后，应妥善保管，具体应做到以下几点：钢筋堆放选择在地势较高处，上用料棚遮盖，下设垫块，不能直接置于地面；钢筋应按不同钢种、等级、牌号、规格及生产厂家等分类挂牌堆放，并标明数量；钢筋在运输过程中应避免锈蚀、污染或被压弯。

（2）钢筋的调直

直径10mm以下的细钢筋多卷成盘形，粗钢筋常弯成"发卡"形，以便运输和储存。因此，运到工地的钢筋应先调直。

采用冷拉方法调直钢筋时，HPB235级钢筋的冷拉率不宜大于2%；HRB335级、HRB400级钢筋的冷拉率不宜大于1%。钢筋的形状、尺寸应按照设计的规定进行加工，加工后的钢筋，其表面不应有削弱钢筋截面的痕迹。

（3）钢筋的除锈

钢筋表面应洁净、无损伤，使用前应将表面的油渍、漆皮、鳞锈等清除干净，保证钢筋与混凝土间的黏结力得以充分发挥。可用钢丝刷或喷枪喷沙进行除锈去污，也可将钢筋在沙堆中来回抽拉以除锈去污。带有颗粒状或片状老锈的钢筋不得使用；当除锈后钢筋表面有严重的麻坑、斑点，已伤蚀截面时，应降级使用或剔除不用。

2. 钢筋的连接

（1）焊接

钢筋的焊接接头宜采用闪光对焊，或采用电弧焊、电渣压力焊或气压焊，但电渣压力焊仅可用于竖向钢筋的连接，不得用作水平钢筋和斜筋的连接钢筋焊接接头形式。

每批钢筋焊接前，应先选定焊接工艺和焊接参数，按实际条件进行试焊，并检验接头外观质量及规定的力学性能，试焊质量经检验合格后方可正式施焊。焊接时，对施焊场地应有适当的防风、防雨、防雪、防严寒的设施。

电弧焊宜采用双面焊缝，仅在双面焊无法施焊时，方可采用单面焊缝。

采用搭接电弧焊时，两钢筋搭接端部应预先折向一侧，两接合钢筋的轴线应保持一致；采用帮条电弧焊时，绑条应采用与主筋相同的钢筋，其总截面面积不应小于被焊接钢筋的截面面积。电弧焊接头的焊缝长度，双面焊缝不应小于5d，单面焊缝不应小于10d（d为钢筋直径）。电弧焊接与钢筋弯曲处的距离不应小于10d，且不宜位于构件的最大弯矩处。

（2）机械连接

①锥螺纹连接

钢筋锥螺纹连接是利用锥形螺纹套筒将两根钢筋端头对接在一起，利用螺纹的机械咬合力传递拉力或压力。锥螺纹连接套是在工厂专用机床上加工制成的，钢筋套丝的加工是在钢筋套丝机上进行的。

②直螺纹连接

直螺纹连接是将钢筋待连接的端头滚扎成规整的直螺纹，再用相配套的直螺纹套筒，将两钢筋相对拧紧，实现连接。该技术的优点在于无虚拟螺纹，力学性能好，连接安全可靠，接头强度能达到与钢筋母材等强。

③套筒挤压连接

钢筋套筒挤压连接是一项新型钢筋连接工艺，它改变了电弧焊、电渣焊、闪光焊、气压焊等传统焊接工艺的热操作方法，是在常温下采用特别钢筋连接机，将钢套筒和两根待接钢筋压接成一体，使套筒塑性变形后与钢筋上的横肋纹紧密地咬合在一起，从而达到连接效果的一种机械接头方式。冷压接头具有性能可靠、操作简便、施工速度快、施工不受气候影响、省电等优点。两根钢筋插入钢套筒后，用带有梅花齿形内模的钢筋连接机对套筒外壁加压，螺纹钢筋的横肋间隙中，继续加压使钢套筒的金属冷塑性变形程度加剧，进一步加强硬化程度，其强度提高110MPa～140MPa。

（3）绑扎

当没有焊接条件时，接头可用铁丝绑扎搭接，但钢筋直径不能超过25mm。但对轴心受拉和小偏心受拉构件中，主钢筋均应焊接，不得采用绑扎接头。

当混凝土在凝固过程中受力钢筋易受扰动时，其搭接长度宜适当增加。

在任何情况下，纵向受拉钢筋的搭接长度不应小于300mm，受压钢筋的搭接长度不宜小于200mm。

当混凝土强度等级低于C20时，Ⅰ级、HRB335钢筋的搭接长度应按表中C20的数值相应增加10d；HRB500钢筋不宜采用绑扎接长。

对有抗震要求的受力钢筋的搭接长度，当抗震烈度为7度（及以上）时，应增加5d；两根不同直径的钢筋搭接长度，以较细的钢筋直径计算。

接头的绑扎要求如下。受拉区的I级钢筋绑扎接头的末端应做弯钩，HRB335、HRB4000钢筋的绑扎接头末端可不做弯钩；直径等于和小于12mm的受压Ⅰ级钢筋的末端，可不做弯钩，但搭接长度不应小于钢筋直径的30倍；钢筋搭接处，应在中心和两端用铁丝扎牢。

3. 钢筋的安装

第一，钢筋的级别、直径和根数等应符合设计的规定；对于多层多排钢筋，宜根据安装需要在其间隔外设立一定数量的架立钢筋或短钢筋，但架立钢筋或短钢筋端头不得伸入混凝土的保护层内；当钢筋过密影响到混凝土质量时，应及时与设计人员协商解决。

第二，钢筋与模板之间应设置垫块，垫块应与钢筋绑扎牢固，其绑丝的丝头不应进入混凝土保护层内。混凝土浇筑前，应对垫块的位置、数量和紧固程度进行检查，不符合要求时应及时处理，保证钢筋混凝土保护层的厚度满足设计要求和规范的规定。

第三，钢筋骨架的焊接拼装应在坚固的工作台上进行。拼装前应按设计图纸放样，放样时应考虑焊接变形的预留。拱度拼装时，需要焊接的位置宜采用楔形卡卡紧，防止焊接时局部变形。

第四，骨架焊接时，不同直径钢筋的中心线应在同一平面上，较小直径的钢筋在焊接时，下面宜垫以厚度适当的钢板。施焊顺序宜由中到边对称地向两端进行，先焊骨架下部，后焊管架上部、相邻的焊缝应采用分区对称跳焊，不得顺方向一次焊成。

第五，绑扎或焊接的钢筋网和钢筋骨架不得有变形、松脱和开焊。

（三）混凝土工程

1. 混凝土的配合

试验室配合比计算是以干燥材料为基准的，而施工现场存放的砂石材料都含有一定水分，所以要将试验室配合比换算为施工配合比，下面介绍混凝土施工配合比的确定。施工时，每立方米混凝土水、沙和石的实际称量为：

水的称量=用水量-沙、石材料中含水的质量；

沙的称量=砂的用量+沙中含水的质量；

石的称量=石的用量+石料中含水的质量；

水泥称量不变。

2. 混凝土拌制

混凝土应采用机械拌制，人工拌制仅用于小量的辅助或修补工程。混凝土的配料宜采用自动计量装置，各种衡器的精度应符合要求，计量应准确。计量器具应定期标定，迁移后应重新进行标定。

混凝土拌制时，将全部材料加入搅拌筒。开始搅拌至开始出料的最短拌制时间，应按搅拌机产品说明书的要求并经试验确定。混凝土拌和物应搅拌均匀，颜色一致，不得有离析和泌水现象。混凝土搅拌完毕后，应检测混凝土拌和物的坍落度及损失。必要时，还应对工作生能泌水率及含气量等混凝土拌和物的其他指标进行检测。

3. 混凝土的运输

运输能力应与混凝土的凝结速度和浇筑速度相适应，应使浇筑工作不间断且混凝土运到浇筑地点时仍能保持其均匀性和规定的坍落度。

混凝土的运输宜采用搅拌运输车，或在条件允许时采用泵送方式输送；采用吊斗或其他方式运输时，运距不宜超过100m且不得使混凝土产生离析。

采用搅拌运输车运输混凝土时，途中应以2r／min～4r／min的慢速进行搅动，卸料前应以常速再次搅拌。混凝土运至浇筑地点后发生离析、泌水或坍落度不符合要求时，应进行第二次搅拌。

二次搅拌时不宜任意加水，确有必要时，可同时加水、相应的胶凝材料和外加剂，并保持其原水胶比不变；二次搅拌仍不符合要求时，则不得使用。

混凝土采用泵送方式时，混凝土的供应宜使输送混凝土的泵能连续工作，泵送的间歇时间不宜超过15min。

在泵送过程中，受料斗内应具有足够的混凝土，应防止吸入空气产生阻塞；输送管应顺直，转弯处应圆缓，接头应严密不漏气；向低处泵送混凝土时，应采取必要的措施，防止混凝土离析或堵塞输送管。

4. 混凝土的浇筑

（1）混凝土的浇筑速度

为了保证浇筑混凝土的整体性，防止混凝土在浇筑过程中出现破坏性扰动，浇筑混凝土时必须具有一定的速度，上层混凝土应当在下层已浇筑混凝土开始初凝之前完成浇筑。因此，混凝土浇筑层的最小增长速度为$h \geqslant s／t$。其中，h为混凝土浇筑面的上升速度，s为振捣棒的振捣深度，t为混凝土的初凝时间。

（2）混凝土的浇筑顺序

①水平分层浇筑

对于跨径不大的简支梁，可以采用该方法。具体操作时，可以从梁体两端向跨中水平分层浇筑并在跨中合龙，然后掉头再向梁端浇筑。分层厚度视振捣器的能力而定，一般采用1530cm。当采用人工捣实时，分层厚度可采用15cm～20cm。为避免振捣导致支架产生不均匀的沉降，浇筑时应保持合理的速度，以便在混凝土失去塑性之前完成浇筑工作。

②斜层浇筑

采用斜层浇筑时，简支梁的混凝土应从主梁两端斜向跨中浇筑并在跨中合龙。因为箱形梁底板顶面没有模板，所以T梁和箱形梁所采用的斜层浇筑法在细节上是有差异的。当梁的跨度较大而采用梁式支架且在内部设置支点时，应在支架下沉量最大的部位先浇筑混凝土，使应该发生的支架变形及早完成，以保护先期浇筑的混凝土初凝后，不再发生更大的变形，避免混凝土内部微裂隙的产生。

③单元浇筑

当桥面较宽且混凝土数量较大时，可分成若干纵向单元，分别浇筑每个单元可沿其长度分层浇筑，在纵梁间的横梁上设置连接缝，并在纵横梁浇筑完成后填缝连接，之后桥面板可沿桥全宽一次浇筑完成，桥面与纵横梁间设置水平工作缝。

5. 混凝土的养护

对新浇筑混凝土的养护，应满足其对温度、湿度和时间的要求。应根据施工对象、环境条件、水泥品种、外加剂或掺和料以及混凝土性能等因素，制订具体的养护方案，严格实施混凝土浇筑完成后，应在其收浆后尽快予以覆盖并洒水保湿养护。

对于硬性混凝土、高强度和高性能混凝土、炎热天气浇筑的混凝土以及桥面等大面积裸露的混凝土，应加强初始保湿养护，具备条件的可在浇筑完成后立即加设棚罩，待收浆后再予以覆盖和洒水养护。覆盖时不得损伤或污染混凝土的表面。混凝土面有模板覆盖时，应在养护期间使模板保持湿润。

混凝土的养护不得采用海水或含有害物质的水。混凝土的洒水保湿养护时间应不少于7d。对重要工程或有特殊要求的混凝土，应根据环境的湿度、温度，水泥品种以及掺用的外加剂和掺和料等情况，酌情延长养护时间，并应使混凝土表面始终保持湿润状态。当气温低于5℃时，应采取保温养护的措施，不得向混凝土的表面洒水。当采用喷洒养护剂对混凝土进行养护时，所使用的养护剂应不会对混凝土产生不利影响，且应通过试验验证其养护效果。

新浇筑的混凝土与流动的地表水或地下水接触时，应采取临时防护措施，保证混凝土在7d以内且强度达到设计强度的50%以前，不受水的冲刷侵袭；当环境水具有侵蚀作用时，应保证混凝土在10d以内且强度达到设计强度的70%以前，不受水的侵袭。

混凝土处于冻融循环作用的环境时，宜在结冰期到来4周前完成浇筑施工，且在混凝土强度未达到设计强度等级的80%前不得受冻，否则应采取技术措施，防止发生冻害。

（四）构建的安装

1. 陆地架梁法

（1）自行式吊车架梁

在桥不高，场内又可设置行车便道的情况下，用自行式吊车（汽车吊车或履带吊车）架设中、小跨径的桥梁十分方便。大型的自行式吊机逐渐普及，自行式吊机本身有动力，因而架设迅速，可缩短工期。不需要架设桥梁用的临时动力设备，不必进行任何架设设备的准备工作，不需要如其他方法架梁时所具备的技术工种。因此，一般中小跨径的预制梁（板）的架设安装越来越多地采用自行式吊机。此法视吊装重量不同，可以采用一台吊机架设、二台吊机架设、吊机和绞车配合架设等方法。当预制梁重量不大，而吊机又有相当的起重能力，河床坚实无水或少水，允许吊机行驶、停搁时，可用一台吊机架设安装。用二台吊机架梁，是用二台自行式吊机各吊住梁（板）的一端，将梁（板）吊起并架设安装。此法应注意两吊机的互相配合。吊机和绞车配合架梁时，预制梁一端用拖履、滚筒支垫，另一端用吊机吊起，前方用绞车或绞盘牵引预制梁前进。梁前进时，吊机起重臂随之转动。梁前端就位后，吊机行驶到后端，提起后端取出拖履、滚筒，再将梁放下就位。

（2）移动式支架架梁法

陆地架梁法是在架设孔的地面上，顺桥轴线方向铺设轨道，其上设置可移动支架预制梁的前端搭在支架上，通过移动支架将梁移运到要求的位置后，再用龙门架或人字扒杆吊装；或者在桥墩上设枕木垛，用千斤顶卸下，再将梁横移就位。

（3）摆动式支架架梁法

摆动式支架架梁法通常是将预制梁（板）沿路基牵引到桥台上并稍悬出一段（悬出距离根据梁的截面尺寸和配筋确定），然后从桥孔中心河床上悬出的梁（板）端底下设置人字扒杆或木支架示。

（4）跨墩或墩侧龙门架架梁法

对于桥不太高，架桥孔数又多，沿桥墩两侧铺设轨道不困难的情况，可以采用跨墩或墩侧龙门吊车来架梁。通过运梁轨道或者用拖车将梁运到后，就用门式吊车起吊、横移，并安装在预定位置。当一孔架完后，吊车前移，再架设下一孔。用本方法的优点是架设安装速度较快，河滩无水时也较经济，而且架设时不需要特别复杂的技术工艺，作业人员较少。但龙门吊机的设备费用一般较高，尤其在高桥墩的情况。

2. 浮吊架设法

（1）浮吊船架梁

在海上和深水大河上修建桥梁时，用可回转的伸臂式浮吊架梁比较方便。这种架梁方法高空作业少、施工比较安全、吊装能力大、工效高，但需要大型浮吊。鉴于浮吊船来回运梁航行时间长，要增加费用，故一般采取用装梁船储梁后成批一起架设的方法。浮吊架梁时需在岸边设置临时码头移运预制梁。架梁时，浮吊要认真锚固。如流速不大则可用预先抛入河中的混凝土锚作为锚固点。

（2）固定式悬臂浮吊架梁

在缺乏大型伸臂式浮吊时，也可用钢制万能杆件或贝雷钢架拼装固定式的悬臂浮吊进行架梁。

3. 高空架梁法

（1）联合架桥机架梁

此法适用于架设安装30m以下的多孔桥梁，其优点是完全不设桥下支架，不受水深流急影响，架设过程中不影响桥下通航、通车。预制梁的纵移、起吊、横移、就位都较方便。其缺点是架设设备用钢量较多但可周转使用。

联合架桥机由两套门式吊机、一个托架、一根两跨长的钢导梁三部分组成。钢导梁由贝雷装配、梁顶面铺设的运梁平车、托架行走的轨道、门式吊机和工字梁组成，并在上下翼缘处及接头的地方用钢板加固，门式吊机顶横梁上设有吊梁用的行走小车。为了不影响架梁的净空位置，其立柱做成拐脚式（俗称拐脚龙门架）。门式吊机的横梁高程，由两根预制梁叠起的高度加平车及起吊设备高确定。蝴蝶架是专门用来托运门式吊机转移的，它由角钢组成，整个蝴蝶架放在平车上，可沿导梁顶面轨道行走。

联合架桥机架梁顺序如下：在桥头拼装钢导梁，梁顶铺设钢轨并用绞车纵向拖拉导梁就位；拼装蝴蝶架和门式吊机，用蝴蝶架将两个门式吊机移运至架梁孔的桥墩（台）上；由平车轨道运送预制梁至架梁孔位，将导梁两侧可以安装的预制梁用两个门式吊机吊起，横移并落梁就位；将导梁所占位置的预制梁临时安放在已架设好的梁上；用绞车纵向拖拉导梁至下一孔后，将临时安放的梁由门式吊机架设就位，做完梁的架设工作，并用电焊将各梁联结起来；在已架设的梁上铺接钢轨，再用蝴蝶架顺序将两个门式吊机托起并运至前一孔的桥墩上。如此反复，直至将各孔梁全部架设好为止。

（2）双导梁架桥机架梁法

本法是在架设孔间设置两组导梁，导梁上安设配有悬吊预制梁设备的轨道平车和起重行车或移动式龙门吊机，将预制梁在双导梁内吊着运到规定位置后，再落梁、横移就位。

横移时一种方法是将两组导梁吊着预制梁整体横移；另一种是导梁设在桥面宽度以外，预制梁在龙门吊机上横移，导梁不横移，这比第一种横移方法安全。双导梁架桥机架梁法的优点与联合架桥机架梁法相同，适用于墩高、水深的情况下架设多孔中小跨径的装配式梁桥，但不需蝴蝶架。因配备双组导梁，故架设跨径可较大，吊装的预制梁较重。

（3）自行式吊车桥上架梁法

在预制梁跨径不大、重量较轻且梁能运抵桥头引道上时，可直接用自行式伸臂吊车（汽车吊或履带吊）来架梁。但是，对于架桥孔的主梁，当横向尚未连成整体时，必须核算吊车通行和架梁工作时的承载能力。此种架梁方法简单方便，几乎不需要任何辅助设备。

第二节 预应力混凝土桥梁施工技术

普通钢筋混凝土结构受弯构件在正常使用条件下，其受拉区是开裂的，影响构件的正常使用和耐久座，并限制了高强材料的应用。另外，普通钢筋混凝土结构的自重大，增加了施工的难度，大大地限制了桥梁的跨越能力。随着桥梁跨度的增大，预应力混凝土结构将更具有优势。

一、预应力混凝土结构的特点

预应力混凝土结构除了具有普通钢筋混凝土结构的优点外，还有下述重要特点：能最有效地利用高强钢筋、高强混凝土，减小截面，降低自重，增大跨越能力；与普通钢筋混凝土桥梁相比，一般可节省钢材30%～40%，跨径越大，节省越多；预应力混凝土梁在正常使用条件下不出现裂缝，鉴于能全截面参与工作，故可显著减小建筑高度，使大跨径桥梁做得轻柔美观，扩大了对各种桥型的适应性，提高了结构的耐久性；预应力技术的采用，为现代装配式结构提供了最有效的装配、拼装手段。根据需要，可在纵向、横向及竖向施加预应力，使装配式结构集整成理想的整体，扩大了装配式桥梁的使用范围。

当然，预应力混凝土结构要有作为预应力筋的优质高强钢材，保证高强混凝土的制备质量，同时，要有一整套专门的预应力张拉设备和材质好、精度高的锚具，并要掌握复杂的施工工艺。

二、预应力混凝土桥梁施工

（一）固定支架就地浇筑法

固定支架就地浇筑施工法是一种古老的施工方法，它是在固定支架上安装模板，绑扎及安装钢筋骨架，预留孔道，并在现场浇筑混凝土与施加预应力的施工方法。由于采用此种方法施工需用大量的支架，故其一般在桥墩较低的中小跨径桥梁或交通不便的边远地区采用。

近年来，随着桥梁结构形式的发展，出现了一些变宽的异形桥、弯桥等复杂的预应力混凝土结构。由于临时钢构件、万能杆件、贝雷梁和六四军用梁等大量应用，其他施工方法都比较困难；或经过比较固定支架就地浇筑施工法较方便、费用较低时，在大跨径桥梁中也可以采用这种施工方法。为了完成现浇梁桥的就地浇筑施工，应根据桥孔跨径、桥孔下面覆盖土层的地质条件、水的深浅等因素，合理地选择支架形式。

1. 支条

支架类型选择是就地浇筑施工的关键。就地浇筑连续梁桥施工所用支架与钢筋混凝土简支梁桥就地浇筑支架基本相同，此处不做赘述。

2. 浇筑

固定支架就地浇筑施工中与装配式预应力梁预制工艺相同的部分，此处也不再赘述。以下仅就碗扣式钢管支架的搭设、混凝土的浇筑顺序、支架的拆除进行阐述。

（1）碗扣式钢管支架的搭设

采用碗扣式钢管支架时，其支架搭设应符合下列要求。

第模板支架应根据所承受的荷载选择立杆的间距和步距，底层纵、横向水平杆作为扫地杆，距地面高度应小于或等于350mm，立杆底部应设置可调底座或固定底座；立杆上端包括可调螺杆伸出顶层水平杆的长度不得大于0.7m。

第二，可调底座及可调托撑丝杆与调节螺母的啮合长度不得少于6扣，插入立杆内的长度不得小于150mm。

模板支架的斜杆设置应符合下列要求。

第一，当立杆间距大于1.5m时，应在拐角处设置通高专用斜杆，中间每排每列应设置通高八字形斜杆或剪刀撑；当立杆间距小于或等于1.5m时，模板支架四周应从底到顶连续设置竖向剪刀撑；中间纵横向应由底至顶连续设置竖向剪刀撑，其间距应小于或等于4.5m；剪刀撑的斜杆与地面间的夹角应为45°～60°，斜杆应每步与立杆扣接。

第二，当模板支架高度大于4.8m时，顶端和底部必须设置水平剪刀撑，中间水平剪刀撑设置间距应小于或等于4.8m。

第三，必须严格控制支架的垂直度，以免影响整体稳定性。垂直度偏差应小于或等于 $H/500$（H 为支架搭设高度），且不得大于50mm。

第四，当模板支架周围有桥梁墩台结构时，应建立与墩台的水平连接，以加强架体的安全可靠度。

第五，模板支架高宽比应小于或等于2；当高宽比大于2时，可扩大下部架体尺寸或采取其他构造措施（如设置缆风绳加固）。

（2）混凝土的浇筑顺序

在浇筑混凝土时支架会产生不均匀沉降。为避免因支架不均匀沉降而导致混凝土在浇筑过程中出现内伤，要求混凝土的浇筑应从跨中向两侧墩台逐步推进，当整跨梁体浇筑完成后再浇筑跨越梁段。跨越梁段的浇筑应呈斜面逐层推进，浇筑完成时应保持混凝土顶面为斜面，以便与下一梁跨混凝土建立更好的连接。

（3）模板拆除及卸架

当混凝土的强度达到设计强度的25%以后可拆除侧模，当混凝土强度大于设计强度的75%以后可拆除梁体的各项模板。对于预应力混凝土梁，应在预应力钢束张拉完毕或张拉到一定数量后再拆除模板，以免梁体混凝土受拉。卸架程序应从梁体挠度最大处的支架节点开始，逐步卸落相邻两侧的节点。落梁要对称、均匀、有序。同时，要求各节点的卸落应分级多次进行，以使梁的沉落曲线逐步加大。

3.固定支架预应力就地浇筑的特点

综上所述，固定支架就地浇筑施工方法的特点包括以下几点。

第混凝土能整体浇筑，预应力筋整体张拉，桥梁的整体性较好。施工中不需要进行体系转换。对机具和起重能力要求不高，不需要大型起重设备，施工较简便、平稳、可靠。

第二，需要使用大量的施工支架，施工周期长，周转次数少，费用高；跨河桥梁搭设支架影响河道的通航与排洪，施工期间支架可能会受到洪水和漂流物的威胁。

第三，需要有较大的施工场地进行支架组拼、钢筋加工、模板制作、预应力筋加工等，因此施工管理较复杂。

（二）悬臂施工法

悬臂施工法是大跨度桥梁最常采用的施工方法，也是桥梁施工中难度较大的施工工艺，需要专门的施工设备和一支熟悉悬臂施工工艺的技术队伍。

采用该方法建造桥梁时，不需要在桥下搭设大量的支架，而是利用挂篮施工设备从墩顶已建梁段向两侧开始对称悬出接长，直至合龙。梁体每延伸一段，通过预应力钢筋将当前梁段与梁体连成一体。按照节段梁体的制作方法方式的不同，悬臂施工法可以分为悬臂浇注法和悬臂拼装法。

悬臂浇注：在桥墩两侧对称逐段就地浇注混凝土，待混凝土达到一定强度，张拉预应力钢筋，移如具、模板继续施工。

悬臂拼装：将预制节段块件，从桥墩两侧依次对称安装，张拉预应力钢筋，使悬臂不断接长，直至合龙。

1.悬臂浇筑施工

（1）施工挂篮

挂篮是一个能够沿轨道行走的活动脚手架，悬挂在已经张拉锚固的箱梁梁段上。挂篮的承重结构可用万能杆件或采用专门设计的结构。挂篮除了要能承受梁段自重和施工荷载外，还要求自重轻、刚度大、变形小、稳定性好、行走方便等。

用梁式挂篮浇筑墩侧初始几对梁段时，由于墩顶位置受限往往需要将两侧挂篮的承重结构临时联结在一起。待梁段浇筑到一定长度后，再将两侧承重结构分开。如果墩顶位置过于窄小，开始用挂篮浇筑困难时，可以设立局部支架。墩顶梁段（即所谓零号块）或墩顶附近的梁段在支架上浇筑，施工挂篮就在已浇筑的梁段上拼装。

（2）悬浇施工工艺流程

当挂篮安装就位后，即可在其上进行梁段悬臂浇筑的各项作业，其工艺流程是按每一梁段的混凝土分两次浇筑排列的，即先浇筑底板混凝土，后浇筑肋板及顶板混凝土。当采用次浇筑时，将浇筑底板混凝土的工序与浇筑肋板及顶板混凝土的工序合并，其他工序不变。

混凝土浇筑前，须用硬方木支垫于台车前轮分配梁上，以分布荷载，减小轮轴压力。浇筑混凝土的过程中，要随时观测挂篮由于受荷而产生的变形。挂篮负荷后，还可能引起新旧梁段接缝处混凝土开裂。尤其是采用两次浇筑法施工，第二次混凝土浇筑时，第一次浇筑的底板混凝土已经凝结。由于挂篮的第二次变形，底板混凝土就会在新旧梁段接缝处开裂。为了避免这种裂缝，可对挂篮采取预加变形的方法，如采用活动模板梁等。

悬臂浇筑一般采用由快凝水泥配制的C40~C60混凝土。在自然条件下，浇筑后30h~36h，混凝土强度达30MPa。这样可以加快挂篮的移位。目前，每段施工周期7d~10d，具体应视工程量、设备、气温等条件而定。

悬臂浇筑施工的主要优点是：预制场地小，逐段浇筑，易于调整和控制梁段的位置，且整体性好；不需大型机械设备，主要作业在没有顶棚的挂篮内进行；各段均属严密的重复作业，需要施工人员少，工作效率高等。

其主要缺点是：梁体部分不能与墩柱平行施工，施工期较长，而且悬臂浇筑的混凝土加载龄期短，混凝土收缩、徐变影响较大。

2.悬臂拼装施工

（1）梁段预制

悬拼施工是将梁沿纵轴，根据起吊能力分成适当长度的节段，在工厂或桥位附近的预制场进行预制，然后运到桥位处用吊机进行拼装。节段预制的质量直接关系着梁段悬拼施工的重量和速度，因此，预制时应严格控制梁段断面和形体的精确度，充分注意预制场地的选择与布置、台座和模板支架的制作，工艺流程的拟订以及养护和储运的每一环节。梁段预制的方法通常有长线预制或短线预制法长线预制。

①长线预制

长线预制是在预制厂或施工现场按梁底曲线制作固定台座，在台座上安装模板进行节段混凝土浇筑工作。组成箱梁的各梁段均在固定台座上的活动模板内且相邻段应相互贴合浇筑，缝面浇前涂抹隔离剂，以利脱模。

长线预制需要较大的场地，其底座的最小长度应为桥孔跨径的一半。梁体节段的预制一般在底板上进行。模板常采用钢模，以便于装拆使用。为加快施工进度，保证节段之间密贴，常采用先浇筑奇数节段，然后浇筑偶数节段。当节段混凝土强度达到设计强度75%

以上后，可吊出预制场地。

②短线预制

短线预制是在固定台位且能纵移的模板内浇筑，由可调整内、外部模板的台车与端梁来完成。当第一节段混凝土浇筑完成后，在其相对位置上安装下一节段模板，并利用第一节段混凝土的端面作为第二节段的端模，完成第二节段混凝土的浇筑工作。这种方法适合节段的工厂化生产预制，设备可周转使用，台座仅需3个梁段长，但节段的尺寸和相对位置的调整要复杂一些。短线台座除基础部分外，多采用钢料加工制作。

由于长线台座可靠，因而成桥后梁体线形较好，长线的台座使梁段存贮有较大余地；但占地较大，地基要求坚实，混凝土的浇筑和养护移动分散。

短线预制场地相对较小，模板及设备基本不需移动，可调的底、侧模便于平、竖曲线梁段的预制；但精度要求高，施工严，周转不便，工期相对较长。

箱梁节段预制要求相邻节段之间接触紧密，故必须以前面浇筑完成的节段的端面作为后来浇筑节段的端模。同时，必须采用隔离剂使节段出坑时相互容易从接缝处脱离。

常用隔离剂可分：薄膜类，如塑料硬薄膜；油脂类，如好机油；皂类，如烷基苯磺酸钠，虽成本较高，但使用效果较好。

（2）节段运输

梁段运输有水、陆、栈桥及缆吊等各种形式。梁体节段自预制底座上出坑后，一般先存放于存梁场，节段拼装时由存梁场运至桥位处，预制块件的运输方式一般可分为场内运输、装船和浮运三个阶段。

①场内运输节段

出坑和运输一般由预制场的龙门起重机担任。节段上船也可使用预制场的龙门起重机。当预制场与栈桥距离较远时，节段的运输应首先考虑采用平车运输。当采用无转向架的运梁平车运输时，运输轨道不得设平曲线，纵坡一般应为平坡。当地形条件受到限制时，最大纵坡不得大于1%。

②装船节段

装船应在专用码头上进行，码头的主要设施是施工栈桥和节段装船的起重机。栈桥的长度应保证在最低施工水位时驳船能够进港起运，栈桥的高度要保证在最高施工水位时栈桥主梁不被水淹。栈桥宽度要保证运梁驳船两侧与栈桥之间不少于0.5m的安全距离。栈桥起重机的起重能力和主要尺寸（净高和跨度）应与预制场上的起重机相同。

③浮运

浮运船只应根据节段的重量和高度来选择，可采用铁驳船、坚固的木毫船、水泥驳船或用浮箱装配。为了保证浮运安全，应设法降低浮运重心。

开口船面的船应尽量将块件置于船舱底板；必须置放在甲板面上时，必须在舱内。压重块件的支垫应按底面坡度用碎石子堆成，满铺支垫或加设三角形垫木，以保证块件安放平稳。另外，还需以缆索将块件系紧固定。

（3）悬拼方法

①浮吊拼装法

重型的起重机械装配在船舶上，全套设备在水上作业，在40m的吊高范围内起重力大，所用辅助设备少。优点是相应的施工速度较快，一天可以完成2~4段的吊拼，但台班费用较高。

②悬臂吊机拼装法

悬臂吊机由纵向主桁架、横向起重桁架、锚固装置、平衡重、起重系统、行走系统和工作吊篮等部分组成。

纵向主桁为吊机的主要承重结构，可由贝雷桁片、万能杆件、大型型钢等拼制。一般由若干桁片构成两组，用横向连接系连成整体，前后用两根横梁支承。横向起重桁架是供安装起重卷扬机，直接起吊箱梁节段之用的构件，多采用贝雷架、万能杆件及型钢等拼配制作。

纵向主桁架的外荷载就是通过横向起重桁架传递给它。横向起重桁架支承在轨道平车上，轨道平车搁置于铺设在纵向主桁架弦的轨道上，起重卷扬机安置在横向起重桁架的上弦。设置锚固装置和平衡重的目的是防止主桁架在起吊节段时倾覆翻转，保持其稳定状态。对于拼装墩柱附近节段的双悬臂吊机，可用锚固横梁及吊杆将吊机锚固于0号块上。对称起吊箱梁节段，不需要设置平衡重。

单悬臂吊机起吊节段时，也可不设平衡重，而将吊机锚固定在节段吊环上或竖向预应力筋的螺丝端杆上。起重系统一般是由电动卷扬机、吊梁扁担及滑车组等组成。作用是将由驳船浮运到桥位处的节段提升到拼装高度以备拼装。滑车组要根据起吊节段的重量来选用。

吊机的整体纵移可以采用钢管滚筒在木板上滚移，由电动卷扬机牵引。牵引绳通过转向滑车系于纵向主桁架前支点的牵引钩上。横向起重桁架的行走采用轨道平车，用倒链滑车牵引。

工作吊篮悬挂于纵向主桁架前端的吊篮横梁上，吊篮横梁由轨道平车支承以便工作吊篮的纵向移动。工作吊篮供预应力钢丝穿束、千斤顶张拉、压注灰浆等操作之用。可设上、下两层，上层供操作顶板钢束用，下层供操作肋板钢束用。也可只设一层，工作吊篮可用倒链滑车调整高。

③连续桁架拼装法

连续桁架拼装法可分移动式和固定式两类。移动式连续桁架的长度大于桥的最大跨径，桁架支承在已拼装完成的梁段和待拼墩顶上，由吊车在桁架上移运节段进行悬臂拼装。固定式连续桁架的支点均设在桥墩上，而不增加梁段的施工荷载。

（4）接缝处理及拼装程序

梁段拼装的接缝有湿接缝、干接缝和胶接缝等几种。不同的施工阶段和不同的部位，将采用不同的接缝形式。

①湿接缝

1号块和调整块用湿接缝拼装。悬拼施工时，防止梁体上翘和下挠的关键是1号块的准确定位。1号块是基准块件，一般1号块与墩顶0号块以湿接缝相接。1号块定位后，可由起重机悬吊支承，也可用下面的临时托架支承。为便于接缝处管道接头操作接头钢筋的焊接和混凝土振捣作业，湿接缝宽度一般为0.1m～0.2m。

0～1号块间湿接缝处理程序：块件定位，中线以及高程测量；接头钢筋焊接，制孔器安放；湿接缝模板安放；湿接缝混凝土浇筑；湿接缝混凝土养护拆模；穿预应力钢束，张拉锚固。

跨度大的T形刚构桥，由于悬臂很长，往往在悬臂中部设置一道现浇箱梁横隔板。同时，设置一道湿接缝。这道湿接缝除了能增加箱梁的结构刚度外，还可以调整拼装位置。在拼装过程中，如拼装上翘的误差很大，用其他方法难以补救时，也可以通过增设一道湿接缝来调整。但应注意增设的湿接缝宽度必须用凿打块件端面的办法来提供。

②干接缝或胶结缝拼装

除上述块件之间采用湿接缝外，一般块件之间采用干接缝或胶接缝。

其他预制梁段拼装顺序包括以下几个步骤：预制梁段提升，内移就位，试拼；预制梁段移开，与已拼装梁段保持约0.4m间距；穿束；涂胶（双面涂胶，干接缝无此工序）；梁段就位，检查位置、高程及吻合情况；预应力钢束张拉，观察预制梁段是否滑移，锚固。

环氧树脂胶接缝可使块件连接密贴，可提高结构抗剪能力、整体刚度和不透水性。环氧树脂胶由环氧树脂、固化剂、增塑剂、稀释剂、填料等组成，其配方应根据施工环境、温度、固化时间和强度要求选定。一般对接缝混凝土面先涂环氧树脂底层胶，然后再涂加入填料的环氧树脂胶，环氧树脂胶随用随配并调制。

（4）穿束与张拉

①穿束

T形刚构桥纵向预应力钢筋的布置有两个特点：一是较多集中于顶板部位；二是钢束布置对称于桥墩。因此，拼装每一对对称于桥墩块件的预应力钢丝束须按锚固这一对块件所需长度下料。

明槽钢丝束通常按等间距排列，锚固在顶板加厚的部分（这种板俗称"锯齿板"），加厚部分预制时留有管道。穿束时先将钢丝束在明槽内摆放平顺，然后再分别将钢丝束穿入两端管道之内，钢丝束在管道两头伸出长度要相等。

暗管穿束比明槽难度大。经验表明，60m以下的钢丝束穿束一般均可采用人工推送。较长钢丝束穿入端，可点焊成箭头状缠裹黑胶布。60m以上的钢丝束穿束时，可先从孔道中插入一根钢丝与钢丝束引丝连接，然后一端以卷扬机牵引，一端以人工送入。

②张拉

钢丝束张拉前，先要确定合理的张拉次序，保证箱梁在张拉过程中每批张拉合力都接近于该断面钢丝束总拉力重心处。

钢丝束张拉次序的确定与箱梁横断面形式、同时工作的千斤顶数量、是否设置临时张拉系统等因素有关。

一般情况下，纵向钢丝束的张拉次序按下述原则确定：第一，对称于箱梁中轴线，钢丝束两端同时成对张拉；第二，先张拉肋束，后张拉板束；第三，肋束的张拉次序是先张拉边肋，后张拉中肋（若横断面为三根肋，仅有两对千斤顶时）；第四，同一肋上的钢丝束先张拉下边的，后张拉上边的；第五，板束的次序是先张拉顶板中部的，后张拉边部的。

悬臂拼装法施工的主要优点是：梁体块件的预制和下部结构的施工可同时进行，拼装成桥的速度较现浇快，可显著缩短工期；块件在预制场内集中预制，质量较易保证；梁体塑性变形小，可减小预应力损失，施工不受气候影响等。

其缺点是：需要占用较大的预制场地，移运和安装需要大型的机械设备；如果不用湿接缝，则块件安装的位置不易调整。

（5）压浆

管道压浆的目的是为了保证预应力筋不受腐蚀。目前的工艺是先用高压水检查管道的畅通、匹配面的密贴情况以及封端情况后再进行正式压浆，直到出浆口出浓浆。封闭出浆口持压3min～5min，以保证水泥浆尽量充满管道。

压浆是在局部封锚后进行的，除了保证封端质量外，须在水泥浆中加入适量微膨胀剂，选取合适的配合比，既能使压浆工作顺利进行，又能使凝固后的水泥浆尽量充满管道，尽可能地排出管道内的水和空气，避免力筋受蚀。

（6）合龙段施工

用悬臂施工法建造的连续刚构桥、连续梁桥需在跨中将悬臂端刚性连接、整体合龙。合龙段施工有现浇和拼装两种方法，现浇方法与悬浇中跨合龙段施工方法相同，拼装方法与简支梁板的安装相同。

第三节　桥面及附属工程施工技术

桥面是桥梁服务车辆、行人实现其功能的最直接部分。主要包括支座、桥面铺装层等。其施工质量不仅影响桥梁的外形美观，而且关系到桥梁的使用寿命、行车安全及舒适性等。因此，对于桥面及附属设施的施工必须引起足够的重视。

一、桥梁支座的施工

（一）桥梁支座概述

桥梁支座是桥梁结构的一个重要组成部分。但是由于它在桥梁工程造价中所占比例很小，往往未引起工程技术人员的重视。

20世纪70年代以前，我国的公路、铁路桥梁上常不设支座或仅设置传统的钢支座。随着桥梁建设事业的发展，各种形式的桥梁陆续建成，对桥梁支座的承载力、支座适应线位移和转角能力的要求也不断提高，与之相适应的各种新型桥梁支座应运而生。

桥梁支座是连接桥梁上部结构和下部结构的重要结构部件。它能将桥梁上部结构的反力和变形（线位移和转角）可靠地传递给桥梁下部结构。同时，保证上部结构在荷载、温度变化、混凝土收缩徐变等因素作用下的自由变形，以便结构的实际受力情况与理论计算图示相符合，保护梁端、墩台帽不受损伤。

梁支座必须满足以下功能要求：一是梁支座必须具有足够的承载能力，以保证安全可靠的传递支座反力；二是支座对桥梁变形（位移和转角）的约束应尽可能小，以适应梁体自由伸缩及转动的需要。此外，支座应便于安装、养护和维修，必要时可进行更换。

梁式桥的制作一般分为固定支座和活动支座。固定支座允许梁截面自由转动而不能移动，活动支座允许梁在挠曲和伸缩时转动与移动。针对桥梁跨径、支座反力、支座允许转动与位移不同，支座选用的材料不同，支座是否满足防振、减振要求不同，桥梁支座具有许多相应类型。

随着桥梁结构体系的发展，制作类型也相应地更新换代，过去一般针对小跨径桥梁或加工较烦琐的支座，如简易垫层支座钢板支座、钢筋混凝土摆柱式支座等已不常使用，代之以板式橡胶支座、盆式橡胶支座、球形钢支座、聚四氟乙烯滑板支座以及圆形板式橡胶支座等。

（二）不同种类的桥梁支座施工

1. 板式橡胶支座安设

板式橡胶支座由多层橡胶片与薄壁板镶嵌、黏合、压制而成。安装前，应将垫块顶面清理干净，采用干硬性水泥砂浆抹平，且检查顶面标高是否满足设计要求；板式橡胶支座安装前还应对支座的长、宽、厚、硬度、容许荷载、容许最大温差及外观等进行全面检查，如不符合设计要求，则不得使用。

板式橡胶支座安装时，支座中心尽可能对准梁的计算支点，必须使整个橡胶支座的承压面上受力均匀。就位不准或与支座不密贴时，必须重新起吊，采取垫钢板等措施，并应使支座位置控制在允许偏差内，不得用撬棍移动梁、板。

为保证板式橡胶支座安装装置准确，支座安装尽可能排在接近年平均气温的季节里进行，以减小由于温差变化过大而引起的剪切变形。梁、板安装时，必须细致稳妥，使梁、板就位准确且与支座密贴，勿使支座产生剪切变形；就位不准时，必须吊起重放，不得用撬杠移动梁、板。

当墩台两端标高不同，顺桥向或横桥向有坡度时，支座安装必须严格按设计规定办理。支座周围应设排水坡，防止积水，并注意及时清除支座附近的尘油脂与污垢等。

2. 球形支座的安设

球形支座各向转动性能一致，适用于弯桥、坡桥、斜桥、宽桥及大跨径球形支座无承重橡胶块，特别适用于低温地区。

支座出厂时，应由生产厂家将支座调平，并拧紧连接螺栓，防止支座在安装过程中发生转动和倾覆。支座可根据设计需要预设转角及位移，但施工单位应在订货前提出预设转角及位移量的要求，由生产厂家在装配时预先调整好。

支座安装前方可开箱，并检查装箱清单，包括配件清单、检验报告复印件、支座产品合格证书及支座安装养护细则。施工单位开箱后，不得任意转动连接螺栓，并不得任意拆卸支座。支座安装高度应符合设计要求，保证支座平面的水平及平整。支座支承面四角高差不得大于2mm。

当下支座板与墩台采用螺栓连接时，应先用钢楔块将下支座板四角调平，高程、位置应符合设计要求，用环氧砂浆灌注地脚螺栓孔及支座底面垫层。环氧砂浆硬化后，方可拆除四角钢楔，并用环氧砂浆填满楔块位置。当下支座板与墩台采用焊接连接时，应对称、间断地将下支座板与墩台上预埋钢板焊接。焊接时应采取防止烧伤支座和混凝土的措施。

当梁体安装完毕，或现浇混凝土梁体达到设计强度后，在梁体预应力张拉之前，应拆除上、下支座板连接板。

3. 盆式橡胶支座

盆式橡胶支座是钢构件与橡胶组合而成的新型桥梁支座，具有承载能力大、水平位移量大，转动灵活等特点，适用于支座承载力为1000kN以上的跨径桥梁，也适用于城市、林区、矿区的桥梁。

盆式橡胶支座构造简单、结构紧凑、滑动摩擦系数小、转动灵活。与一般铸钢辊轴支座相比，具有重量轻、建筑高度低、加工制造方便、节省钢材、降低造价等优点。与板式橡胶支座相比具有承载能力大、容许支座位移量大、转动灵活等优点。因此，盆式橡胶支座特别适宜在大跨径桥梁上使用。

支座规格和质量应符合设计要求，支座组装时其底面与顶面（埋置于墩顶和梁底面）的钢垫板，必须埋置稳固。垫板与支座间应平整密贴，支座四周不得有0.3mm以上的缝隙，严格保持清洁。活动支座的聚四氟乙烯板和不锈钢钢板不得有刮伤、撞伤。氯丁橡胶板块密封在钢盆内，要排除空气，保持紧密。

安装前，将支座各相对滑移面用清洁剂仔细擦洗，擦净后在四氟滑板的储油槽内注满硅脂类润滑剂并保持清洁。盆式橡胶支座的顶面和底板可用焊接或锚固螺栓拴接在梁体底面和垫石顶面的预埋钢板上。

焊接时，应防止烧坏混凝土；焊接完成后，应在焊接部位作防锈处理。安装锚固螺栓时其外露螺杆的高度不得大于螺母的厚度。支座安装的顺序，宜先将上座板固定在大梁上，然后根据其位置确定底盆在墩台的位置，最后固定。

支座的安装标高应符合设计的要求，中心线与梁的轴线重合，水平最大位移差不超过2mm。

安装固定支座时，上下各部件的纵轴线必须对正；安装活动支座时，上下纵轴线必须对正，横轴线应当根据安装时的温度与年平均温度的差，由计算确定其错位的距离；支座上的上下导向挡块必须平行，最大偏心的交叉角不得大于5°。

二、桥面铺装层施工

（一）水泥混凝土桥面铺装层施工

水泥混凝土桥面铺装层的施工工艺为：施工准备工作→安装模板→桥面钢筋绑扎→混凝土制备→混凝土运输→桥面混凝土浇筑→接缝施工→表面修整→养护。下面将对部分施工要点进行介绍。

1. 梁顶标高的测定和调整

预应力混凝土空心板或大梁在预制后存梁期间，由于预应力作用，往往会产生反拱。如果反拱过大，就会影响桥面铺装层的施工。因此，设计中对存梁时间、存梁方法都做了一定要求。

如果架梁前已发现反拱过大，则应采取降低墩顶标高、减少垫石厚度等方法来保证铺装层厚度。架梁后应对梁顶标高进行测量，测定各跨中线、边线的跨中和墩顶处的标高，分析评价其是否满足规范要求。若偏差过大，则应采取调整桥面标高、改变引线纵坡等方法，以保证铺装层厚度，使桥梁上部结构形成整体。

2. 绑扎、布设标面钢筋网

桥面钢筋应根据设计要求和相关规定进行绑扎。正交桥必须注意放正钢筋，斜交桥桥面钢筋应按图纸规定方向放置。所有钢筋均应正确留设保护层厚度。采用双层钢筋网时，两层钢筋之间应有足够数量的定位撑筋，以保证两层钢筋的位置正确。

在两跨连接处，若桥面为连续构造，应再布设桥面连续的构造铜筋；若为伸缩缝，要注意做好伸缩缝的预埋钢筋。

3. 混凝土浇筑

对板顶处理情况、钢筋网布设情况进行检查。当其满足设计和规范要求后，即可浇筑混凝土。若设计为防水混凝土，其配合比及施工工艺应满足规范要求。

浇筑铺装层时，为防止钢筋变位，不得在钢筋上搁置重物，不得让运料小车在钢筋网上推运，不得让人员在钢筋网上行走践踏。若必须在钢筋上通行，可搭设支架架空走道。在浇筑过程中，应随时注意纠正钢筋位置。

浇筑混凝土时，宜从下坡向上坡进行，注意要连续施工，防止产生施工缝。混凝土振捣时，先用插入式振捣器沿模板边角均匀插捣，然后用平板振捣器对中间部分混凝土进行振捣，直至混凝土不再下沉，最后用振动梁进行粗平。

水泥混凝土桥面施工可采用真空脱水工艺，脱水后还应进行表面平整和提浆。如不采用真空脱水工艺，应采用抹子反复抹面直至表面平整、无泌水为止。必须符合设计规定，面层必须平整、粗糙。如果桥面纵坡较大，则必须采取防滑措施。第二次抹平后，应沿横坡方向拉毛或采用机具压槽，拉毛和压槽深度应为1mm～2mm。浇筑完后待表面有一定硬度时即可开始养生。常用的养生方法为覆盖草麻袋、草帘、塑料薄膜、土工布等并洒水。

（二）沥青混凝土桥面铺装层施工

1. 准备工作

铺装沥青混凝土面层以前，须对混凝土桥面的平整度、粗糙度等进行检查，桥面应平整、粗糙、干燥、整洁，并应符合规定的设计要求。测设中线和边线的高程，根据所需铺筑沥青混凝土的最小、最大及平均厚度计算沥青混凝土的数量，做好用料计划。清扫桥梁混凝土面层，保持清洁、干燥，并喷洒黏层油，黏层沥青宜采用快裂的洒布型乳化沥青，也可采用快、中凝液体石油沥青或煤沥青，并采用机械喷布工艺，用量一般控制在$0.3kg／m^2～0.4kg／m^2$，要求洒布均匀。

2. 浇洒黏层

沥青工艺要求如上所述，黏层沥青应均匀洒布（亦可涂刷），浇洒过量的局部地段或积聚油量较多时应予以刮除。当气温低于10℃或水泥混凝土桥面层潮湿（或不洁），不得浇洒黏层沥青。浇洒黏层沥青后，严禁除沥青混合料运输车以外的其他车辆、行人通过。黏层沥青洒布后，应紧接铺筑沥青混凝土面层，但乳化沥青应等待破乳、水分蒸发完后铺筑。洒布沥青黏层前宜在路缘石上方涂刷石灰水或粘贴保护纸张，以免沥青沾染缘石。

3. 伸缩缝处理

铺筑沥青面层时，伸缩缝处理宜用黄沙等松散材料临时铺垫与水泥混凝土顶面相平，沥青混凝土面层可连续铺筑，铺筑完成后再按所用伸缩缝装置的宽度，画线切割，挖除伸缩缝部分的沥青混凝土后再安装伸缩装置。

4. 热拌沥青混合料的运输

沥青混凝土面层铺筑用沥青混合料应采用较大吨位的自卸汽车运输，车厢应清扫干净。为防止沥青与车厢板黏结，车厢侧板和底板可涂一薄层油水混合液（柴油与水比例可为1：3），但不得有余液积聚在车厢底部。运料车应用篷布覆盖，用以保温、防雨、防污染，夏季运输时间短于0.5h时，亦可不加覆盖。

连续摊铺过程中，运料车应在摊铺机前10cm～30cm处停住，不得撞击摊铺机；卸料过程中运料车应挂空挡，靠摊铺机推动前进。沥青混合料运至摊铺地点后应凭运料单接收并检查拌和质量及温度要求，遇有已经结成团块或遭遇淋湿的混合料不得铺筑在桥面、道路上。

5. 沥青混凝土面层的铺筑

铺筑沥青混凝土面层应采用机械摊铺，应以伸缩缝的间距确定一次铺筑长度，要求在相邻两个伸缩缝之间尽量不设施工缝。桥面的宽度宜在1d内铺筑成，每次铺筑的纵向接缝宜在上次铺筑的沥青混凝土的实际温度未降至100℃时予以接缝铺筑并碾压。

根据混凝土桥面层的平整度、沥青混凝土面层的厚度和结构层次决定一次铺筑或两次铺筑。沥青混凝土面层厚度大于6cm时，宜采用两次铺装以提高沥青混凝土面层的平整度。沥青混合料必须缓慢、均匀、连续不断地摊铺，摊铺过程中不得随意变换速度或中途停顿。摊铺速度一般控制在2m／min～6m／min，可根据沥青混合料供应及机械配套情况及摊铺层厚度、宽度确定。

摊铺好的沥青混合料应随即碾压（碾压方法、要求可参照沥青路面施工有关规定）。如因故不能及时碾压或遇雨时，应停止摊铺，并对卸下的沥青混合料覆盖保温。

当先铺筑的沥青混凝土的实际温度降至80℃以下时，后铺筑的沥青混凝土应按冷接缝方法处理，即铁刨接缝处的沥青混凝土，要求接缝顺直。

纵缝的铁刨宽度宜为20cm～30cm，横缝的铁刨宽度应用直尺测量后决定，一般不宜小于100cm。如无铁刨机时，可按画线用切缝机切割后再凿除。

沥青混凝土面层的铺筑和碾压宜从下坡向上坡进行。施工车辆和施工机械不允许停留在新铺装的沥青混凝土面层上，也不允许柴油之内的油料滴漏在沥青混凝土面层上，以免引起沥青混凝土软化、壅包。当采用刻槽方式增加沥青混凝土铺装层与混凝土桥面的啮合，提高其抗滑能力时，刻槽的宽度宜为20mm，槽间距宜为20m，槽深宜为3mm～5mm。

第六章　公路其他桥梁施工技术

第一节　拱桥施工技术

　　拱桥施工方法按拱圈的制作方式可分为现浇法和预制装配法；按拱圈的架设施工方式可分为有支架施工和无支架施工两类。

　　有支架施工是拱桥施工的主要方法，尤其是石拱桥和混凝土拱桥，几乎全是采用搭设拱架的方法进行施工的，但这种方法需要耗费大量建筑材料和劳动力，并且工期较长，大大影响了拱桥的推广使用。

　　拱桥是一种能充分发挥污工及钢筋混凝土材料抗压性能的合理桥型，其外形美观、维修费用低，具有向大跨度方向发展的优势。为了改善拱桥施工方法落后的状况，目前在施工方法和机具设备方面做了大量改进。

一、混凝土拱桥施工

　　混凝土拱桥的施工按其主拱圈成型的方法可以分为以下三大类。

　　（一）就地浇筑法

　　就地浇筑法就是把拱桥主拱圈混凝土的基本施工工艺流程（立模、扎筋、浇筑混凝土、养护及拆模等）直接在桥孔位置来完成。按照所使用的设备来划分，包括以下两种。

　　1.有支架施工法

　　这和梁式桥的有支架施工类似，与其支架类型、主拱圈混凝土浇筑的技术要求以及卸架方式等有关。

　　2.悬臂浇筑法

　　悬臂浇筑法把主拱圈划分成若干个节段，并用专门设计的钢桁托架结构作为现浇混凝土的工作平台。托架的后端铰接在已完成的悬臂结构上，其前端则用刚性组合斜拉杆经过临时支柱和塔架，再由尾索锚固在岸边的锚碇上。但是钢桁托架本身较重，转移较难，钢筋骨架和混凝土法的运输需借助缆索吊装设备，施工比较麻烦，拱轴线上各点的高程也较难控制，故目前较少采用这种施工方法。

（二）预制安装法

预制安装法按主拱圈结构所采用的材料可以分为整体安装法和节段悬拼法两种。

1. 整体安装法

这种施工方法适合于钢管混凝土系杆拱的整片起吊安装，钢管混凝土拱肋在未灌混凝土之前具有质量轻的优点。例如某跨径为45m的系杆拱片，经组合后，其吊装质量仅为18.7t，用起重量为20t的浮吊，仅用了一天就把两片拱片全部安装完毕。被起吊的拱片应做以下三点验算。

拱肋从平卧到竖立的翻转过程中，形若一根简支曲梁。因此，应将此两个起吊点视为作用于其上的垂直集中力，来验算此曲梁的强度和刚度。

在竖向吊运过程中，需验算吊点截面的强度。

当两吊点间距较近时，需验算系杆在吊运过程中是否出现轴向压力及其面外的稳定性。应该科学地设计其施工顺序，使设计中对全桥横向稳定有利的杆件先安装或浇筑以尽早发挥作用。例如，先安装肋间横撑，浇筑支承节点和端横梁混凝土，再安装内横梁和沿系杆的纵向分条地安装桥面板直至合龙等。

2. 节段悬拼法

节段悬拼法是将主拱圈结构划分成若干节段，先放在现场的地面或场外工厂进行预制，然后运送到桥孔的下面，利用起吊设备提升就位，进行拼接，逐渐加长直至成拱。每拼完一个节段，必须借助辅助设备临时固定悬臂段。这种方法对钢筋混凝土或钢管混凝土主拱圈的施工都适用。常用的起重设备有以下两种。

（1）缆索吊装设备

缆索吊装设备主要由主索、工作索、塔架和锚固装置等四个基本部分组成。其中包括主索、起重索、牵引索、结索、扣索、缆风索、塔架及索鞍、地锚、滑车、电动卷扬机等设备和机具。

（2）伸臂式起重机

伸臂式起重机每拼接好一个节段，即用辅助钢索临时拉住，每拼完三节，便改用更粗的主钢索拉住，然拆除辅助钢索，供重复使用。这种方法适用于特大跨径的拱桥施工。

（三）转体施工法

转体施工法的特点是将主拱圈从拱顶截面分开，把主拱圈混凝土高空浇筑作业改为放在桥孔下面或者两岸进行，并预先设置好旋转装置，待主拱圈混凝土达到设计强度后，再将它就地旋转就位成拱。按照旋转的几何平面又可分为以下三种。

1. 平面转体施工法

这种施工方法特点是：将主拱圈分为两个半跨，分别在两岸利用地形作简单支架（或土牛拱胎），现浇或者拼装拱肋，再安装拱肋间横向联系（横隔板、横系梁等），把扣索的一端锚固在拱肋的端部（靠拱顶）附近，经引桥桥墩延伸至埋入岩体内的锚锭中，再用液压千斤顶收紧扣索，使拱肋脱模，借助环形滑道和手摇卷扬机牵引，慢速地将拱肋转体180°（或小于180°），最后再进行主拱圈合龙段和拱上建筑的施工。

2. 竖向转体施工法

当桥位处无水或水很浅时，可以将拱肋分成两个半跨放在桥孔下面预制。如果桥位处水较深，可以在桥位附近预制，然后浮运至桥轴线处，再用起吊设备和旋转装置进行竖向转体施工。这种方法最适宜钢管混凝土拱桥的施工。因为钢管混凝土拱桥的主拱圈必须先让空心钢管成拱后再灌筑混凝土，故在旋转起吊时，不但钢管自重相对较轻，而且钢管本身强度也高，易于操作。

3. 平-竖相结合的转体施工法

这种施工方法综合吸收了上述两种转体施工方法的优点，具体体现在以下几点：利用竖向转体法的优点，变高空作业为地上作业，避免了长、大、重安装单元的运输和起吊；利用平面转体法的优点，将全桥三孔分为两段，放在主河道的两岸进行预制和拼装，将桥跨结构的施工对主航道航运的影响减到最低程度；利用边孔作为中孔半拱的平衡重，使整个转体施工形成自平衡体系，免除了在岸边设置锚碇构造。

二、拱桥的有支架施工

（一）拱架

砌筑石拱桥或混凝土预制块拱桥，以及现浇混凝土或钢筋混凝土拱圈时，需要搭设拱架，以承受全部或部分主拱圈和拱上建筑的重量，保证拱圈的形状符合设计要求。拱架主要有钢桁架拱架、扣件式钢管拱架等。

1. 钢桁架拱架

（1）常备拼装式桁架形拱架

常备拼装式桁架形拱架是由标准节段、拱顶段、拱脚段和连接杆等用钢销或螺栓连接的，拱架一般采用三铰拱，其横桥向由若干组拱片组成，每组的拱片数及组数由桥梁跨径、荷载大小和桥宽决定，每组及各组间拱片由纵、横连接系联成整体。

（2）装配式公路钢桥桁架节段拼装式拱架

在装配式公路钢桥桁架节段的上弦接头处加上一个不同长度的钢铰接头，即可拼成各种不同曲度和跨径的拱架，在拱架两端应另加设拱脚段和支座，构成双铰拱架。拱架的横向稳定由各片拱架间的抗风拉杆、撑木和风缆等设备保证。

（3）万能杆件拼装式拱架

万能杆件拼装式拱架是用万能杆件补充一部分带铰的连接短杆，拼装时，先拼成桁架节段，再用长度不同的连接短杆连成不同曲度和跨径的拱架。

（4）装配式公路钢桥桁架或万能杆件桁架与木拱盔组合的钢木组合拱架

装配式公路钢桥桁架或万能杆件桁架与木拱盔组合的钢木组合拱架是由钢桁架及其上面的帽木、立柱、斜撑、横梁及弧形木等杆件构成。

2.扣件式钢管拱架

扣件式钢管拱架一般有满堂式钢管拱架、预留孔满堂式钢管拱架、立柱式扇形钢管拱架等几种形式。

扣件式钢管拱架的基础可以采用在立柱下端垫上底座，使立柱承重后均匀沉降并有效地将荷载传递给地基。但由于立柱数量较多，分散面宽，每根立柱所处的地基不相同，除按一般基础处理外，还可采取分别确定立柱管端承载能力的方法，使各立柱承载后的不均匀沉降控制在允许的范围内。

（二）模板

1.拱圈模板

拱圈模板（底模）的厚度应根据弧形木或横梁间距的大小而定，一般有横梁时为40mm～50mm，直接搁置在弧形木上时为60mm～70mm。有横架时为使顺向放置的模板与拱圈内弧线圆一致，可预先将木板压弯，但40m以上跨径拱桥的模板可不必事先压弯。

混凝土和钢筋混凝土拱圈模板在拱顶处应铺设一段活动模板，在间隔缝处应设间隔缝模板并在底模或侧模上留置孔洞，待分段浇筑完后再堵塞孔洞，以便清除杂物。拱轴线与水平面倾角较大地段，须设置顶面盖板，以防混凝土流失。

2.拱肋模板

拱肋模板的底模基本上与混凝土和钢筋混凝土拱圈相同，在拱肋间及横撑间的空档可不铺设底模。拱肋侧面模板一般先按样板分段制作，然后拼装于底模之上，并用拉木、螺栓拉杆及斜撑等固定。在安装时，应先安置内侧模板，等钢筋入模后再安置外侧模板，且应在适当长度内设置一道变形缝。拱肋盖板设置于拱轴线较陡的拱段，随浇筑进度装订。

（三）拱架卸落

1.拱肋卸落的程序和方法

拱架卸落的过程，就是由拱架支撑的拱圈的重力逐渐转移给拱圈自身来承担的过程，为了对拱圈受力有利，拱架不能突然卸除，而应按一定的卸架程序和方法进行。在卸架中，只有达到一定的卸落量时，拱架才能脱离拱圈体并实现力的转移。下面以满布式拱架为例，简述卸落程序。

拱架所需的卸落量 为拱圈体弹性下沉量与拱架弹性回升量之和，可通过计算得出。该卸落量 为拱顶卸落量，拱顶两侧各支点的卸落量按直线比例分配。为了使拱圈体逐渐均匀降落和受力，各支点和各循环之间分成几次和几个循环逐步完成。各次和各循环之间要有一定间歇。间歇后将松动的卸落设备顶紧，使拱圈体落实。满布式拱架可根据算出和分配的各支点的卸落量，从拱顶开始，逐步同时向拱脚对称卸落，横向的几个沙筒同时放沙，速度一致、统一指挥。要检视拱圈边棱，用两组水准仪测量拱顶及1／4点处的高程变化。

2. 卸架设备

为保证拱架能按设计要求均匀下落，必须设置专门的卸架设备。卸架用的设备在拱架安装时已预先就位，满布式拱架卸落设备则放在拱脚铰的位置。卸架设备常用木楔、木凳（木马）、沙筒（沙箱）等几种。

（1）木楔

木楔可分为简单木楔和组合木楔。简单木楔由两块1：6～1：10斜面的硬木楔组成。落架时，用锤轻轻敲击木楔小头，将木楔取出，拱架即可下落。它的构造最简单，但缺点是敲击时振动大，易造成下落不均匀。一般可用于中、小跨径拱桥。组合木楔由三块楔形木和拉紧螺栓组成。卸架时，只需扭松螺栓，则楔木徐徐下降。组合木楔的下落较均匀，可用于40m以下的满布式拱架或20m以下的拱式拱架。

（2）木凳（木马）

木凳是另一种形式简单的卸架设备。卸架时，只要锯去木凳的两个边角，在拱架自重作用下，木凳被压陷，拱架也随之下落。一般适用于跨径在5m以内的拱桥。

（3）沙筒

沙筒是由内装沙的金属（或木料）筒及活塞（又名顶心木，为木制或混凝土制）组成。适用于跨径大于30m的拱桥。卸落时靠沙从筒的下部预留泄沙孔流出。因此，要求沙干燥、均匀、清洁，沙筒与活塞间用沥青填塞，以免沙受潮。由于沙泄出量可以控制拱架卸落的高度，这样就能通过泄沙孔的开与关，分数次进行落架，使拱架均匀下降而不受振动。

三、拱桥的无支架施工

（一）缆索吊施工

缆索吊装施工是指采用缆索结构（单跨或双跨）吊运、安装桥梁的施工方法。缆索吊装具有跨越能力大，水平和垂直运输机动灵活，适应性广，施工稳妥、方便等优点，因而得到广泛采用，尤其在修建大跨径或连续多孔拱桥中更能显示这种施工方法的优越生。

缆索吊装施工主要用于预制安装的钢筋混凝土拱桥，同时，在劲性骨架施工中，拱桥的骨架安装、拱上结构安装、桁架、刚架拱桥施工甚至一般跨径的悬索桥加劲梁安装已得到广泛运用。

1. 主要设备和机具

缆索吊机的主要设备和机具有：承重索、起重索、牵引索、压塔索、缆风索、扣索、塔架（包括索鞍）地锚、滑轮、电动卷扬机及跑车等。

（1）主索（承重索）

主索（承重索）横跨桥渡，支撑于两塔架的索鞍上，吊运拱肋和其他构件的跑车支撑于主索上。主索根据吊运构件的重量、垂度、计算跨径（两塔索鞍中心距离）等因素进行截面计算。

（2）起重索

起重索用于控制吊运构件的运输。起重索承受吊重拉力，宜选用柔软耐磨、不易打结的钢丝绳。

（3）牵引索

牵引索用于牵引滑车（跑车）沿桥跨方向在承重索上移动（即水平运输）。

（4）缆风索

缆风索又称浪风索。缆风索有两种：一种是保证塔架纵横向的稳定，另_种是保证拱肋安装就位后的横向稳定及桥中线准确。塔架用的缆风索一般为后缆风及侧向缆风。

（5）塔架

塔架是用来提高承重索的临空高度及支撑各种受力钢索的结构物。由塔身、塔顶、塔底和索鞍等几个主要部分组成。塔身常用型钢或万能杆件组拼而成，也可用装配式公路钢桥桁节片（贝雷）等构件拼装而成。

（6）塔架基础

塔架基础一般采用浆砌片石或片石混凝土。塔底有铰接和刚接两种形式。底座设铰的塔架必须依靠缆风保持稳定。

（7）索鞍

索鞍通常使用的有滚动索鞍及滑动索鞍，设置在塔架顶上，用于放置承重索、起重索、牵引索等，可以减少钢丝绳与塔架的摩阻力，使塔架承受较小的水平力，减少钢丝绳的磨损。

（8）锚碇

锚碇亦称地垄或地锚，用于锚固承重索、锚索、起重索、牵引索、缆风索等。锚碇在吊装过程中，对安全有决定性影响，设计和施工都应高度重视，锚碇的尺寸大小和形式均必须通过设计和计算。

（9）滑轮

滑轮又称葫芦，有定滑轮、动滑轮、滑车、滑轮片、吊钩滑车及转向开口滑车等，可根据需要的尺寸以及载重量选用。

（10）跑车

跑车是在承重索上运行和起吊重物的装置，可用定型滑车制作，也可根据吊重的情况自行加工。跑车由跑车轮、起重滑车组和牵引系统三部分组成。

（11）电动卷扬机

电动卷扬机为牵引、起吊的动力设备，一般多用于起重索和牵引索。

（12）其他设备

其他设备包括倒链葫芦、花篮螺栓、钢丝卡子、千斤绳等。

2. 缆索吊施工工艺

缆索吊装施工主要包括拱肋预制、运输和吊装、主拱圈的安装、拱上建筑的砌筑、桥面构造的施工等主要工序。

拱桥的拱肋在河滩或桥头岸边分节预制后，送至缆索下面，由起重小车起吊送至桥位安装。为使端段基肋在合龙前保持在一定位置，在其上先用扣索临时系住，然后才能松开吊索。吊装应自一孔桥的两端向中间对称进行，在最后一节拱肋吊装就位，并将各接头位置调整到规定高程后，才能放松吊索并将各接头合龙，最后才能将所有扣索撤去。

吊装施工的成败，关键在于保证基肋（指拱肋、拱箱或桁拱片）有足够的强度和稳定性，不仅要按单根构件在运输和吊装时的情况复核其强度和稳定性，更重要的是按基肋合龙时及合龙后所承担的荷载，检算其强度和稳定性。

基肋吊装合龙要拟定正确的施工程序和施工细则。拱桥跨度较大时，最好采用双基肋或多基肋合龙。此时，基肋与基肋间的横系梁或横隔板必须紧随拱段的拼接及时焊接。必要时可在基肋的上下两面内侧设置临时交叉斜杆以缩短基肋的自由长度。端段拱肋就位后，除上端用扣索拉住使之不下坠外，还应在左右两侧各用一对风缆牵住以免左右摆动。

中段拱肋就位时，缓慢地松吊索，使各接头顶紧，尽量避免简支搁置和冲击作用。当拱肋分五段吊装时，由于最后一段就位时或多或少的简支作用，第一接头可能上升，而第二个接头可能下降，为此应在第一个接头下侧也设拉索牵住，以防失稳。

施工时一般在每一接头处都设一对横撑或一对横向风缆来加强基肋的稳定性，注意两侧横向风缆的角度要对称。

（二）劲性骨架拱圈浇筑施工

劲性骨架法是采用劲性材料（如角钢、槽钢等型钢）作为拱圈的受力钢材，在施工过程中，先把这些钢骨架拼装成拱，作为施工钢骨架，然后再浇筑混凝土，将钢骨架浇筑在混凝土内部形成型钢混凝土拱。该方法的优点是可减少施工设备的用钢量，结构整体性好，拱轴线易于控制，施工进度快。但结构本身用钢量大且用型钢量多，造价较高，目前较少采用。

劲性骨架法主要施工步骤为：劲性钢骨架制作、劲性钢骨架安装、拱圈混凝土浇筑、梁和吊杆安装。

1. 劲性钢骨架制作

劲性钢骨架采用16Mn型钢焊接制成，按照1：1大样分段冷弯成形，在大样架上拼焊成的钢骨架应进行探伤检测。

2. 劲性钢骨架安装

劲性钢骨架的安装关键应保证钢骨架在整个过程中的竖向和横向稳定f生。安装时需根据计算要求，设置横向联系，每段骨架采用八字风缆固定。

3. 拱肋混凝土浇筑

拱肋混凝土浇筑的关键是保证钢骨架在浇筑混凝土过程中的稳定性，需根据计算布置足够的横向连接系和横向风缆。拱肋混凝土在浇筑过程中，钢骨架会随浇筑位置发生轴线变形。为适应钢骨架变形，调整时可采用水箱压，避免混凝土开裂，应适当设置变形缝，待混凝土浇筑完成后，采用高强度混凝土填缝。

（1）钢管拱肋制作

①钢管卷制与焊接

钢板用火焰切割机切割，但应将热力影响部分去掉。拱肋及横撑结构外表面均应先进行喷丸除锈，按一级表面清理。钢板卷制前，应根据要求将板端开好坡口，将钢板送入卷板机卷制成直筒体，卷管方向应与钢板压延方向一致。压制钢管的失圆度和对口错边偏差均应满足相应施工规范的要求，将卷成的钢管纵向缝焊成直管。对焊成的直钢管应进行检查和校正，以确保组装的精度。

②拱肋放样和拱肋段的拼装

将半跨拱肋在混凝土地面上按1：1进行放样。沿放样的拱肋轴线设置胎架，在大样上放出吊杆位置、段间接头位置和混凝土灌注孔位置。拱肋钢管的纵向焊缝各管节应相互错开，并将纵向焊缝全部置于两肋板中间，以免外表面焊缝影响美观。拱肋分段长度主要考虑从工厂到工地的运输能力，分段长度一般为10m左右。

在拱肋上部钢管内施焊吊杆垫板、支架、吊杆套管和弹簧钢筋，对管段焊缝质量进行超声检测和X光拍片检查，对管段涂装防锈。对拱肋安装的吊点位置进行布置，并在吊扣点位置增设加劲板，以防圆管受荷时变形。

对各段端接头进行必要的加劲，以防止吊装时拱肋端头碰撞，局部变形，难以对接施焊。段间接头外部增设法兰盘螺栓连接，以便就位后作为临时连接。横向风撑等杆件与拱肋的焊接，应根据拱肋安装方法而定。

当整孔安装或半孔安装时，风撑应在工地安装前焊接完毕；当采用缆索安装时，风撑可在拱肋吊装完成后焊接分段拱肋。运至工地后，再进行放样，将几段拱肋拼成安装的长度。

（2）钢管拱肋混凝土浇筑

浇筑钢管拱肋内混凝土可采用泵送顶升浇灌法和吊斗浇捣法。泵送顶升浇灌法是在钢管拱肋、拱脚的位置安装一个带闸门的进料支管，直接与泵车的输送管相连，由泵车将混凝土连续不断地自下而上灌入钢管拱肋，无须振捣。采用吊斗浇筑时，在钢管拱肋顶部每隔4m开孔作为灌注孔和振捣孔。混凝土由吊斗运至拱肋灌注孔，通过漏斗灌入孔内，由插入式振捣棒对混凝土进行振捣。

灌注混凝土的配合比除满足强度指标外，还应注意混凝土坍落度的选择。

为满足坍落度要求，可掺入适量减水剂；为减少收缩量，可掺入适量的混凝土微膨胀剂。钢管内混凝土是否灌满，混凝土收缩后与钢管壁形成空隙往往是较令人担心的问题。采用小铁锤敲击钢管听声音的方法是十分简单和有效的。当小锤敲击发出声音异常时，可采用钻孔检查，也可用超声波进行检测，对有空隙部位进行钻孔压浆补强。大跨径钢管混凝土拱桥混凝土灌注可以分环或分段进行，灌注时应从拱脚向拱顶对称进行。大跨径拱肋灌注混凝土时应对拱肋变形和应力进行观测，并在拱顶附近配置压重，以保证施工安全。

第二节　斜拉桥施工技术

斜拉桥的施工包括索塔施工、上梁施工、斜拉索的制作三大部分。由于斜拉桥属于高次超静定结构，所采用的施工方法和安装程序与成桥后的主梁线形、结构恒载内力有密切的联系；在施工阶段随着斜拉桥结构体系和荷载状态的不断变化，结构内力和变形亦随之不断变化。因此，需要对斜拉桥的每一施工阶段进行详细分析、验算，求得斜拉索张拉吨位和主梁挠度、塔柱位移等施工控制参数的理论计算值。对施工的顺序做出明确规定，并在施工中加以有效管理和控制。

一、斜拉桥主要结构体系

斜拉桥是一种桥面体系受压，支承体系受拉的桥梁，它主要由上部结构的主梁（加劲梁）、桥塔和斜拉索以及下部结构的墩台组成。斜拉桥桥面体系用加劲梁构成，支承体系由斜拉索构成。斜拉桥的结构体系可根据主梁、斜拉索、索塔和桥墩的不同形式结合，形成4种不同的结构体系，下面作简要介绍。

（一）漂浮体系——塔墩固结、塔梁分离

主梁除两端有支承外，其余全部由拉索作为支承，成为在纵向可稍作浮动的一根具有多点弹性支撑的单跨梁。地震烈度较高的地区优先采用这种体系。

（二）半漂浮体系—塔墩固结、塔梁分离

在桥墩处主梁下设竖向支撑，半漂浮体系的主梁成为在跨内具有多点弹性支承的连续梁或悬臂梁。在经济上和美观上都优于漂浮体系。

（三）塔梁固结体系——塔梁固结、塔墩分离

塔梁固结并支承在桥墩上，主梁相当于顶面用拉索加强的一根连续梁或悬臂梁，主梁与塔内的内力和挠度同主梁和塔柱的弯曲刚度比值直接相关。该体系一般适用于小跨径斜拉桥。

（四）刚构体系——主梁、索塔、桥墩三者互为固结

梁、塔、墩固结，主梁成为在跨内具有多点弹性支承的刚构。该体系适用于地震烈度较低且无抗风要求的地区。

二、斜拉桥施工

（一）主塔施工

1. 钢主塔施工

钢主塔施工，应对垂直运输、吊装高度、起吊吨位等施工方法作充分考虑。钢主塔在工厂分段立体试拼装合格后方可出厂。主塔在现场安装，常常采用现场焊接接头、高强度螺栓连接、焊接和螺栓混合连接的方式。

经过工厂加工制造和立体式拼装的钢塔，在正式安装时，应予以测量控制，并及时用填板或对螺栓孔进行扩孔，调整轴线和方位，防止加工误差、受力误差、安装误差、温度误差、测量误差的积累。

钢主塔的防锈措施，可用耐候钢材，或采用喷锌层。但绝大部分钢塔都采用油漆涂料，一般可保持的使用年限为10年。油漆涂料常采用两层底漆，两层面漆。其中三层由加工厂涂装，最后一道面漆由施工安装单位最终完成。

2. 混凝土主搭施工

混凝土桥塔主要采用就地浇筑法，模板和支架的做法常采用支架法、滑模法、爬模法和大型模板构件法等。

3. 主搭施工测量控制

斜拉桥主塔一般由基础、承台塔座、下塔柱、下横梁、中塔柱、上横梁、上塔柱（拉

索锚固区）、塔顶建筑等八大部分或其中几部分组成。由于主塔的建筑造型千姿百态，断面形式各异，在主塔各部位的施工过程中，除了应保证各部位的几何尺寸正确之外，更重要的是应该进行主塔局部测量系统的控制，并与全桥总体测量系统接轨。

　　主塔局部测量系统的控制基准点，应建立在相对稳定的基准点上，如选择在主塔的承台基础上，进行主塔各部位的空间三维测量定位控制。测量控制的时间，一般应选择当天22：00至次日7：00日照之前的时段内，以减少日照对主塔造成的变形影响。

　　主塔局部测量系统的量测，一般常采用三维坐标法或天顶法。若主塔局部测量系统的基点选择在相对稳定的承台基础上，随着主塔高度增高及混凝土收缩、徐变、沉降、风荷载、温度等因素的影响，基准点必然会有少量的变化。为此应该在上述八大部位的相关转换点上，与全桥总体测量坐标系统接轨，以便进行总体坐标的修正，进行测量的系统控制。

　　（二）主梁施工

　　1. 主梁施工方法

　　斜拉桥主梁施工方法包括顶推法、平转法、支架法和悬臂法。四种施工方法的特点及适用性简述如下。

　　（1）顶推法

　　顶推法的特点是施工时需在跨间设置若干临时支墩，顶推过程中主梁反复承受正、负弯矩。该法较适用于桥下净空较低、修建临时支墩造价不大、支墩不影响桥下交通、抗压和抗拉能力相同、能承受反复弯矩的钢斜拉桥主梁的施工。对混凝土斜拉桥主梁而言，由于拉索水平分力能对主梁提供预应力，如在拉索张拉前顶推主梁，临时支墩间距又超过主梁负担自重弯矩能力时，为满足施工需要，需设置临时预应力束，在经济上不合算。所以，斜拉桥主梁的施工迄今国内尚无用顶推法修建的实例。

　　（2）平转法

　　平转法是将上部构造分别在两岸或一岸顺河流方向的矮支架上现浇，并在岸上完成所有的安装工序（落架、张拉、调索）等，然后以墩、塔为圆心，整体旋转到桥位合龙。平转法适用于桥址地形平坦、墩身矮和结构系适合整体转动的中小跨径斜拉桥。我国四川马尔康地区的金川桥是一座跨径为68m+37m，采用塔、梁、墩固结体系的钢筋混凝土独塔斜拉桥，塔高25m，中跨为空心箱梁，边跨是实心箱梁，该桥是采用平转法施工的。

　　（3）支架法

　　支架法是在支架上现浇、在临时支墩间设托架或劲性骨架现浇、在临时支墩上架设预制梁段等几种施工方法。其优点是施工简单方便，既能确保结构满足设计线形，又适用于桥下净空低、搭设支架不影响桥下交通的情况。

（4）悬臂法

悬臂法可以是在支架上修建边跨，然后中跨采用悬臂拼装法和悬臂施工的单悬臂法；也可以是对称平衡方式的双悬臂法。悬臂施工法分为悬臂拼装法和悬臂浇筑法两种悬臂拼装法，一般是先在塔柱区现浇一段放置起吊设备的起始梁段，然后用各种起吊设备从塔柱两侧依次对称安装节段，使悬臂不断伸长直至合龙。悬臂浇筑法，是从塔柱两侧，用挂篮对称逐段就地浇筑混凝土。我国大部分混凝土斜拉桥主梁都采用悬臂浇筑法施工。

综上所述，支架法和悬臂施工法是目前混凝土斜拉桥主梁施工的主要方法，前者适用于城市立交或净高较低的岸跨主梁施工；后者适用于净高很大的大跨径斜拉桥主梁的施工。

2.斜挂机主梁施工特点

（1）结构设计由施工内力控制

斜拉桥与其他梁桥相比，主梁高跨比很小、梁体十分纤细、抗弯能力差。由于挂篮重量大，当采用悬臂施工时，如果仍采用梁式桥传统的挂篮施工方法，梁、塔和拉索将由施工内力控制设计，很不经济。因此，考虑施工方法，必须充分利用斜拉桥结构本身特点，在施工阶段充分发挥斜拉索的效用，尽量减轻施工荷载，使结构在施工阶段和运营阶段的受力状态基本一致。

（2）横截面浇筑方法

对于单索面斜拉桥，一般都需采用箱形断面。若全断面一次浇筑，为减少浇筑重量，要在一个索距内纵向分块，并需额外配置承受施工荷载的预应力束。所以，一般做法是将横断面适当地分解为三部分，即中箱、边箱和悬臂板。

先完成包含主梁锚固系统的中箱，张拉斜拉索，形成独立稳定结构，然后以中箱和已浇节段的边箱为依托浇筑两侧边箱，最后用悬挑小挂篮浇筑悬臂板，使整体箱梁按品字形向前推进。对于双索面斜拉桥，主梁节段在横断面方向分为两个边箱和中间车行道板三段，边箱安装就位后就张拉斜拉索，利用预埋于梁体内的小钢箱来传递斜拉索的水平分力，使边箱自重分别由两边拉索承担，从而降低了挂篮承重要求，减轻了挂篮自重，最后安装中间桥面板并现浇纵横接缝混凝土。

（3）塔梁临时固结

为了保证大桥在整个梁部结构架设安装过程中的稳定、可靠、安全，要求施工安装时采取塔梁临时固结措施，以抵抗安装钢梁桥面板及张拉斜拉索过程中可能出现的不平衡弯矩和水平剪力。

（4）中孔合龙

为保证大桥中孔能顺利合龙，根据以往斜拉桥的成功经验，一般选择自然合龙的方法。以上海杨浦大桥为例，需要考虑以下几个方面。

①合龙温度的确定

大桥能否在自然状态下顺利合龙，关键是要正确选择合龙温度。该温度的持续时间能满足钢梁安装就位及高强螺栓定位所需的时间。

②全桥温度变形的控制

由于大桥跨度大，温度变形对中跨合龙段长度的影响相当敏感。因此，在整个施工过程中，应对温度变形进行监测，特别是对将接近合龙段时的中孔梁段和温度变形更应重点量测，找出温度变形与环境湿度的关系，为确定合龙段钢梁长度提供科学依据。

③合龙段钢梁长度的确定

设计合龙段长度原定为5.5m，在实际施工时再予以修正。其实际长度应为合龙湿度下设计长度加减温度变形量。

④合龙段的安装

合龙段钢梁的安装是一个抢时间、抢速度的施工过程，必须在有限的时间里完成，因此，在合龙前必须做好一切准备工作。钢梁应预先吊装就位，一旦螺孔位置平齐，即打入冲钉，施拧高强螺栓，确保合龙_次成功。

⑤临时固结的解除

中孔梁一旦合龙，必须马上解除临时固结，否则由于温度变化所产生的结构变形和内力，会使结构难以承受。因此，在合龙段钢梁高强螺栓施拧完后，应立即拆除临时固结。

（三）斜拉索施工

成形斜拉索由钢丝或钢绞线组成的钢索和两端的锚具组成。不同种类和构造的斜拉索两端需配装合适的锚具后才能成为可以承受拉力的斜拉索。斜拉索的锚具目前常用的有以下四种：热铸锚、墩头锚、冷铸墩头锚和夹片群锚。

配装热铸锚、冷铸锚、锄头锚（统称为拉锚式锚具）的斜拉索，可以事先将锚具装固到钢索两端，预制成斜拉索。

斜拉索可以在专门的工厂制作，然后盘运到桥梁工地，或在桥梁工地现场制作，拖拉到桥位直接进行挂索和张拉。斜拉索有单股钢绞式钢缆、半平行钢绞线索、半平行钢丝索、平行钢丝索及平行钢丝股索等。这类斜拉索可称作预制索或成品索。

配装夹片群锚的斜拉索，张拉时直接张拉钢丝，待张拉结束后锚具才发挥作用。因此，配装夹片群锚的平行钢筋索及平行钢绞线索必须在桥梁现场架设过程中制作，故可称为现制。

1.斜挂索的制作

制索工艺流程一般为：钢丝除锈→调直→应力下料→防护漆→穿锚→镦头→浇锚→烘锚拉索防护→超张拉→标定。

2.斜挂索的防护

（1）临时防护

钢丝或钢绞线从出厂到开始做永久防护的一段时间内，所需要的防护称为临时防护。国内目前采用的临时防护法一般是钢丝镀锌，即将钢丝纳入聚乙烯套管内，安装锚头密封后喷防护油，并充氮气，以及涂漆、涂油、涂沥青膏处理等。

具体实施可根据防锈蚀效能、技术经济比较、设备条件及材料种类决定。通常在钢丝或钢绞线穿入套管前，每根钢丝或钢绞线应在水溶性防腐油中浸泡或喷一层防腐油剂。在临时防护中，镀锌钢丝的锌层应均匀连续，附着牢固，不允许有裂纹、裂痕和漏块。此外，不镀锌处理的钢丝，在储存和加工期间应进行其他涂漆、涂油等临时防护措施。

（2）永久防护

从斜拉索钢材下料到桥梁建成的长期使用期间，应做永久防护。永久防护应满足防锈蚀、耐日光曝晒、耐老化、耐高温、涂层坚韧、材料易得、价格低廉、生产工艺成熟、制作运输安装简便、更换容易等要求。永久防护包括内防护与外防护，内防护是直接防止斜拉索锈蚀，外防护是保护内防护材料不致流出、老化等。

内防护所用的材料一般有沥青砂、防锈脂、凡士林、聚乙烯塑料泡沫和水泥浆等，这些材料各有优缺点。

外防护所用的材料亦各有优缺点，聚氯乙烯管质脆，抗冻和抗老化性能差，易破裂失效；铝管则需注水泥浆，而水泥浆的碱性作用易使铝管腐蚀；钢管作外套时本身尚需防腐蚀且笨重；多层玻璃丝布缠包套，目前效果尚可，但价格高，施工烦琐。

我国目前一般采用炭黑聚乙烯。在塑料挤出机中旋转挤包于斜拉索上而成的熟挤索套防护斜拉索方法，即PE套管法。所用高密度聚乙烯（PE）与其他方法所用材料相比有以下优点。

在设计寿命期限内能抵抗循环应力引起的疲劳，在聚乙烯树脂中加炭黑有效抵抗紫外线的侵蚀，与灌浆材料和钢材无化学反应，在运输、装卸、制造、安装和灌注时能抗损坏，能防止水、空气和其他腐蚀物质的入侵，徐变特性低；对周围环境有一定的适应性。

同时，黑色PE管的热膨胀系数大约是水泥浆和钢材的6倍。因此，为了控制温度变化并减小可能导致PE管损坏的不均匀应力，通常在PE管上缠绕或嵌套一层浅色胶带或PE面层。采用热挤索套不像PE管压浆工艺那样，存在斜拉索钢丝早期锈蚀，它可在很短的时间内完成防腐、索套制作、拉索密封等工艺。

总之，斜拉索防护绝大多数是在生产制作过程中完成的，与生产材料、工艺以及生产标准、管道等密切相关。故此，要做好斜拉索的防护工作，就必须严格控制生产的各个环节、工序，以确保斜拉索的质量。

3. 斜挂索的安装

（1）放索及索的移动

①放索

为方便运输及运输过程中对索的保护，斜拉索起运前通常采用类似电缆盘的钢结构盘将拉索卷盘，然后运输。对于短索，也有采取自身成盘，捆扎后运输的情况。根据斜拉索不同的卷盘方式，现场放常用的有立式转盘放索和水平转盘放索两种方式。

立式转盘放索：钢结构索盘放索时设置一个立式支架，在索盘轴空内穿上圆轴，徐徐转动索盘将索放出。

水平转盘放索：对于自身成盘的索，设置一个水平转盘，将索盘放在转盘动边将索放出。

在放索过程中，由于索盘自身的弹性和牵引产生的偏心力，会使转盘转动加速，导致散盘，危及施工人员的安全。所以，一般情况下，要对转盘设制动装置，或者以钢丝绳作尾索，用卷扬机控制放索。

②索在桥面上的移动

在放索和挂索过程中，要对斜拉索进行拖移，由于索自身弯曲，或者与桥面直接接触，在移动中就有可能损坏斜拉索的防护层或索股，为避免这些情况的发生，一般采取以下方法，移动时的对索进行保护。

若索盘是水上由驳船运来，对于短索一般直接将索盘吊到桥面上，利用放索支架放索，对于长索一般直接在船上设置放索支架放索。采用前者要在梁上放置吊装装备，采用后者则需要梁端设置转向装置以利于索的移动。对于现浇梁，转向装置设在施工挂篮上，若是拼装结构则设在主梁上，并且要求转向装置的半径不小于索盘半径，与梁体保持一定的距离。

辊筒法：在桥面上设置一条辊筒带，当索放出以后，沿辊筒运动。制作辊筒时，要根据斜拉索的布置及刚柔程度，选择适宜的辊轴半径，以免辊轴弯折，摩阻增加。平根之间要保持合理的间距，防止斜拉索与桥面接触。辊筒可与桥面固结，也可与斜拉索套筒固结，具体方法依施工现场情况而定。

移动平车法：当斜拉索上桥后，每隔一段距离垫一个平车，由平车载索移动。梁体顶面凹凸不平时会导致平车运动不便，所以平车的轮子不宜太小。与根筒法一样，平车也要保持合理的间距，避免斜拉索与桥面接触。

导索法：在索塔上部安装一根斜向工作悬索，当斜拉索上桥后，前端连接牵引索，每隔一段距离放置一个吊点，使斜拉索沿着导索运动，这种方法能省去大型牵索设备，可安装成卷的斜拉索。

垫层法：对于一些索径小、自重轻的斜拉索，可在梁面放索线上敷设麻袋、草包、地毯等柔软的垫层，就地拖移。

（2）斜拉索的塔部安装

单吊点法：斜拉索上桥面后，从索塔孔道中放下牵引绳，连接斜拉索的前端，离锚具下方一定距离设一个吊点，索塔吊架用型钢组成支架，配置转向滑轮

当锚头提升到锁孔位置时，采用牵引绳与吊绳相互协调，使锚头尺寸准确。牵引至索塔孔道后，穿入锚头固定。单吊点法施工简便、安装迅速，缺点是起重索所需的拉力大，斜拉索在吊点处弯折角度较大，故一般适用较柔软的短斜拉索。

多吊点法：同前述导索法。只要将导索法中的牵引索从预穿索孔中引出即可。多吊点法吊点分散、弯折小，在统一操作指挥下，可使斜拉索均匀起吊。因吊点较多，易保持索呈直线状态，两端无须用大吨位千斤顶牵引。

起重机安装法：采用索塔施工时的提升起重机，用特制的扁担梁捆扎拉索起吊。拉索前段由索塔孔道内伸出的牵引索，引入索塔斜拉索锚空内，下端用移动式起重机提升。起重机法操作简单快速，不易损坏拉索，但要求起重机有较大的起重能力，故一般适用于重量不大的短索安装。

分步牵引法：根据斜拉索在安装过程中索力递增的特点，分别采用不同的工具，将斜拉索安装到位。第一，用大吨位的卷扬机将索张拉端从桥面提升到预留孔外；第二，用穿心式千斤顶将其牵引至张拉锚固面。

在这个阶段前半部分，采用柔性张拉杆——钢绞线束，利用两套钢绞线夹具，系统交替完成前半部分牵引工作；牵引阶段的后半部，应根据索力逐渐增大的情况，采用刚性张拉杆分步牵引到位。分步牵引法的特点是牵引功率大、辅助施工少、桥面无附加荷载、便于施工。

总之，在以上各种挂索过程中，各种构件连接处较多，如锚头与拉杆、牵引头的连接滑轮与塔柱斜拉索的连接等。任何一处发生问题，就会发生事故，在施工中，应特别注意各处连接的可靠性。

（3）斜拉索的梁部安装步骤

同塔部安装，基本方法有如下两种。

吊点法：在梁上放置转向滑轮，牵引绳从套筒中伸出，用起重机将索吊起后，随锚头逐渐牵入套筒，缓缓放下吊钩，向套筒口平移，直至将锚头牵入套筒内。

拉杆接长法：对于梁部为张拉端的斜拉索安装，采用拉杆接长法比较方便。先加工长度均为1.0m左右的短拉杆与主拉杆连接（张拉杆连接），使其总长度超过斜拉索套筒加张拉千斤顶的长度。利用千斤顶多次运动，逐渐将张拉端拉出锚固面，并逐渐拆掉多余的短拉杆，安装锚固螺母。运用拉杆接长法，要加工一个组合螺母（张拉杆连接螺母）。采用这个螺母逐步锚固拉杆，直到将锚头拉出锚板后拆除。

4. 斜挂案调索张拉

根据目前的技术水平，国内外斜拉索锚具、千斤顶、斜拉索的设计吨位已达到"千吨"级水平，大吨位斜拉索整体张拉工艺已经十分成熟。无论是一端张拉还是两端张拉，一般情况下，都需在斜拉索端头接上张拉连接杆，之后使用大吨位穿心式千斤顶实施斜拉索的张拉调索。为方便施工，张拉杆都采用分节接长，而非整根通长。拉锚式斜拉索张拉索主要步骤包括以下几点。

第对张拉千斤顶和配置液压泵进行标定，同时，对预计的调整值划分级别。根据标定得出的张拉值和液压表读数之间的直线关系，计算并列出每级张拉值的相应的油表读数。

第二，对索力检测仪器进行标定。

第三，计算各级调整值并列出相应的延伸量。

第四，做好索力检测和其他各种观测的准备工作；将张拉工具、设备一一就位。

第五，先将千斤顶撑架用手拉葫芦等固定在斜拉索锚固面上，然后将千斤顶用螺栓连接支承在撑架上；将张拉杆穿过千斤顶和撑架，旋转在斜拉索锚头端，再将长拉杆上的后螺母从张拉杆尾端旋转穿进；将千斤顶与液压泵用油管接好，开动液压泵，使千斤顶活塞空升少许，如调索要求降低索力，可根据情况多升一定量；接着将后螺母旋至与活塞接触紧密处。如调索是在斜拉索锚头还未被牵出锚固面的情况下进行的，则上述过程已在牵索过程完成；如索力检测采用测量张拉杆拉力的方式，则应在张拉杆后螺母间安装穿心式压力传感器，测量张拉力。需要先将传感器从张拉杆后端插入，再摇张拉杆后螺母旋入。

第六，按预定级别的相应张拉力，通过电动液压泵进油逐级调整索力。如果是降低索力，则先进油拉动斜拉索，使锚环能够松动，在旋开锚环后可回油使斜拉索索力降低。在调索过程中，如千斤顶达到行程允许伸长量，即可将斜拉索锚头的锚环旋紧，使其临时支承于锚固支承面上，这时千斤顶可回油并进行下一行程的张拉。如果调索是在斜拉索锚头还未牵出其锚固面的情况下进行的，则临时锚固由叠撑在锚环上的张拉杆前螺母，即两半边螺母承担临时锚固张拉调索过程中，应以检测、校核数据，配合液压表读数，共同控制张拉力，并对结果随时观测，以防不正常情况发生。

第三节　悬索桥施工技术

悬索桥也称吊桥，主要用悬挂在两边塔架上的强大缆索作为主要承重结构。在竖向荷载作用下，通过吊杆使缆索承受很大的拉力，在两岸桥台的后方修筑非常巨大的锚碇结构。悬索桥的钢缆易于运输，结构的组成构件较轻，便于无支架悬吊拼装。对于山岭地区和遭受山洪泥石冲击等威胁的山区河流以及大跨径桥梁，在修建其他桥梁有困难的情况下，往往采用悬索桥。

一、悬索桥概述

（一）悬索桥的受力特点

悬索桥的主要受力构件是锚碇、索塔、缆索系统以及加劲梁等。成桥后作用在桥面上的竖向荷载一部分由加劲梁承担，一部分通过吊索传递给主缆。主缆在塔顶由主索鞍提供支撑，并通过主索鞍将荷载传递给索塔，索塔传递给基础。主缆在两端的强大拉力通过锚碇来平衡，并通过锚碇将拉力传递给地基。

悬索桥属于柔性桥梁结构体系，刚度小、变形大，具有较强的非线性受力特征。从构件受力的重要性出发，可将悬索桥的各部件分为第一体系、第二体系、第三体系。

主缆是第一体系的主要承重构件，承担由吊杆传递来的桥面荷载及恒载，以受拉为主。主缆通过塔顶鞍座悬挂在索塔上，两端锚固于锚体上。主缆是柔性构件，但主缆的恒载拉力提供了强大的重力刚度，使其成桥后的桥梁总体刚度满足桥梁规范的要求。

索塔是第一体系的主要承重构件，主要起支撑主缆的作用。悬索桥的恒载和活载均通过索塔传递给基础。锚碇是主缆的锚固体，属于第一体系的承重结构，它将主缆的拉力传递给地基，通常有重力式锚碇和隧道式锚碇。重力式锚碇依靠巨大的自重来抵抗主缆的竖向分力，水平分力由锚体与地基的摩阻力抵抗。隧道式锚碇是将主缆拉力直接传递给围岩。

悬索桥的加劲梁属于第二体系的承重构件，以受弯为主。其主要功能是提供桥面和防止桥梁发生过大的挠曲变形和扭转变形。加劲梁直接承受桥面荷载。

吊索属于第三体系的构件，主要作为传力结构，主要受拉。其主要功能是将桥面上的活载以及恒载，通过索夹传递到主缆上。吊索的上端通过索夹与主缆相连，下端与加劲梁相连。

（二）悬索桥的分类

1.按悬吊球数划分

根据悬吊跨数不同，悬索桥可分为单跨悬索桥、三跨悬索桥、四跨悬索桥和五跨悬索桥，其中单跨悬索桥和三跨悬索桥最为常用。

（1）单跨悬索桥

单跨悬索桥常用于高山峡谷地区，两岸地势较高而采用桥墩支撑边跨更为经济，或者道路的接线受到限制，使得平面曲线布置不得不进入大桥边跨的情况。就结构特性而言，单跨悬索桥由于边跨主缆的垂度较小，主缆长度相对较短，对中跨荷载变形控制更为有利。

（2）三跨悬索桥

三跨悬索桥是目前国际工程实例中应用最多的桥型，世界上大跨度悬索桥几乎全采用这种形式。不仅是因其结构受力特征较为合理，同时，也因其流畅对称的建筑造型更符合人们的审美观。

（3）多跨悬索桥

相对于三跨悬索桥而言，四跨和五跨悬索桥又称为多跨悬索桥，这种桥型由于结构柔性大，固有振动频率较低，难以满足特大跨度悬索桥的实力及刚度需要，因而也就不具备实用优势，世界上几乎没有这类特大桥工程的实例。

在建桥条件需要采用连续大跨布置时，可以用两个三跨悬索桥联袂布置，中间共用一座桥的锚碇锚固这两桥的主缆。美国的旧金山——奥克兰海湾大桥和日本本州四国联络线中的南北备赞大桥即采用此形式。当建桥条件特别适于作连续大跨布置而采用四跨悬索桥时，其中央主塔为满足全桥刚度要求通常需要做A形布置，相应的塔顶主缆须采取特殊锚固措施，以克服两侧较大的不平衡水平拉力。

2. 按主缆的锚固方式划分

根据主缆的锚固方式的不同，悬索桥可分为地锚式悬索桥和自锚式悬索桥。

（1）地锚式悬索桥

通常所讲的绝大多数悬索桥都采用地锚式锚固主缆，即主缆通过重力式锚碇或岩隧式锚碇将荷载产生的拉力传至大地来达到全桥的受力平衡，这是大跨度悬索桥最佳的受力模式。

（2）自锚式悬索桥

在较小跨度的悬索桥中，也有个别以自锚形式锚固主缆的，这种自锚式悬索桥的主缆，在边跨两端将主缆直接锚固于加劲梁上，主缆的水平拉力由加劲梁提供轴压力自相平衡，不需要另外设置锚碇。这种桥式的加劲梁要先于主缆安装施工，实践中因施工困难、经济性差等原因，一般很少采用。

3. 接悬吊方式划分

采用竖直吊索并以钢桁架作加劲梁；采用三角布置的斜吊索，并以扁平流线形钢箱作加劲梁，也有呈交叉形布置的斜吊桥；混合式，即采用竖直吊索、斜吊索和流线形钢箱梁作加劲梁。除了有一般悬索桥的缆索体系外，还设有若干加强的斜拉索。

4. 按支承结构划分

如果按加劲梁的支承结构来分，又可分为单跨两铰加劲梁悬索桥、三跨两铰加劲梁悬索桥及三跨连续加劲梁悬索桥等。

二、悬索桥施工

（一）塔柱施工工艺

钢塔柱一般用钢板先预制连接成格子形截面的节段，节段在现场吊装拼接成塔柱。早期的钢塔柱无论节段内还是节段间的连接均采用铆接，构建加工精度要求高。随着栓焊技术的发展，钢塔节段在工厂焊接制造，然后将节段运输到工地架设并用高强螺杆来连接。

钢塔柱一般支承在一块厚钢板上，厚钢板与桥墩混凝土拴接并把塔柱压力均匀传递到桥墩中去。现在也有在桥墩混凝土中埋设锚固构架，塔柱用高强螺栓锚固在构架上，通过构架将压力均匀传递到混凝土中去的做法。

混凝土塔柱的施工与斜拉桥塔柱施工相同，一般以就地浇筑为主，采用滑模爬模等技术连续浇筑。

（二）锚碇施工

悬索桥主缆索股锚固形式分为自锚式和地锚式。自锚式是将主缆索股直接锚于加劲梁上，无须使用锚碇结构，一般仅适用于中小跨径悬索桥。地锚式则将主缆索股锚于重力式锚碇、隧道锚碇或直接锚于坚固的岩体上。此处所讨论的锚碇是指地锚式悬索桥锚固主缆的重要结构物。

锚碇是锚块基础、锚块、钢缆的锚碇架及固定装置等的总称。它不仅抵抗来自主缆的竖直反力，而且抵抗主缆的水平力，是悬索桥区别于其他桥梁的独有结构，直接关系到悬索系统的稳定。锚块是直接锚固主缆的结构，它通过锚固系统将主缆索股拉力分散开。锚块与其下面的锚块基础连成一体，用于抵抗因主缆拉力产生的锚碇滑动及倾倒。锚碇主要有重力式锚碇、隧道式锚碇等。目前，世界上已建悬索桥绝大部分采用的是重力式锚碇。这除了与锚碇所处的地形、地质条件有关外，还与主缆架设方法、锚碇施工方法有关。

一般而言，若锚碇处有坚实岩层靠近地表，则修建隧道式锚碇（或称岩洞式锚碇）可能比较经济。美国华盛顿桥新泽西岸锚碇是隧道式的，其混凝土用量仅为纽约岸锚碇（重力式）的21%，但隧道式锚碇有传力机理不明确的缺点。若有坚实基岩层靠近地表，也可采用重力式锚碇，让锚块嵌入重基岩，使位于锚块前的基岩凭借承压来抵抗主缆的水平力。例如，汕头海湾大桥设计为力前锚式锚碇，虎门大桥的东锚碇设计为山后重力式锚碇。

（三）主缆施工

1. 主缆架设

悬索桥的钢缆有钢丝绳钢缆和平行线钢缆。钢丝绳钢缆适用于中、小跨度的悬索桥，平行线钢缆适用于主跨为500m以上的大跨悬索桥。平行线钢缆根据架设方法分为空中送丝法和预制索股法两种。

（1）空中送丝法架设主缆

①架设方法

空中送丝法架设主缆是在桥两岸的索塔和锚碇等都已安装就绪后，沿主缆设计位置，在两岸锚碇之间布置一无端牵引绳，将牵引绳的端头连接起来，形成从这一岸到那岸的长绳圈。其主要架设方法如下。

第一，将送丝轮扣牢在牵引绳上，且将缠满钢丝的卷筒放在一岸的锚碇旁，从卷筒中抽出钢丝头，暂时固定在靴跟处（称为"死头"）。

第二，继续将钢丝向外抽，由死头、送丝轮和卷筒将正在输送的丝形成一个钢丝套圈，用动力机驱动牵引绳，于是送丝轮就带着钢丝送向对岸。

第三，在钢丝套圈送到对岸时，用人工将套圈从送丝轮上取下，套到其对应的靴跟上。

第四，随着牵引绳的驱动，送丝轮又被带回这岸，取下套圈套在靴跟上，然后又送向对岸。

第五，这样循环进行，当其套在两岸对应靴跟上的丝数达到一根丝股钢丝的设计数目时，就将钢丝"活头"剪断，并将该"活头"与上述暂时固定的"死头"用钢丝连接器连起来。即完成了一根丝股的空中编制。

②空中送丝法施工注意事项

空中送丝法扩缆每一丝股内的钢丝根数为300根～600根，再将这种丝股配置成六角形或矩形，挤紧而成为圆形。空中送丝法架设主缆施工必须设置猫道、配备送丝设备，还需有稳定送丝的配套措施。为使主缆各钢丝均匀受力，应分别对钢丝长度和丝股长度进行调整，还应及时进行紧缆和缠缆。

（2）预制索股法架设钢缆

①架设方法

预制索股法架设钢缆的目的是使空中架线工作简单化。索股预制股每束61丝、91丝或127丝，再多就过重。两端嵌固热铸锚头在工厂预制，先配置成六角形，然后挤紧成圆形。

②索股线形调整步骤

第一，垂度调整应在夜间温度稳定时进行。温度稳定的条件为：长度方向索股的温差不大于27，横截面索股的温差不大于1℃。

第二，绝对垂度调整，应测定基准索股下缘的标高及跨长、塔顶标高及变位、主索鞍预偏量、散索鞍预偏量。主缆垂度和标高的调整量，应在确定气温与索股温度等值后经计算确定。基准索股标高必须连续3d在夜间温度稳定时进行测量，3次测出结果误差在容许范围内时，应取3次的平均值作为该基准索股的标高。

第三，相对垂度调整，应按与基准索股若即若离的原则进行。

第四，垂度调整允许误差，基准索股中跨跨中为 $\pm 1/20000$ 跨径；边跨跨中为中跨跨中的两倍；上下游基准索股高差10mm；一般索股（相对于基准索股）为−5mm～10mm。

第五，调整合格的索股不得在鞍槽内滑移。索股锚头入锚后应进行临时锚固。索股应设一定的抬高量，抬高量宜为200mm～300mm，并做好编号标志。

第六，索力的调整应以设计提供的数据为依据，其调整量应根据调整装置中测力计的读数和锚头移动量双控确定。实际拉力与设计值之间的允许误差应为设计锚固力的3%。

2. 主缆防护

首先，主缆防护应在桥面铺装完成后进行。防护前必须清除主缆表面灰尘、油污和水分等，并设置临时覆盖。待涂装及缠丝时再揭开临时覆盖。其次，主缆涂装应均匀，严禁遗漏。涂装材料应具有良好的防水密封性和防腐性，并应保持柔软状态，不硬化、不脆裂、不霉变。最后，缠丝作业宜在二期恒载作用于主缆之后进行，缠丝材料以选用软质镀锌钢丝为宜。钢丝缠绕应紧密均匀，缠丝张力应符合设计要求。缠丝作业应由电动缠丝机完成。

（四）加劲梁架设

悬索桥的加劲梁一般采用钢结构，早期以钢桁梁为主，个别中小跨度的悬索桥采用钢板梁。由于钢板梁的抗风性能不佳，自采用钢板梁的美国塔科玛老桥被风振毁后，世界各国在较大跨度的悬索桥中不再采用钢板梁。

1. 加劲梁断面形式

现阶段，加劲梁主要有钢桁梁（桁架式加劲梁）和钢箱梁（钢箱式加劲梁）两类。

钢箱梁的抗风性能较好，风阻吸收仅为钢桁梁的 $1/4～1/2$，且耗钢量较少；钢桁梁在双层桥面的适应性方面远较钢箱梁优越，适用于交通量较大、公铁两用或其他特殊条件下的悬索桥。

与一般钢桥相同，钢桁梁或钢箱梁均在工厂内制造，运输到现场后通过节段间现场连接的方法成桥。加劲梁的制造节段长度一般与钢桁梁的节间长度或其纵向吊索间距相同。

2. 加劲梁架设安装顺序

加劲梁的架设安装顺序主要有两种形式：一种是从主跨跨中及两侧桥台向索塔的两侧推进；另一种是从索塔两侧分别向主跨跨中及两侧桥台推进。拼装顺序应能保证塔顶纵向位移尽可能较小，梁段的竖向变位起伏小，并有利于抗风稳定。

随着悬索桥施工实践的日益增多，加劲梁架设顺序也在不断发展。例如，日本的明石海峡大桥分别采用两种顺序进行架设。但无论采用哪种架设顺序，均须考虑主缆变形对加劲梁线形（高程）的影响，应在施工前尽可能先做模型试验与必要的计算分析，再结合各桥的特点加以确定。

3. 缆载吊机

加劲梁架设的主要工具是缆载吊机，其由主梁、端梁及各种运行提升机构组成。缆载吊机横跨并支承在两主缆上，其主梁跨度即为两主缆的中心距。

梁段用驳船浮运到安装位置的下方，提升梁上的卷扬机，放下提升钢丝绳。钢丝绳通过平衡梁与加劲梁节段连接。卷扬机将梁段提升到吊索位置后，将吊索下端与梁段上的吊点连接，同时，将本段梁段与相邻梁段临时铰接，然后松开平衡梁，本梁段即吊装完毕。

主缆是柔索结构，当只有部分梁段悬吊在主缆上时挠度很大，已吊装的加劲梁将产生很大的弯曲变形。如果梁段吊装到位后即与相邻梁段连接，贝U加劲梁将承担很大的弯曲应力，容易造成结构破坏。

为此，梁段吊装到位后只在上缘与相邻梁段形成铰接，下缘在吊装期间张开。随着吊装梁段的增加，主缆的局部挠度减小，加劲梁下缘的间隙逐渐闭合，待梁段全部吊装完成或大部分完成后，在相邻节段间永久固结连接。此时，加劲梁恒荷载完全由主缆承担，加劲梁只承担节段内的局部弯矩。

（五）施工阶段线形及内力控制

悬索桥施工过程中必须对塔柱弯矩、主缆线形及加劲梁线形加以控制，以使成桥时塔柱基本只承担竖向力，主梁线形达到道路线形要求。

在空缆状态下，主缆无论在中跨还是在边跨均为悬链线，当加劲梁安装完毕后，恒载接近于均布荷载，主缆线形接近于二次抛物线。在两种线形之间转换时主缆将向中跨移动，因此，塔顶的索鞍在加劲梁架设期间，必须可以在纵桥向移动，待架设完毕后再与塔顶固结。

主缆的长度是从成桥状态考虑成桥温度后，用无应力法计算得到的。再根据索股在主缆中的位置计算索股的长度，编索时先确定标准丝的长度，其余钢丝按照标准丝定长度。

空缆的形状根据缆索的总长及中跨与边跨主缆水平分力相等的原则确定。空缆线形与成桥线形比较后可以得到索鞍在架设期间移动的距离。有了空缆线形后即可进行加劲梁吊装过程模拟计算，从而得到吊装过程中主缆、加劲梁的线形控制值，结果将用于现场操作控制。现场控制时将现场实测值与计算值比较，控制架设精度。

第七章　桥梁检测设备与传感器

第一节　一般工具与设备

一、桥梁检测车

桥梁检测车是一种可以在检测过程中为桥梁检测人员提供作业平台，装备有桥梁检测仪器，用于流动检测和维修作业的专用汽车，其工作原理是由液压系统将工作臂弯曲深入桥面下对桥梁进行检测。桥梁检测车可以随时移动位置，能安全、快速、高效地让检测人员进入作业位置进行流动检测或维修作业。工作时不影响交通，而且可以在不收回臂架的情况下慢速行驶。桥梁检测车由汽车底盘和工作臂组成，目前有东风底盘桥梁检测车、欧曼底盘桥梁检测车等。根据专用工作装置的不同，桥梁检测车主要分为吊篮式和桁架式两种。

吊篮式桥梁检测车也称折叠臂式桥梁检测车，其结构小巧，受桥梁结构制约少，工作灵活，既可检测桥下，也可升起检测桥梁上部结构，可有线／无线操作，灵活方便，有时候还可以作为高空作业车使用，价格相对桁架式桥检车低。工作时在桥下为点阵式检测，作业平台是装在臂架顶端的一个吊斗，作业面积较小，只可容纳2~3名人员作业，载质量一般只有200~300kg，在工作过程中，检测和维修人员不能自由地上下桥，只有将吊篮收回到车上后才能实现，检测过程中作业幅度小，还需要经常移动和旋转吊篮，作业效率相对较低。

桁架式桥梁检测车采用通道式工作平台，稳定性好，承载能力大，可以在桥下形成独立工作平台，方便工作人员行走。其在底盘上加装了稳定器机构、自行走式支撑脚轮、固定式配重，最大限度地保证了操作人员的安全。其具有实施检测作业方便、不中断交通、工作机动灵活、作业效率高、操作方便、安全可靠性高等突出优点。桁架式桥梁检测车按使用形式又可分为车载式（也称自行式）和拖挂式两种。车载式桥梁检测车的专用工作装置安装在汽车底盘上，加装控制系统与二类汽车底盘构成一体；拖挂式桥梁检测车则需由载货汽车或其他汽车拖动行驶。

二、钢筋位置探测仪

钢筋位置探测仪是可以直观显示钢筋分布、显示钢筋位置以及保护层厚度的仪器，其主要由探头、主机以及相关附件组成。其中探头的核心是一个线圈，线圈和混凝土中的钢筋构成一个相互作用的电磁模型。线圈在主机励磁电源下向外辐射电磁场，钢筋在外界电场作用下产生沿钢筋分布的感应电流，使电流的输出电压发生变化。它的原理是电磁感应原理，即将载有交流支线圈探头置于金属料件附近，使金属导体在其交换磁场部分，产生无数漩涡状的涡电流，造成局部电磁场强度发生变化。电磁场强度的变化和金属物大小与探头距离存在一定的对应关系。如果把特定尺寸的钢筋和所要调查的材料进行适当的标定，通过探头测量并由仪表显示出这种对应关系，即可估测钢筋位置、深度和尺寸等物理性质。

当探测仪探头位于钢筋正上方，此时探头距离钢筋的距离最小，电动势达到极大值。因此，可以通过对扫描信号峰值的判断来准确确定钢筋的位置，随后即可定出钢筋的间距。此外，钢筋保护层厚度的检测确定与已知或未知钢筋直径有关，信号幅值 E 与钢筋直径 D 和探头到钢筋的直线距离 L（保护层厚度）有关，即 $E=f(D,L)$。当钢筋直径已知时，信号幅度 仅与探头到钢筋的直线距离 L 有关，一般探测仪都预先标定出信号幅值与钢筋直线距离的关系。当钢筋直径未知时，采用同时检测钢筋直径和保护层厚度的方法。此时，探测仪预先标定出每一种钢筋直径 D 的信号幅值 E 与钢筋距探头的直线距离 L 的关系式，并得到关于直径 D 与距离 L 的信号幅值 E 的二维矩阵。采用联合方程法或最小二乘法可解得所检测直径和保护层的厚度。

三、钢筋锈蚀仪

在正常情况下，由于混凝土材料呈弱碱性，混凝土中钢筋表面会形成一层薄的钝化膜，这层钝化膜为钢筋提供良好的保护层而不被腐蚀，所以钢筋混凝土结构的使用寿命长。然而，钢筋混凝土结构在长期使用的过程中由于复杂交变荷载的作用和温度应力的影响，其保护层开裂或逐渐剥落，空气中的二氧化碳、二氧化硫等气体进入裂缝中，使混凝土中的钢筋发生锈蚀，进而使钢筋有效截面面积减小、体积增大，从而导致混凝土膨胀、剥落、钢筋与混凝土的握裹力及承载力降低，直接影响混凝土结构的安全性及耐久性。因此，对混凝土结构内部钢筋锈蚀程度的检测是对桥梁结构安全评估鉴定的重要内容之一。

钢筋锈蚀仪是指采用电化学方法检测混凝土内部钢筋锈蚀的设备，目前电化学方法检测钢筋锈蚀的应用及仪器开发，几乎都以半电池电位法为基础。半电池电位法检测钢筋的自然腐蚀电位，腐蚀电位是钢筋上某区域的混合电位，其反映金属的抗腐蚀能力。处于不同化学状态的钢筋，其腐蚀电位是不同的。钢筋在钝化时，腐蚀电位升高，电位偏正；而由钝化转入活化状态时，其腐蚀电位降低，电位偏负。活化区（也称阳极区）和钝化区（也称阴极区）的最大电位差达500mV。由此，通过对腐蚀电位的测量可以判断钢筋的锈蚀程度。

四、非金属超声波检测仪

声波是物体机械振动状态（或能量）的传播形式。超声波振动频率在20kHz以上，超出了人耳听觉的上限（20000Hz），人们将这种听不见的声波称为超声波。通常以纵波的方式在弹性介质内会传播，是一种能量的传播形式，它的超声频率高、波长短，在一定距离内沿直线传播具有良好的束射性和方向性。

混凝土超声检测目前主要是采用"穿透法"，超声仪是超声检测的基本装置。非金属超声波检测仪由脉冲发生器、探头、接收放大器、处理电路及显示设置组成，其基本原理是利用高频电脉冲激励发射换能器产生超声波，超声波在混凝土中传播后被接收换能器接收，并转换成电信号显示在示波屏上。超声仪除了产生、接收、显示超声波外，还具有量测超声波有关参数的功能，如声传播时间、接收波振幅、频率等参数。

混凝土超声波检测仪主要应用于混凝土强度推定和混凝土结构缺陷检测两方面。超声法可以检测混凝土裂缝深度、不密实区域及蜂窝空洞、结合面质量、表面损伤层厚度、钢管混凝土内部缺陷，还可以对混凝土等材料力学性能检测。目前的非金属超声波检测仪除了可以测试声时、声速，可以观察声波波形、读取波幅。

第二节　位移、裂缝及线形测量设备

结构在外力作用下会产生变形，结构的各种静态变形，包括水平位移、竖向挠度、相对滑移、转角等都是桥梁结构检测中需要量测的重要内容。桥梁结构变形测试常用的仪器有位移计、电子水准仪及全站仪等。

一、机械式位移计

桥梁测试中最常见的位移测量仪表是百分表、千分表、张线式位移计和动挠度检测仪，这些仪表一般是机械式的，可以非常方便地直接测读结构的位移。

百分表和千分表等机械式位移计是利用精密齿条齿轮机构制成的通用长度测量工具。其工作原理都是利用顶杆、齿轮、滑轮、弹簧、指针和刻度盘等，将被测尺寸引起的测杆微小直线移动，经过齿轮传动放大，变为指计在刻度盘上的转动，从而读出被测尺寸的大小。它一般由传感结构、转换结构、指示装置及附属装置组成。

百分表的最小刻度值为0.01mm，量程通常为5mm或10mm，大量程的可达30～50mm，允许误差0.01mm；千分表的最小刻度值为0.001mm，量程通常有1mm或3mm，允许误差0.001mm。千分表和百分表的结构相似，只是增加了相应的放大齿轮，灵敏度提高了10倍。

使用时应注意选用刚度较大的支架，而且在使用时方向应保持垂直，并且与被测结构严格分离。还要注意选择合适的测量范围，使用之前要注意指针摆动正常和标定。

由位移计再配以其他机械装置可组成各种测量其他参数的仪器，如测量应变的千分表引伸仪、测量转角的测角器等。

（一）应变测量

这种方法用特制的夹具将位移计安装在结构表面，根据式（7-1），通过测量标距范围内纤维的伸长量再换算得到平均应变。位移计可以常被用来测定混凝土构件轴向应变，常用的测量标距为10～20m，具有精度高、量程大、标距大等特点，如图7-1所示。

$$\varepsilon = \frac{\Delta l}{l} \tag{7-1}$$

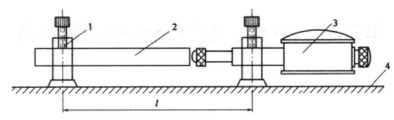

图7-1 位移计应变量测装置

1-金属夹头；2-顶杆；3-位移计；4-试件

（二）水准管式倾角仪

位移计可以配以水准管来测定转角，计算方法如式（7-2）所示。测量时将水准管一端铰接于基座，另一端通过弹簧片被顶在测微计的微调螺丝的下方，将仪器用夹具装在测点后，通过调节微调螺丝使水准管的气泡居中，使水准管处于水平，如图7-2所示。其特点是精度高、尺寸小，但受外界温度影响大，不宜受阳光暴晒。

$$\alpha = \arctan \frac{h}{l} \qquad (7-2)$$

式中：l——铰接基座与微调螺丝定点之间的距离；

　　　h——微调螺丝定点顶进或后退的位移。这种仪器最小读数有的可达$1'' \sim 2''$，量程为30。

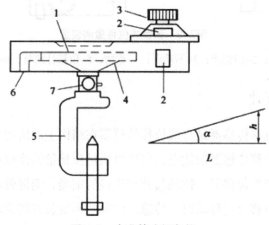

图7-2　水准管式倾角仪

1-水准管；2-刻度盘；3-微调螺丝；4-弹簧片；5-夹具；6-基座；7-活动铵

二、张线式位移计

张线式位移计是桥梁结构试验中测量较大位移的仪器（图7-3）。它的原理是在设计的测点高程上，水平铺设能自由伸缩并经防锈处理的钢管（热镀锌钢管），从测点引出线膨胀系数很小的不锈铟钢合金钢丝（安装在保护管内，直径0.3～0.5mm）至固定标点，经导向滑轮在引出线末端挂砝码，将铟钢丝张紧。当测点相对导向轮发生位移时，钢丝相对滑轮产生移动，在固定标点处用测尺或位移计测量钢丝的相对位移，即可测得测点相对于固定标点间的位移变化。张线式位移计算时应注意两个问题：一是质量块不宜太轻，否则钢丝会在风力作用下产生较大的摆动，直接影响测量结果的准确性；二是钢丝宜采用低松弛的材料。

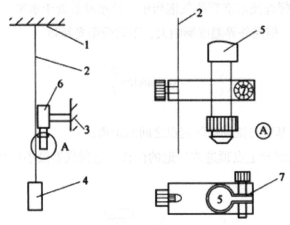

图7-3 张线式位移量测装置

1-结构上的测点；2-细钢丝；3-不动点；4-重物；5-位移计测杆；6-位移计；7-夹具

三、拉线式位移计

拉线式位移计的位移传感器是直线位移传感器在结构上的精巧集成。它充分结合了角度位移传感器和直线位移传感器的优点，可以将机械位移量转换成可计量的、成线性比例的电信号。被测物体产生位移时，拉动与其相连接的钢绳，钢绳带动传感器传动机构和传感元件同步转动；当位移反向移动时，传感器内部的回旋装置将自动收回绳索，并在绳索伸缩过程中保持其张力不变，从而输出一个与绳索移动量成正比的电信号。其主要用于桥梁、边坡、裂缝、建筑、地铁以及软基处理沉降的监测测量，可长期自动化监测。

四、激光位移计

激光位移计是利用激光以非接触方式测量对象物体的距离、尺寸、形状和振动等的仪器。它由激光器、激光检测器和测量电路组成。激光有直线度好的优良特性，激光位移传感器原理分为激光三角测量法和激光回波分析法。激光三角测量法一般适用于高精度、短距离的测量，而激光回波分析法则用于远距离测量。

（一）三角测量法

激光发射器通过镜头将可见红色激光射向被测物体表面，经物体反射的激光通过接收器镜头，被内部的线性相机接收，根据不同的距离，线性相机可以在不同的角度下"看见"这个光点。根据这个角度及已知的激光和相机之间的距离，数字信号处理器就能计算出传感器和被测物体之间的距离。采取三角测量法的激光位移传感器最高线性度可达1μm，分辨率更是可达到0.1μm的水平。

（二）回波分析法

激光位移传感器采用回波分析原理来测量距离以达到一定程度的精度。传感器内部是由处理器单元、回波处理单元、激光发射器、激光接收器等部分组成。激光回波分析法适合于长距离检测，但测量精度相对于激光三角测量法要低。

五、动挠度检测仪

桥梁动挠度的检测是目前桥梁检测技术的一个难点。目前，基于图像法的桥梁挠度检测仪能够在几百米范围测量桥跨动挠度。该仪器主要由测试头、控制器、靶标、标定器、聚焦镜头、三脚架等部分组成，采用图像法测量，能够满足各种桥梁的动挠度、振动位移测量。

图像法的基本原理是在桥梁的测试点上安装一个测试靶，在靶上制作一个光学标志点，通过光学系统把标志点成像在CCD（电荷耦合器件）的接收面上，当桥梁在通载作用下产生振动时，测试靶相应发生振动，通过测出靶上标志点在CCD接收面上图像位置的变化值，可以得到桥梁振动的位移值，其最小可测动态范围由CCD器件象元的分辨率决定，最大测量范围由镜头的视场角、光学系统放大率和CCD有效象元阵列长度决定。

通过光电转换、电荷储存、传输、输出后，对初始信号进行预处理，从而获得幅度正比于各像素所接收图像光强的电压信号；测量的图像信号经过量化编码后，经过运算处理，数据通过接口传输给计算机。通过专用软件进行数据处理计算，可得到被测桥梁在荷载作用下产生的纵向和横向位移及其对时间的响应曲线。在此基础上，可进一步通过频谱分析给出桥梁的强迫振动频率和固有频率，通过计算分析给出桥梁试验的冲击系数、横向转角等参数。

六、裂缝观测仪

对于钢筋混凝土桥梁结构，裂缝的产生和发展是桥梁结构行为的重要特征。确定混凝土结构的开裂荷载、裂缝宽度与分布形态，对研究结构的抗裂性能、变形性能及破坏过程均有十分重要的价值。一般地，裂缝出现前，检查裂缝出现的方法是借助于放大镜用肉眼观察；裂缝出现后，可采用读数显微镜或采用振弦式裂缝计量测裂缝宽度的发展变化。

（一）读数显微镜及裂缝卡

读数显微镜是光学透镜与游标刻度玻片等组成的复合仪器，其最小刻度值要求不大于0.05mm。其次，也有用印刷有不同宽度线条的裂缝标准宽度板（裂缝卡）与裂缝对比量测；或用一组具有不同标准厚度的塞尺进行试插对比。刚好插入裂缝的塞尺厚度，即裂缝宽度。后两种方法比较粗略，但能满足一般测试要求。

（二）数显式裂缝测宽仪

数显式裂缝测宽仪可以远距离非接触地找寻裂缝位置，并对裂缝宽度、长度、形状等进行观测测量，现场测出数据，对裂缝进行拍照，自动生成检测报告，大大提高了工作的效率。它的原理是采用进口高精密度光学镜头及大面阵高灵敏度CCD，配以超高亮度照明装置，通过高精度视觉系统获得裂缝图像，可以实现观测裂缝，并对裂缝图像采用先进的图像处理系统进行处理，以获得裂缝宽度和长度信息，实现对裂缝远距离、非接触式、高精度、高效率的测量。

七、水准仪

利用水准仪测量桥梁挠度的主要原理是借助于水平视线观察竖立在两点上的标尺读数，来测定两立点间的高差，可由已知点的高程推算出未知点的高程，得出桥梁待测点的挠度值。利用水准测量原理测定待测点高程的方法又可分为高差法和仪高法两种。高差法的测量原理如图7-4所示，其中利用水准尺可知A点的高程H_A，欲求未知点B点的高程H_B。在A、B两点竖直方向上安放两根水准尺，通过水准仪的可以分别读出A、B两点的读数为a和b，则A、B两点之间的高程高差h_{AB}为：

$$h_{AB} = a - b \tag{7-3}$$

于是未知点B点的高程H_B为：

$$H_B = H_A + h_{AB}$$
$$H_B = H_A + a - b \tag{7-4}$$

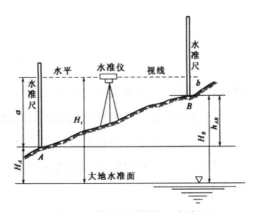

图7-4 高差法测量未知点高程

目前，桥梁检测常用的水准仪有精密光学水准仪和电子水准仪。

（一）精密光学水准仪

精密光学水准仪一般是指精度高于±1mm／km的光学水准仪，与一般光学水准仪相比，其特点是能够精密地整平和准确地读取读数，为此精密水准仪的水准器应具有较高的灵敏度，望远镜应具有良好的光学性能，配有光学测微器装置，视准轴与水准轴之间的联系稳定，受温度变化影响小。

（二）电子水准仪

电子水准仪又称数字水准仪，是以自动安平水准仪为基础，在望远镜光路中增加了分光镜和读数器（CCD线），并采用条码标尺和图像处理电子系统构成的光机电测一体化的水准仪。电子水准仪采用条码标尺，其读数采用自动电子读数，即利用仪器里的十字丝瞄准的电子照相机，当按下测量键时，仪器就会给瞄准并调焦好的标尺上的条码图片拍一个快照，并将其与仪器内存中的同样尺子的条码图片进行比较和计算，从而标尺的读数即可被计算并且保存。

目前，电子水准仪的照准标尺和调焦仍需目视进行。人工调试后，标尺条码一方面被成像在望远镜分化板上，供目视观测；另一方面通过望远镜的分光镜，又被成像在光电传感器上，供电子读数。由于各厂家标尺编码的条码图案各不相同，条码标尺一般不能互通使用。当使用传统水准标尺进行测量时，电子水准仪也可以像普通自动安平水准仪一样使用，不过这时的测量精度低于电子测量的精度，特别是精密电子水准仪，由于没有光学测微器，当作普通自动安平水准仪使用时，其精度更低。

电子水准仪的特点是读数客观，不存在误差、误记问题，没有人为读数误差。精度高，视线高和视距读数都是采用大量条码分划图像经处理后取平均得出来的，因此削弱了标尺分划误差的影响。多数仪器都有进行多次读数取平均的功能，削弱了外界条件影响。不熟练的作业人员也能进行高精度测量；速度快，省去了报数、听记、现场计算的时间以及人为出错的重测数量，测量时间与传统仪器相比可以节省1／3左右。效率高，只需调焦和按键就可以自动读数，减轻了劳动强度。视距还能自动记录、检核、处理，并能输入电子计算机进行后处理，可实现内、外业一体化。

八、全站仪

全站仪的全称是全站型电子监测仪，是集电子经纬仪、光电测距仪和数据记录装置于一体的测量仪器，还可以与计算机通信，利用全站仪专用软件可以进行水平角测量、竖直角测量、距离测量、坐标测量结果的计算。全站仪最早用在桥梁工程上是施工测量，一般测角精度2″～3″的机器居多，这种测角精度不能满足桥梁结构试验变形的要求。全站仪测量桥梁变形，特别是静力荷载作用下的变形，要求用高精度（测距精度达到毫米级，测角精度不大于1s）全站仪。但桥梁检测工程中测量桥梁变形主要关注相对精度，以3%相对精度计，如桥梁绝对位移有10cm，仪器至少应有3mm精度。有些中小桥绝对位移仅几毫米，即使选用最高精度的全站仪，其测量精度还是不尽如人意。

全站仪一般使用时都需要配合棱镜一起工作，但也有不需要棱镜的免棱镜全站仪，即全站仪无需照准反射棱镜、反射片等专用反射工具即可测距。全站仪都使用激光光源（LD）作为载波信号源，根据各厂家的免棱镜测距不同以及处于激光安全考虑，多使用波长约为690nm的LD。

免棱镜全站仪采用的测距模式分为相位比较式、脉冲式和脉冲相位比较式。其中相位比较式测距模式测距精度高、脉冲式测程远；脉冲相位比较式是近年来的新科技成果，测程远而且测距精度高。免棱镜全站仪适合不宜放置反射棱镜或者反射片的地方的测距。例如，观测悬崖、石壁等的滑坡、变形测量，隧道施工等；但免棱镜测距时由于受到激光束的限制，对角落或者深色表面物件的测距效果不太理想，通常出现不能进行正确测距或者测距误差大的情况。

九、倾角仪

倾角仪常用于各种角度的测量，其可间接测量桥梁挠度。利用倾角仪法测量桥梁挠度时应将倾角仪安装在待测点，加载前后其输出电压与倾角值成正比，因此可以利用倾角值来计算该待测点的挠度值。倾角法测量桥梁的挠度，并不同于传统的方法如百分表法、水准仪法直接测得桥梁某一点的挠度值，而是使用倾角仪测得桥梁变形时多个控制的截面的倾角，根据倾角拟合出倾角曲线，进行积分，利用最小二乘法就可以得到桥梁纵轴线方向的挠度值，进而得到挠度曲线，这样就可以求得桥梁上任意一点的挠度值。倾角法实际上是一种间接地利用倾角仪测量得到桥梁挠度的方法。倾角仪可以测量桥梁静态挠度值和动挠度。

利用倾角仪测量桥梁挠度曲线方程至少需要5个测点，每一跨支座处（或者支座附近）都应该布置倾角仪，其余倾角仪应该在整跨中均匀布置，均匀对称的布置方式便于计算，也有利于保证计算结果的准确性。利用倾角仪测量桥梁挠度，桥梁不需要静止的参考点，特别适于测量跨河桥、跨线桥、大型的跨海、跨峡谷桥梁和高桥，大大提高了测量效率。

十、连通管

根据连通管的原理，将一个面积相对较大的容器放置在桥墩等固定不变的位置上（基准点），连通管和桥梁紧密固定，管内装有液体，当桥梁发生竖向位移时各连通管也随桥梁一起移动，连通管液面与基准液面保持一致，读取连通管的液位差值即连通管处测点的位移值，即得到桥梁在该点的挠度值。目前，传统连通管法通常与适当的传感器（如光电液位传感器）相结合，进而实现自动的数据采集及处理，在许多大跨径桥梁位移测量中得到了应用。然而一般采用该法时成本较高，连通管里面的液体易受冻而导致测量精度降低。

十一、GPS测量

GPS（Global Position System）系统主要由空间星座部分、地面监控部分、用户设备部分组成，利用GPS技术可以观测至少4颗GPS卫星，可实现全天候的三维定位。GPS测量可基于GPS技术测量桥梁的挠度，桥梁的挠度检测一般利用差分GPS系统测量来减小大气等对测量结果的影响，差分GPS系统即通过两台或两台以上的流动站接收机对同一组相同的卫星进行观测，以其中一台接收机为基准点来确定另一台接收机的相对变化即为桥梁待测点空间位置的变化。

GPS接收机体积小，功耗低，GPS测量法可以实现远距离的三维测量，测量桥梁静态挠度值，观测结果精度可达到 ± 5mm；测量桥梁动挠度值，测量精度一般可达到 ± 40mm。虽然GPS测量法可以实现动态测量，但是动态测量的精度不高且测量设备价格较高，因此在实际应用中受到一定限制。

第三节　应变、温度与荷载测量技术

应变量测是结构试验的重要的量测内容。要测量结构在外力作用下内部产生的应力情况，必须先测定应变，而后通过材料已知的应力—应变关系曲线转算为应力值。应变的量测，通常是在预定的标准长度范围 L（称标距）内，量测长度变化增量的平均值 ΔL，由 $\varepsilon = \Delta L / L$ 可求得 ε，这是应变量测的基本原理。L 的选择原则应尽量小，特别是对于应力梯度较大的结构和应力集中的测点。但对某些非均质材料组成的结构，L 应有适当的取值范围。

一、手持式应变计

手持式应变计由金属支架、位移计（百分表或千分表）和伸缩调整装置三部分组成。它是一种机械式应变测量仪器，每次测量前，都必须在标准针距尺上标读，然后再在试物上测读，比较两者之间的差数，即为所求变形量。它的特点是便于携带，适合在现场使用，尤其适用于结构的长期变形测量，无论是结构制作过程中变形的测量，还是结构在受力过程中变形的观察。手持式应变计在使用时不能过分施加拉力和压力，以免位移计或弹簧片受损；测量过程中不宜更换测量人员或转换测量方向；试验结束后，仪器应放入盒中，以免灵敏度受到影响。

二、电阻应变片（计）

电阻应变测量技术前基本原理是将电阻应变片粘贴在被测构件上，当构件变形时，应变片与构件一起变形，致使应变计的电阻值发生相应的变化，通过测量装置，可将电阻值变化换算成电压变化信号，从而得到所需测量的应变值。

（一）电阻应变片原理与特点

电阻应变片由直径为0.02～0.05mm的康铜丝或镍铬丝绕成栅状夹在两层绝缘薄片中（基底）制成，具体构造如图7-5所示。

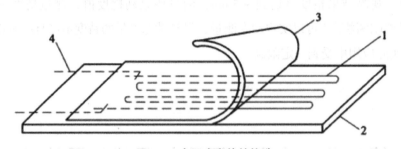

图7-5　电阻应变片的构造

1-敏感丝栅；2-基座；3-覆盖层；4-引出线

电阻应变片中，每一段确定长度和截面的金属丝都有一个电阻值R，即：

$$R = \rho \frac{L}{A} \qquad (7-5)$$

式中：ρ——金属丝的电阻率；

　　　　L——金属丝的长度；

　　　　A——金属丝的截面面积。

当金属丝受到拉力（压力）时，长度会增长（缩短），截面面积会减少（增大），电阻值也会发生相应的变化。

电阻应变片具有以下特点：灵敏度高，可以精确地分辨出1×10^{-6}应变，这个应变的量级对于钢材而言相当于0.2MPa的应力；标距小，粘贴方便，可满足布置空间需要，可以用来测量局部应力，可以小于1mm；质量小，可以在动态应力分析方面发挥独特作用；易实现自动、多点、同步测量，方便操作。但测量时导线多，易受温度电磁场影响。

（二）常用应变片

目前在实验室中较为常用的应变片有金属丝式应变片、箔式应变片、半导体应变片和应变花。金属丝式应变片最常用的形式为丝绕式。它的敏感元件是丝栅电阻丝，丝式应变片的尺寸从几毫米到几百毫米不等，阻值一般为50～400Ω。它的制造设备和技术都较简便，但横向灵敏度较箔式应变片为大（横向灵敏度会给测量带来一定的误差）。丝式应变片常用的金属材料是康铜、镍铬合金、铁镍铬合金和铂铱金等。

箔式应变片的敏感元件是通过光刻技术和腐蚀工艺变成丝状的一种金属箔栅。它的尺寸分布不均匀，有的只有零点几毫米，而有的可以达到几十毫米，阻值一般为60～1000Ω。它在性能上的优点是散热条件好，逸散功率大，可以允许较大电流、耐蠕变和漂移的能力强，易做成任意形状，但它的工艺较复杂，箔片的材料主要为康铜、镍铬合金等。

半导体应变片是根据压阻效应制造的。所谓压阻效应，是指对一块半导体材料的某一轴向施加一定的荷载而产生应力时，它的电阻率会发生变化，称为半导体的压阻效应。半导体应变片的突出特点是它的灵敏系数比一般的应变片高出50倍以上（可达140），可以使输出信号大大增强。此外，它的频率响应好，可以做成小型和超小型应变片，其为应变电测技术的发展开创了新的途径。其缺点是温度系数大，稳定性不及金属应变片。

应变花是一种具有两个或两个以上不同轴向敏感栅的电阻应变片，用于确定平面应力场中主应变的大小和方向。在两向应力状态时，需要测出一点的两个或三个方向的应变，才可求出此测点的主应力的大小和方向，这时需要使用粘贴在一个公共基底上、按一定方向布置的2～4个敏感栅组成的电阻应变片，这种应变片称为电阻应变花。

两种常见的应变花即直角应变花和等角应变花，它们是在一个公用的基底上重叠地粘贴3个彼此间相互绝缘的电阻丝，也可以用3个单独的应变片代替，如果被测试对象尺寸较大时，可以不必重叠而按照需要的角度粘贴在一个小范围内即可。

（三）应变片选用

根据应变测量的目的，被测试件的材料及其应力状态以及测量精度，选择应变片的形式。对于测试点应力状态是一维应力的结构，可以选用单轴应变片；对于二维应力结构，可以选用直角应变花，并使其中一条应变栅与主应力方向一致；如主应力方向未知，就必须使用三栅或四栅的应变花。

在选择应变片尺寸时应考虑应力分布、动静态测量、应变大小等因素。若材质均匀、应力梯度大，应采用栅长小的应变片；对于材质不均匀而强度不等的材料（如混凝土）或应力分布变化较为缓和的构件，应选用栅长较大的应变片。对于冲击荷载或高频动荷作用下的应变测量，还要考虑应变片的响应频率。

（四）应变片的粘贴步骤和防护

应变片粘贴时应按以下步骤进行。

1. 选片

首先检查应变片的外观，剔除敏感栅有形状缺陷，片内有气泡、霉斑、锈点的应变片，再用电桥测量应变片的电阻值，其精确度应达到0.1Ω。

2. 打磨

选择的构件表面待测点需经打磨，用砂轮磨平欲测的对象，用细铁砂纸抛光并达到光洁。

3. 画线

在被测点精确地用钢针画好十字交叉线以便定位。

4. 清洗

用浸有丙酮或酒精的药棉清洗欲测部位表面，清除油垢灰尘，保持清洁。

5. 粘贴

将选好的应变片背面均匀地涂在一层粘贴剂，胶层厚度要适中，然后将应变片的十字线对准欲测部位的十字交叉线，轻轻校正方向，然后盖上一层薄膜纸。用手指朝一个方向滚压应变片，挤出气泡和过量的胶水，保持胶层尽可能薄而均匀，再用同样的胶粘贴引线端子。

6. 干燥处理

应变片粘贴必须使粘贴剂充分干燥，以保证应变片能够传递试件的变形。干燥方法分为自然干燥和人工干燥，一般温度高于15℃、湿度低于60%时，在自然干燥条件下干燥24h即可；人工干燥就是用红外灯泡或电吹风烘烤，温度一般控制在50℃以下，干燥速度快。

7. 粘贴质量检查

粘贴质量主要指粘贴层的好坏、几何位置是否正确、粘贴层是否有气泡、引出线是否完好等。还有一个与粘贴质量有关的是试件与应变计引出线之间的绝缘度（绝缘度值至少要大于100MΩ，如果是测量试件较长的情况下，应在200MΩ以上）。

8. 固定导线

将应变片的两根导线引出线焊在接线端上，再将导线由接线端引出。

三、电阻应变测量的桥路组合

由机械应变引起的电阻应变计阻值的变化通常很小。若用$R=120\Omega$、$k=2.0$的电阻应变计来测量钢结构（$E_s=2.0 \times 10^5$MPa）的应变，当某点应力为100MPa时，应变计电阻值的变化ΔR为：

$$\Delta R = k \cdot R \cdot \varepsilon = 2\times120\times100 / 200000 = 0.12(\Omega) \tag{7-6}$$

如果要求测量的相对误差为1%，那么测量电阻变化的仪器的刻度值要求不大于0.00111；如果同样以0.001Ω的精度去测量1MPa的应力，误差就太大了，这样就产生了对测量灵敏度要求高且又要求量程大的矛盾。

（一）惠斯顿电桥

由于将应变等机械量转换为电阻的变化，这种变化是很微弱的，必须要采用高精度的测量电路——电桥测量电路。惠斯顿电桥是一种常见的电阻—电压转换装置，它能把应变计电阻的微小变化转换为适合放大和处理的电压。

（二）温度补偿

接入电桥的电阻应变片的电阻值随温度变化，这一变化同样会引起电桥输出电压，一般每升温1℃，应变放大器输出的变量可达几十$\mu\varepsilon$。显然，这是非受力应变，需要排除。这种排除温度影响的措施称为温度补偿。

根据应变电桥的输出特性，应用上不难对温度进行补偿，只要用一片与工作片（贴在被测件上的应变片）阻值、灵敏系数和电阻温度系数都相同的应变片，把它贴在一块与被测件材料相同而不受力的试件上，并使它们处于同一温度场，电桥连接时使工作片和补偿片处在相邻桥臂中，这样温度变化就不会造成电桥的输出电压。

补偿片可采用单点补偿多点的办法，具体补偿多少点要根据被测物的材料特性、测点位置及环境条件决定。一般桥梁应变测量（钢结构或混凝土），可以一点补多点。野外应变测试温度补偿时，必须注意大小范围温度场的不同或变化（如迎风面和背风面、桥面上方和下方等），对这种特殊场合的温度补偿一般要求一对一。有些实桥应变测试时，出现数据回零差、重复性差或飘移不稳等问题，很可能是由温度补偿不到位引起的，所以实桥温度补偿要求严格。

补偿片也可参与机械应变，只要知道补偿片与工作片所感受应变之间的比例关系，采取适当的桥路接法就能起到温度补偿的作用，有时还能提高电桥的灵敏度。这一方法称为温度自补偿。

（三）桥路组合

电桥桥路的灵敏系数与电桥的有源工作臂数目有关，数目越大，灵敏度越高，电桥的这一特性在实用中非常重要。可以通过合理选择贴应变计的位置、方位并调整应变计在桥臂上的组合，以便从比较复杂的组合应变中测出需求的成分而排除其他成分。这一调整的原则是，在满足特殊要求的条件下，选择测量电桥组合形式时，要优先选用输出电压较高、能实现温度互补偿且便于分析的组合。

四、振弦式应变计

振弦式（钢弦式）应变计的作用原理是以被张紧的钢弦作为敏感元件，利用其固有频率与张拉力的函数关系，根据固有频率的变化来反映外界作用力的大小。它的核心元件是一根钢弦，钢弦固定在上、下两夹块之间，用固紧螺钉固紧给钢弦施加确定的初始张力7，钢弦的中间固定软铁块、永久磁铁和线圈构成钢弦的激励器，同时兼作钢弦的拾振器。将钢弦放置在磁场中，用一定方法对钢弦加以激振后，钢弦将会发生共振，共振的弦线在磁场中做切割磁力线运动，因此会在振线圈中感应出电动势感应电势的频率就是振弦的共振频率。由力学原理知，钢弦的共振频率与弦线所承受的力或位移呈线性关系，因此测得钢弦的振动频率即可求出待测物理量（力或位移）。

钢弦应力与振动频率的关系为：

$$f = \frac{1}{2L}\sqrt{\frac{F}{m}} \tag{7-7}$$

式中 L——钢丝的长度；

　　F——拉力；

　　m——钢丝单位长度的质量。

振弦式应变计的测量范围根据其测试频率，一般为几千微应变，振弦式传感器自身构造简单，测试结果稳定，受温度影响小、抗干扰能力强，易于防潮，适用中长期观测，在桥梁施工监控中广泛应用，也经常应用于桥梁荷载试验的应变测试。在使用振弦式应变计进行应变测试时，事先要进行严格标定，建立频率与应变的相关关系。作为混凝土内部应变测试用途时，振弦式应变计绑扎在钢筋上，同时需做好防水和防机械损伤等处理。

五、磁通量荷载传感器

磁通量传感器是基于铁磁性材料的磁弹效应原理制成。即当铁磁性材料承受的外界机械荷载发生变化时，其内部的磁化强度（磁导率）发生变化，通过测量铁磁性材料制成的构件的磁导率变化，来测定构件的内力。磁通量传感器与常规传感器的主要不同点在于构件是传感器的一部分，它直接感应构件的磁特性变化来测量应力。

磁通量传感器可应用于斜拉桥斜拉索的索力测试，系杆拱桥的吊杆和系杆的索力测试，悬索桥的缆索体系的索力测试，预应力混凝土结构中的体外索和预应力筋的张力测试，锚杆索力测试等。安装要求传感器内径比构件的外径大3~7mm，以方便穿心安装。

第四节　基于应变测试的衍生传感器

在众多桥梁测试技术的传感器中，有很多传感器是由基本应变测试传感器衍生制作而来，它们具有相似的原理，如电阻应变式传感器、振弦式传感器、光纤光栅式传感器等，基于基本应变传感器可衍生出位移、荷载、裂缝等传感器。

一、电阻应变式传感器

电阻应变式传感器以电阻应变计为敏感元件，将被测物理量（如位移、荷载等）转换为电信号的器件。电阻应变式传感器一般由敏感元件、传感元件和测量电路三部分组成，具体为弹性元件、粘贴于其上的电阻应变片、输出电信号的电桥电路及补偿电路。其中感受被测物理量的弹性元件是关键，结构形式有多样，旨在提高感受被测物理量的灵敏性和稳定性。它的工作原理是当被测物理量在弹性元件上产生弹性变形（应变）时，粘贴在弹性元件表面的电阻应变计可以将感受到弹性变形转变成电阻值的变化，这样电阻式传感器就将被测物理量的变化量转变为电信号的变化量，再通过电桥电路及补偿电路输出电信号。通过测量此电量值达到测量非电量值的目的。

电阻应变式传感器特点是精度高，测量范围广，寿命长，结构简单，频响特性好，能在恶劣条件下工作，易于实现小型化、整体化和品种多样化，但对于大应变有较大的非线性，输出信号较弱。

电阻式应变式荷载传感器通过测量弹性体的应变，即可换算荷载的大小。为减少荷载偏心可能带来的误差，一般在弹性体上布置8片应变片，并配合全桥互补接法。电阻式应变式荷载传感器的结构形式有圆柱式、环式、悬臂梁式及轮辐式等。当荷载作用于传感器时，传感器的弹性体发生变形，弹性体上的应变片产生电阻应变效应，根据应变与荷载关系换算力值，即 $P = A\sigma = AE\varepsilon$（$A$为截面面积，$\sigma$为截面应力，$E$为弹性模量，$\varepsilon$为应变值）。

二、振弦式传感器

振弦式传感器以振弦式应变计为敏感元件，将被测物理量（如位移、荷载等）转换为敏感元件频率的器件。如振弦式裂缝传感器，通过两端支座固定于结构表面，当被测结构物发生变形（位移／开合度）时将会带动裂缝传感器变化，通过两端支座传递给振弦使其产生应力变化，从而改变振弦的振动频率，测出被测结构物裂缝的变形量，同时可同步测量埋设点的温度值。振弦式裂缝传感器可长期测量结构物裂缝（开合度／位移）变形，并可回收重复使用。

振弦式荷载传感器以被拉紧的钢弦作为敏感元件，元件的固有频率与拉紧力的大小有关，当弦的长度确定后，钢弦的振动频率的变化量即可表征拉力的大小，即输入是力信号，输出是频率信号。振弦式荷载传感器本身为高强度的合金钢圆筒，常应用于桥梁拉索、吊杆、锚杆等荷载测量。振弦式荷载传感器具有较强的抗干扰能力及零漂小、温度特性好、结构简单、分辨率高、性能稳定等特点。

三、光纤光栅式传感器

由于光纤光栅波长对温度与应变敏感，光纤光栅传感器可以实现对温度、应变等物理量的直接测量。与电阻应变式传感器、振弦式传感器相似，利用光纤光栅传感器同样可以实现对位移、荷载、裂缝、加速度等的间接测量。

如光纤光栅荷载传感器是在金属弹性体轴向，对称固定封装的光纤光栅传感器，并将传感器的尾纤首尾串接，以测量弹性体承受的荷载；同时，安装一个封装好的光纤光栅温度传感器用作温度补偿。

第五节　测振传感器

测振传感器又称换能器或拾振器，测振传感器固定在振动体上（即传感器的外壳固定在振动体上）与其一起振动；通过测量惯性质量相对于传感器外壳的运动，就可测得振动体的振动。感受的信号通过各种转换方式转换为电信号，转换方式有磁电式、压电式和电阻应变式等。所测的振动量通常有加速度和速度等。测量振动的传感器有两个作用：一是敏感作用，对被测对象某种物理量（如位移、速度、加速度或力）敏感，并完成对该被测量信号的拾取；二是变换作用，将被测非电量变换成电量输出，将这些描述机械振动量的物理量转换成电量（电流、电压、电荷）或电参数（电阻、电容、电感）的变化，然后输至"二次"仪表进行放大及记录、显示或分析。

按照被测物理量来分类测振传感器，可分为加速度传感器及速度传感器等。若按其在工作时与被测对象是否接触，可分为接触式与非接触式传感器。若按信号转换形式来分类，也可将测振传感器分为结构型和物性型。前者在测振过程中内部结构参数的变化导致有信号输出，如涡流传感器将金属位置的变化引起阻抗的变化导致输出；后者则结构参数不变，而是在测振过程中传感元件的物理性质的变化导致信号输出，例如压电式加速度传感器的晶体或陶瓷元件在测振过程中由于受力产生压电效应而有电荷输出。

在选用测振传感器的时候注意传感器的质量小于被测系统有效质量的1／10，还要预先估计测试频率范围，使其处于所选测振传感器频率范围内，并确定最大振动加速度数值。

一、加速度传感器

常见的加速度传感器有压电式加速度传感器、电阻应变式加速度传感器和电容式加速度传感器。

（一）压电式加速度传感器

压电式加速度传感器是利用晶体的压电效应制成的。压电效应是指一些晶体材料当受到压力并产生机械变形时，在其相应的两个表面上出现异号信号，当外力去掉后，晶体又重新回到不带电的状态，因此可以通过测量压电晶体的电荷量来得到所测振动的加速度。质量块相对于外壳的位移反映加速度，位移乘以晶体刚度即是助压力，动压力与压电晶体两个表面产生的电荷量（或电压）成正比。使用时，传感器固定在被测物体上，感受该物体的振动，惯性质量块产生惯性力，使压电元件产生变形。压电元件产生的变形和由此产生的电荷与加速度成正比。

压电加速度传感器可以做得很小，质量很轻，对被测结构的影响很小。压电加速度传感器的频率范围广、动态范围宽、灵敏度高、稳定性与抗干扰性能比较好，应用较为广泛。

（二）电阻应变式加速度传感器

电阻应变式加速度传感器由质量块、悬臂梁、应变片和阻尼液体等构成，应变片贴在悬臂梁固定端附近的上下表面上，当有加速度时，质量块受力、悬臂梁弯曲，应变片感受应变，按悬臂梁上的应变片便可测出力的大小，在已知质量的情况下即可计算出加速度。应变片加速度计也适用于单方向（静态）测量。用于振动测量时，最高测量频率取决于固有振动频率和阻尼比，测量频率可达3500hz。

电阻应变式加速度传感器的主要优点是灵敏度高（灵敏度误差一般小于1%，横向灵敏度比小于2%），低频效应好，还可以测量直流信号（如测量匀加速度），但体积较大，在实际的工程应用中需要硅油提供大的阻尼力。

（三）电容式加速度传感器

电容式加速度传感器是基于电容原理的极距变化型的电容传感器，其中一个电极是固定的，另一个变化电极是弹性膜片，它的原理是利用惯性质量块在外加速度的作用下与被检测电极间的空隙发生改变，从而引起等效电容的变化来测定加速度的。弹性膜片在外力（气压、液压等）作用下发生位移，使电容量发生变化。这种传感器可以测量气流（或液流）的振动速度，还可以进一步测出压力。电容式加速度传感器具有测量精度高、输出稳定、温度漂移小、测量误差小、稳态响应等特点。

二、速度传感器

单位时间内位移的增量就是速度，速度包括线速度和角速度，与之相对应的就有线速度传感器和角速度传感器，一般统称速度传感器。速度传感器以磁电式速度传感器应用最为广泛。

磁电式速度传感器是根据电磁感应原理制成。磁电式速度传感器中磁钢和壳体固连，并通过壳体安装在振动体上，与振动体一起振动；芯轴和线圈组成传感器的系统质量，通过弹簧片（系统弹簧）与壳体连动。振动体振动时，系统质量与传感器壳体之间发生相对位移，因此线圈与磁钢之间也发生相对运动。根据电磁感应定律，传感器的电压输出（感应电动势）与相对运动速度。成正比。它的特点是灵敏度高（可测非常微弱的振动）、性能稳定、输出阻抗低，频率响应范围有一定的宽度。磁电式速度传感器可以用来测量梁体挠度。

第六节　传感器测试仪器设备

一、电阻应变仪

电阻应变片的金属电阻丝灵敏系数K_0值为$1.7 \sim 3.6$，制成电阻应变片后，灵敏系数K值在2.0左右，被测量的机械应变一般为$10^{-6} \sim 10^{-3}$，则电阻变化率为$\Delta R / R = K\varepsilon = 2 \times 10^{-6} \sim 2 \times 10^{-3}$。用电器直接测量这样微弱的电信号是很困难的，必须借助放大器进行放大。电阻应变仪就是电阻应变计的专用放大仪器，电阻应变仪是由放大器和测量电路组成。应变片可将结构的应变转换成电阻变化，电阻应变仪将此电阻变化转换为电压或电流变化，并进行放大，然后转换成应变数值。电阻应变仪按频率响应范围可分为静态电阻应变仪、静动态电阻应变仪、动态电阻应变仪和超动态电阻应变仪。

电阻应变仪具有体积小、质量轻的特点，便于携带，因而适合于室内、现场或野外使用。在使用时要注意应变仪的工作频率大于被测量的物理量的频率，以保证不产生幅频失真和相频失真；应变仪的最大量程应大于被测应变的最大值，并使其输出不超过最大线性输出量，以保证不产生非线性失真；应变仪的输出形式应与记录仪相适应，并注意它们之间的阻抗匹配；对于静态测量，应根据测试精度要求和测试量来选择仪器的分辨率和测量点数。

二、振弦式传感器采集仪

振弦式传感器采集仪就是要将传感器的共振频率精确测量，以便精确计算被测工程的应变。振弦式传感器数据采集仪有多种形式，如手持振弦式传感器读数仪、低耗能无线振弦信号采集仪、多通道振弦式传感器数据采集仪等。

振弦式传感器采集仪主要用来采集振弦式传感器的输出信号。振弦式传感器数据采集仪主要由两大部分组成：主控模块和测量模块。主控模块的作用是设置传感器的采集参数，并向测量模块发出传感器的采集命令。测量模块的作用是测量传感器的输出信号，并将测量数据发送给主控模块。振弦式传感器采集仪一般可显示频率、模数、温度值等，可存储测量数据，并与电脑实现数据通信。

三、光纤光栅解调仪

光纤光栅解调仪是光纤传感器应用的核心技术之一。对光纤光栅波长进行解调的方法有光谱仪检测法、匹配光栅法、边缘滤波法、可调谐光纤F-P滤波法。常用的是可调谐光纤F-P滤波法，采用宽带光源和可调谐F-P滤波器对传感光纤光栅的反射谱进行扫描，可调F-P滤波器的作用在于当一束宽带光入射F-P腔，有且只有一窄带光出射（谱宽小于0.3nm），出射光谱的中心波长与F-P腔的腔长相对应。由于腔长随压电体的驱动电压的变化而变化，不同的驱动电压也就对应了不同中心波长的窄带光射出F-P滤波器。

在桥梁的实际应用中，光纤光栅解调仪以美国的MOI公司的SM系列产品为代表。如SM125型号光纤光栅解调仪，同样是基于光纤F-P滤波器的解调技术，可测量应力、温度和压力等参数，具有1Hz的扫描频率，具有4个光学通道，可允许在一根光纤上同时连接大于40个FBG传感器，每个通道内不能出现同一波长的传感器，并需考虑波长变化的可能重叠。

此外，也可以采用通道扩展的方法，由光开关进行通道切换，通道切换控制命令由数据采集系统处理器执行。在这种方式下，很容易从4通道扩展到8通道、16通道、32通道，带来的不足在于遍历所有通道需要的时间也成倍增长，而且光开关的使用寿命要求很高，适合于低频扫描测量场合。

四、动态测试数据采集分析仪

动态信号测试分析仪应用范围广泛，内置数据采集、分析与存储功能的软件，能独立完成各种测试任务，非常适合各种工程现场测试的需要。其可完成应力应变、振动（加速度、速度、位移）、冲击、声学、温度（各种类型热电偶）、力、扭矩、电压、电流等各种物理量的测试和分析，并且与很多电压、电阻、电荷输出型传感器进行配套使用。

国内常用的是东方所、东华、安正等动态信号测试分析仪，具有较高的测试精度和极强的抗干扰能力，保证测试结果相对可靠，采用先进的隔离型技术，使输入、输出、通道间高度隔离，多层屏蔽，有效抑制了辐射和传导干扰，通过以太网通道拓展，实现无限多通道并行同步采样，完美的综合指标，保证了测量更加精准。

配合专用的振动分析软件，借助计算机可存储和打印数据表格、波形图、振型图、频谱图和振动趋势图等。

第八章　桥梁结构材料性能检测

第一节　混凝土结构缺陷检测

混凝土由水泥、砂石、水等材料混合并经由搅拌、浇筑、成型和养护等多种工艺形成强度制成，由于其材料复杂，工序繁多，在混凝土的施工、成型、使用等过程中会造成混凝土产生一些缺陷，导致混凝土强度不足。

一、超声法检测混凝土的缺陷

根据混凝土结构缺陷的特征及特征大小可将混凝土结构缺陷分为宏观缺陷、细观缺陷及微观缺陷3种。

（一）宏观缺陷

宏观缺陷主要是指由于混凝土施工、设计、材料本身特性等方面原因引起的大的缺陷，或是因为长期在腐蚀介质或冻融作用下由表及里的层状疏松缺陷，主要包括蜂窝、孔洞、缝隙、不密实区和化学腐蚀等缺陷。

（二）细观缺陷

细观缺陷主要是指混凝土材料由于泌水、干缩导致集料和水泥浆基体之间产生的裂纹、孔隙等细小缺陷。

（三）微观缺陷

微观缺陷主要是指混凝土在凝结过程中由于水泥浆硬化干缩和水分蒸发形成的微观裂缝，以及混凝土材料本身的微观缺陷。

超声法是无损检测混凝土结构的一种方式，即采用带波形显示功能的超声波检测仪，测量超声脉冲波在混凝土中的传播速度、幅度和频率等声学参数，并根据这些参数及其对应变化判定混凝土中的缺陷情况。

二、混凝土主要声学参数

目前混凝土超声检测中所常用的声学参数为声速、频率、波幅及波形，常用这些参数来判别混凝土结构的缺陷。

（一）声速

声速即超声波在混凝土中单位时间内传播的距离，它是混凝土超声检测中的一个主要参数。混凝土的声速与混凝土的性质有关，同时还与混凝土内部结构（材料组成和孔隙等）有关。一般来说，混凝土的密实度越好，弹性模量越高，声速就越大；当混凝土内部有孔洞、蜂窝等缺陷时，混凝土的声速值将比正常部位低。因此，在混凝土的超声检测中，可利用声速的变化判别计算混凝土结构的缺陷。

（二）频率

超声波是由电脉冲激发出的声脉冲信号，它是包含了一系列不同成分的余弦波的复频超声脉冲波。由于混凝土是非均质的弹黏塑性材料，对超声脉冲波的吸收、散射衰减较大，其中高频成分更容易衰减。因此，超声波在混凝土中越向前传播，其所包含的高频分量越少，主频率也逐渐下降。主频率下降的值除了与传播距离有关，还取决于混凝土内部是否存在缺陷。因此，利用超声脉冲各频率成分在遇到缺陷时被衰减的程度不同，从而使接收频率明显降低，或接收波频谱产生差异的方法，也可判别内部缺陷。

（三）波幅

波幅是指超声脉冲波通过混凝土后由接收换能器接收并由超声仪显示的首波信号幅度，即第一个波前半周的幅值，它反映了接收到的声波的强弱。对于内部有缺陷的混凝土，缺陷使超声波的传播路径发生改变，出现反射或绕射现象，使波幅将明显减小。因此，波幅也是判别混凝土缺陷的重要指标之一。

（四）波形

波形是指在仪器示波屏上显示的接收波波形。当超声波在传播过程中碰到混凝土内部的缺陷时，会出现超声波绕射、反射等传播路径改变的现象，导致最终到达接收换能器时的超声波的频率和相位有所不同。除此之外，这些直达波、绕射波和反射波的叠加有时还会导致波形的畸变。一般通过观察接收信号的波形是否畸形或观察包络线的形状来判断混凝土是否存在缺陷。

三、超声波检测混凝土缺陷的方法

超声波检测混凝土缺陷技术根据被测结构的形状、尺寸以及所处环境等因素，分别有不同的测试方法。常用的测试方法一般分成平面测试法和测试孔测试法两大类。

（一）平面测试法（采用厚度振动式换能器）

平面测试法按照换能器的布置方式，可分成如图8-1所示的3种类型。

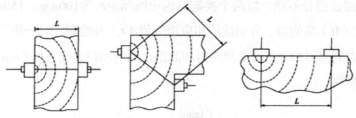

图8-1　探头布置方式

1.直测法

一对发射（T）和接收（R）换能器，分别放置于被测混凝土结构的两个相互平行的表面，且两个换能器的轴线位于同一直线上，使超声脉冲波直接传播的方式。

2.斜测法

一对发射（T）和接收（R）换能器，分别置于被测混凝土结构的两个面上，但两个换能器的轴线不在同一直线，使超声脉冲波半直接传播的方式。

3.平测法

一对发射（T）和接收（R）换能器，分别置于被测混凝土结构的同一表面进行测试，使超声脉冲波采用间接或表面传播的方式。

（二）测试孔测试法（采用径向振动式换能器）

1.孔中对测

一对换能器分别置于两个对应的测试孔中，并使其位于同一高度进行测试。

2.孔中斜测

一对换能器分别置于两个对应的测试孔中，但不在同一高度，而是在保持一定的高程差的条件下进行测试。

3.孔中平测

一对换能器分别置于同一测试孔中，并以一定的高度差同步移动进行测试。

四、超声法检测混凝土缺陷的应用

利用超声法可检测出混凝土结构的多种缺陷，包括混凝土裂缝深度、不密实和空洞等。

（一）混凝土裂缝深度的检测

1.单面平测法

当混凝土结构的裂缝部位只有一个可测表面且估计裂缝深度又不大于500mm时，可采用单面平测法进行混凝土的缺陷检测。平测时应在裂缝的被测部位，以不同的测距按跨缝和不跨缝布置测点进行检测。

　　不跨缝布置检测，即将发射（T）和接收（R）换能器放置于被测裂缝的同一侧，保持发射（T）换能器耦合不动，以两个换能器内边缘间距l'为100mm、150mm、200mm、250mm移动接收（R）换能器，分别读取相应声时值（t_i）并绘制"时—距"坐标图，如图8-2所示。也可以利用回归分析法求出声时和测距之间的回归直线方程$l' = a + bt$，式中a、b为待求的回归系数。

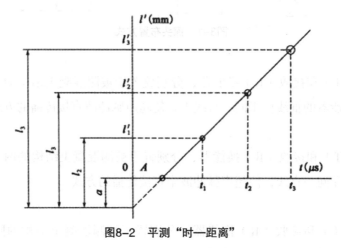

图8-2　平测"时—距离"

每一测点超声波实际传播距离为：

$$l_i = l' + |a| \tag{8-1}$$

式中l_i——第i点的超声波实际传播距离（mm）；

　　l'——第i点的T、R换能器内边缘间距（mm）；

　　a——"时—距"图l'轴的截距或回归方程的常数项（mm）。

不跨缝平测的超声波声速值为：

$$v = \frac{l'_n - l'_1}{t_n - t_1} \tag{8-2}$$

或

$$v = b \tag{8-3}$$

式中l'_n、l'_1——第n点和第1点的测距（mm）；

　　t_n、t_1——第n点和第1点读取的声时值（μs）；

　　b——回归系数。

　　跨缝布置检测，即将发射（T）和接收（R）换能器分别放置于以裂缝为对称的两侧，如图8-3所示，并以l'为100mm、150mm、200mm分别读取声时值t_i^0。

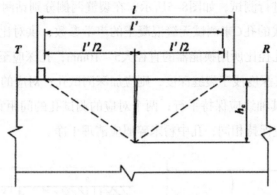

图8-3　超声绕过裂缝示意图

裂缝深度的计算式为：

$$h_{ci} = \frac{l_i}{2}\sqrt{\left(\frac{t_i^0 v}{l_i}\right)^2 - 1} \tag{8-4}$$

式中 h_{ci}——第 i 点计算的裂缝深度值（mm）；

　　 l'——不跨缝平测时第 点的超声波实际传播距离（mm）；

　　 t_i^0——第 点跨缝平测的声时值（μs）。

2. 双面斜测法

当结构的裂缝部位位于具有两个相互平行的测试表面时，可采用双面穿透斜测法检测。测点布置如图8-4所示，将T、R换能器分别置于两个测试表面，并使其一同按一定的测试距离、倾斜角移动，读取相应的声时值、波幅值和频率值。当T、R换能器的连线通过裂缝时，由于混凝土的不连续性，超声波在裂缝界面产生很大的衰减，接收到的首波信号很微弱，其波幅和频率与不经过裂缝的测点值比较有很大的差异。据此便可判断裂缝的深度及是否在水平方向贯通。斜测法检测裂缝深度具有直观、可靠的特点，若条件允许宜优先选用。

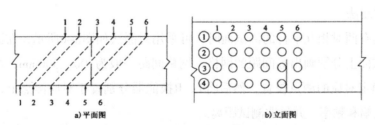

图8-4　斜测裂缝测点布置示意图

3. 钻孔对测法

对大体积结构，若裂缝深度超过500mm，用平测法难以测量，又不具备斜测法所需要的一对相互平行的测试面，此时可用钻孔对测法检测。其方法是在裂缝两侧钻测试孔，将换能器置于测试孔中进行测试，如图8-5所示，在裂缝两侧分别钻测试孔A、B，同时在裂缝的一侧多钻一个较浅的孔C来测试无缝混凝土的声学参数，供对比判别用。此外，测试孔应满足以下要求：孔径比所用换能器的直径大5~10mm；孔深应至少比裂缝的预计深度深700mm，经试测如其深度浅于裂缝深度，则应加深测试孔；对应的两个测试孔A、B必须始终位于裂缝两侧，其轴线应保持平行；两个对应的测试孔的间距宜为2000mm，同一检测对象各对测孔间距应保持相同；孔中粉末碎屑应清理干净。

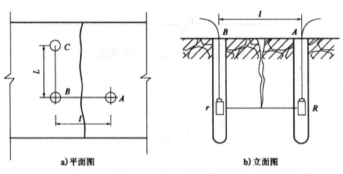

a) 平面图　　　　　　　　b) 立面图

图8-5　钻孔测裂缝深度

裂缝深度检测时，应选用频率为20~60kHz的径向振动式换能器，检测前应先向测试孔内注满清水，然后将T、R换能器分别置于裂缝两侧的对应孔中，以相同高程等间距从上至下同步移动，逐点读取声时、波幅和换能器所处的深度。

（二）混凝土不密实区和空洞检测

混凝土和钢筋混凝土结构在施工过程中，有时会因漏振、漏浆或因石子架空在钢筋骨架上，导致混凝土内部形成蜂窝状不密实区或空洞。这种结构物内部的隐蔽缺陷，应及时检查出并进行技术处理。超声法即可用于这类混凝土缺陷的检测。

混凝土内部的隐蔽缺陷情况，无法直接判断，因此对于这类缺陷的测试区域，一般总要大于所怀疑的缺陷区域，或者先做大范围的粗测，根据粗测情况再着重对可疑区域进行细测。其检测方法主要分成对测法、斜测法以及钻孔法几种。

1.平面对测法

当构件具有两对相互平行的测试面时，可采用对测法如图8-6所示，在测区的两对相互平行的测试面上分别画出等间距的网格，网格间距一般为100~300mm，可适当放宽。将网格编号确定对应的测点位置，然后将T、R换能器分别置于对应测点上，逐点读取相应的声时、波幅和频率，并量取测试距离。

2.平面斜测法

当构件只有一对相互平行的测试面时可采用对测和斜测相结合的方法，如图8-7所示，在测位两个相互平行的测试面上分别画出网格线，并可在对测的基础上进行交叉斜测。

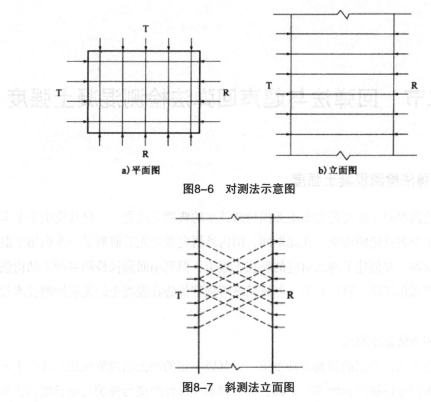

图8-6　对测法示意图

图8-7　斜测法立面图

3. 钻孔检测法

当测距较大时可采用钻孔或预埋管测法，如图8-8所示。在测位预埋声测管，或钻出竖向测试孔预埋管内径，或钻孔直径宜比换能器直径大5~10mm；预埋管或钻孔间距宜为2~3m，其深度可根据测试需要确定。检测时可用2个径向振动式换能器分别置于两测孔中进行测试，或用1个径向振动式与1个厚度振动式换能器，分别置于测孔中和平行于测孔的侧面进行测试。

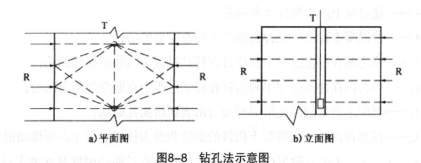

图8-8　钻孔法示意图

由于混凝土本身的不均匀性，即使是没有缺陷的混凝土，测得的声时、波幅等声学参数也在一定范围内波动，因此我们一般利用统计方法进行判别。当一个测区的混凝土不存在裂缝、空洞等缺陷时，则认为这个测区的混凝土质量基本符合正态分布；但若混凝土结构内部存在缺陷时，则该区域混凝土与无缺陷混凝土的声学参数必然存在着一定差异。

第二节　回弹法与超声回弹法检测混凝土强度

一、回弹法检测混凝土强度

回弹法检测混凝土强度是混凝土无损检测技术的典型方式之一，自其应用于土木建设工程，已有半个多世纪的历史。在此期间，国内外研究学者先后研制了一系列用于混凝土无损检测的仪器，并创建了与之对应的新技术理论，但利用回弹仪检测混凝土结构强度的方法仍凭借其操作简单、轨迹有效、测试精准等独特优势在混凝土的无损检测技术领域占有重要地位。

（一）回弹法基本原理

回弹法是采用回弹仪的弹簧驱动重锤，使其以一定的冲击动能装机顶在混凝土表面的冲击杆后，测出重锤被反弹回来的距离，以回弹值（反弹距离与弹簧初始长度的比值）作为强度相关指标来推算混凝土强度的一种方法。

回弹值的大小取决于冲击能量相关的回弹能量，而回弹能量主要取决于被测混凝土的弹塑性性能。其能量的传递和变化概述如下：

设回弹仪的动能为E则由功能原理：

$$E = \sum A_i = A_1 + A_2 + A_3 + A_4 + A_5 + A_6 \qquad （8-5）$$

式中A_1——使混凝土产生塑性变形的功；

$\quad A_2$——使混凝土弹击杆及弹击锤产生弹性变形的功；

$\quad A_3$——弹击锤在冲击过程中和指针在移动过程中因摩擦损耗的功；

$\quad A_4$——弹击锤在冲击过程中和指针在移动过程中克服空气阻力的功；

$\quad A_5$——混凝土产生塑性变形时增加自由表面所损耗的功；

$\quad A_6$——仪器冲击时由于混凝土构件的颤动和弹击杆于混凝土表面移动损耗的功。

由于A_3、A_4、A_5、A_6由一般很小，当混凝土构件具有足够的刚度且在冲击过程中仪器始终紧贴混凝土表面时，均可忽略不计。在一定的冲击能量作用下，A_2的弹性变形接近常数。因此，弹回距离主要取决于混凝土的塑性变形。混凝土的强度越低，则塑性变形越大，消耗于产生塑性变形的功越大，弹击锤所获得的回弹功能越小，回弹距离相应越小，从而回弹值越小，反之亦然，即混凝土强度大小与回弹值大小在一定基础上呈正比关系。

因此，只要测得混凝土结构的回弹值，就可由已建立的公式或曲线换算出构件混凝土的强度。

（二）回弹法使用原则

回弹法检测混凝土强度的方法是对常规检验的一种补充。当对构件混凝土质量有所怀疑时，如对试件的检验结果有怀疑或供检验用的试件数量不足等情况下，可采用回弹法检测混凝土，并将检测结果作为处理混凝土质量问题的一个主要依据。除此之外，在施工阶段，如构件拆模、预应力张拉或吊装时，回弹法亦可作为评估混凝土强度的依据。

回弹法检测混凝土强度，是通过回弹仪测定混凝土表面硬度，进而推定其抗压强度的方法。因此，该法使用前提是要求被测结构或构件混凝土的内外质量基本一致。当混凝土表层与内部质量有明显差异，如遭受化学腐蚀或火灾、硬化期间遭受冻伤等表面或内部存在缺陷时，不允许回弹法检测混凝土的强度，否则检测结果误差可能偏大。因此，遇到混凝土结构表面受害时，应采用超声法或钻芯法等检测方式。如果条件不具备，必须对混凝土表面进行处理，达到内外一致后，才能进行回弹检测。

（三）回弹法的测强曲线

回弹法测定混凝土结构强度的基本依据，就是回弹值与混凝土抗压强度之间的相关性。这种相关性可以用基准曲线"$f_{cu} - R$"（或经验公式）的形式予以确定，通常称为测强曲线。

测强曲线是在试验的基础上制定的，即制作一定数量的，考虑不同原料、不同龄期、不同强度等因素的混凝土立方体试块，测定其回弹值、碳化深度及抗压强度等参数，然后进行回归分析，求得拟合程度最好、相关系数最大的回归方程，以此作为经验公式或画出基准曲线即测强曲线。测强曲线是回弹法检测混凝土强度的基础，在实际工程使用过程中，利用回弹值与碳化深度值等一系列相关检测数据，对照测强曲线，即可进行查询或计算混凝土强度的推定值。因此，提高回弹法检测精度通常从测强曲线的角度着手。

测强相关曲线一般可用回归方程来表示。对于未碳化混凝土或在一定条件下成型养护的混凝土，可用式（8-6）所示的回归方程表示：

$$f_{cu}^c = f(R) \tag{8-6}$$

式中 f_{cu}^c——回弹法测区混凝土强度值；

R——混凝土的回弹值。

对于已经碳化的混凝土或龄期较长的混凝土，可用式（8-7）或式（8-8）的函数表示：

$$f_{cu}^c = f(R,d) \tag{8-7}$$

$$f_{cu}^{c} = f(R, d, t) \tag{8-8}$$

式中 d ——混凝土的碳化深度；

$\quad\quad t$ ——混凝土的龄期。

对于已测得含水率的硬化混凝土，可采用式（8-9）的函数表示：

$$f_{cu}^{c} = f(R, d, t, W) \tag{8-9}$$

式中 W ——混凝土的含水率。

目前我国应用最为广泛的是式（8-7），即采用回弹值和碳化深度两个指标来推定混凝土强度。

（四）检测流程

回弹法检测混凝土缺陷的流程一般有选取试样、布置测区、测量回弹值和测量碳化深度等。

检测结构或构件混凝土强度的方法一般可根据试样选取方式的不同分为两种：一是单个检测方法，此法主要适用于单独的结构或构件的检测；二是批样检测法，主要适用于在相同的生产工艺条件下，混凝土强度等级相同，原材料、配合比、成型工艺、养护条件基本一致且龄期相近的一批同类构件。按批样检测时，应随机抽取试件，所选构件应具有一定的代表性，且保证抽检数量不得少于同批构件总数的30%且不少于10件，还要求测区数量不得少于100个。

当选择好检测试件并了解被测混凝土构件的情况后，就需要在构件上选择及布置测区。测区是指每一试样的测试区域，每一个测区代表了试样同条件混凝土的一组试块。根据行业标准《回弹法检测混凝土抗压强度技术规程》规定，单个构件的测区选择与布置应符合以下规定：

对于一般构件，其测区数不少于10个；当受检构件数量大于30个且不需要提供单个构件推定强度或受检构件的某一方向的尺寸不大于4.5m且另一方向尺寸不大于3m时，其测区数量可适当减少，但不应少于5个；测区的大小以能容纳16个回弹测点为宜，一般控制在0.04m2；测区宜均匀布置在构件或结构的检测面上，相邻测区间距不宜过大，一般控制在2m以内，测区离构件端部或施工缝边缘的距离不宜大于0.5m，且不宜小于0.2m；测区宜选在能使回弹仪处于水平方向的混凝土浇筑侧面，当不能满足这一要求时，可选在使回弹仪处于非水平方向的混凝土浇筑表面或底面；测区宜选在构件的两个对称的可测面上，当不能布置在对称的可测面上时，也可布置在一个可测面上，且均匀分布。在构件的受力部位及薄弱部位必须布置测区，并应避开预埋件；测区表面应为混凝土原浆面，并应清洁、平整、干燥，不应有疏松层、浮浆、油垢、涂层以及蜂窝麻面等情况，必要时可采用砂轮清除表面杂物和不平整处。

按上述方法选取试样和布置测区后，便可进行回弹值的测量。一般来说，每一测区应读取16个回弹值。测试时，回弹仪的轴线应始终垂直于混凝土检测面，并保证测点不应在气孔和外露石子上，否则该数不能计入每一测区的16个点中。每一测区的两个测面用回弹仪各弹击8点，如一个测区只有一个测面则需要测16个点。同一测点只允许弹击一次，测点宜在测区范围内均匀布置，相邻两测点的净距离不宜小于20mm，测点距外露钢筋、预埋件的距离不宜小于30mm。

回弹值测量完毕后，即进行测量构件的碳化深度。一般应在有代表性的测区上测量碳化深度，测点数不应小于构件测区数的30%，并取其平均值作为该构件每测区的碳化深度值。其操作步骤是：用冲击钻在测区表面形成直径约为15mm的孔洞（其深度应大于混凝土的碳化深度），清除孔洞中的粉末和碎屑（注意不能用水擦洗），用1%~2%的酚酞酒精溶液滴在孔洞内壁的边缘处，一般碳化部分的混凝土不变色，而未碳化部分的混凝土会变成紫红色。当已碳化与未碳化界限清楚时，应采用碳化深度测量仪测量已碳化和未碳化混凝土交界面到混凝土表面的垂直距离，测量3次（每次读数应精确至0.25mm），取3次测量的平均值作为该测区的碳化深度值并精确至0.5mm。

（五）数据处理

1. 回弹值的计算

计算测区平均回弹值时，应从该测区的16个回弹值中剔除3个最大值和3个最小值，然后将余下的10个回弹值按式（8-10）计算，求得该测区的平均回弹值。

$$R_{\mathrm{m}} = \frac{\sum\limits_{i=1}^{10} R_i}{10} \qquad (8\text{-}10)$$

式中 R_m——测区平均回弹值，精确至0.1；

R_i——第 i 个测点的回弹值。

由于回弹法测强曲线是根据回弹仪水平方向测试混凝土试件侧面的试验数据计算出的，当回弹仪于非水平方向检测混凝土浇筑侧面时，应按下列公式修正：

$$R_{\mathrm{m}} = R_{\mathrm{m}\alpha} + R_{\mathrm{a}\alpha} \qquad (8\text{-}11)$$

式中 $R_{m\alpha}$——非水平方向检测时测区的平均回弹值，精确至0.1；

$R_{a\alpha}$——非水平方向检测时回弹值的修正值。

当回弹仪于水平方向检测混凝土浇筑表面或浇筑底面时，测区的平均回弹值应按下列公式修正：

$$R_{\mathrm{m}} = R_{\mathrm{m}}^{\mathrm{t}} + R_{\mathrm{a}}^{\mathrm{t}} \tag{8-12}$$

$$R_{\mathrm{m}} = R_{\mathrm{m}}^{\mathrm{b}} + R_{\mathrm{a}}^{\mathrm{b}} \tag{8-13}$$

式中$R_{\mathrm{m}}^{\mathrm{t}}$、$R_{\mathrm{m}}^{\mathrm{b}}$——水平方向检测混凝土浇筑表面、底面时，测区的平均回弹值；

$R_{\mathrm{a}}^{\mathrm{t}}$、$R_{\mathrm{a}}^{\mathrm{b}}$——尺混凝土浇筑表面、底面回弹值的修正值。

回弹法检测混凝土强度时，当回弹仪为非水平方向且测试面为混凝土的非浇筑侧面，则应先对回弹值进行角度修正，然后再对修正后的回弹值进行浇筑面修正。

2. 混凝土强度的推算

测区混凝土强度换算是指将测得的回弹值和碳化深度值换算成被测构件的测区的混凝土抗压强度值。根据每个测区的平均回弹值（R_m）以及平均碳化深度值（d_m），查阅由专用曲线、地区曲线或统一曲线编制的测区混凝土强度换算表，得出结构或构件第i个测区混凝土强度换算值$f_{\mathrm{cu},i}^{\mathrm{c}}$。

一般来说，结构或构件混凝土的强度平均值应根据各测区的混凝土强度换算值计算。除此之外，当测区数不少于10个时，还应计算强度标准差。测区混凝土的轻度平均值和强度标准差可按下列公式计算：

$$m_{f_{\mathrm{cu}}^{\mathrm{c}}} = \frac{\sum\limits_{i=1}^{n} f_{\mathrm{cu},i}^{\mathrm{c}}}{n} \tag{8-14}$$

$$S_{f_{\mathrm{cu}}^{\mathrm{c}}} = \sqrt{\frac{\sum\limits_{i=1}^{n}\left(f_{\mathrm{cu},i}^{\mathrm{c}}\right)^{2} - n\left(m_{f_{\mathrm{cu}}^{\mathrm{c}}}\right)^{2}}{n-1}} \tag{8-15}$$

式中$m_{f_{\mathrm{cu}}^{\mathrm{c}}}$——各测区强度换算值的平均值（MPa），精确至0.1MPa；

n——测区数、对于单个检测的构件，取该构件的测区数；对于批量检测的构件，取被抽检构件的测区数之和；

$S_{f_{\mathrm{cu}}^{\mathrm{c}}}$——各测区强度换算值的标准差（MPa），精确至0.01MPa；

$f_{\mathrm{cu},i}^{\mathrm{c}}$——构件第$i$个测区强度换算值。

构件的混凝土强度推定值（$f_{\mathrm{cu,e}}$）是指相应于强度换算值总体分布中保证率不低于95%的结构或构件中混凝土抗压强度值，其值可根据下列公式进行计算。

（1）单个检测法测量混凝土强度

①当构件测区数小于10个时，以测区混凝土强度换算值的最小值作为构件混凝土的强度推定值，即：

$$f_{\mathrm{cu,e}} = f_{\mathrm{cu,min}}^{\mathrm{c}} \tag{8-16}$$

式中 $f_{cu,e}$——构件的混凝土强度推定值，精确至0.1MPa；

　　　$f_{cu,min}^c$——构件中最小的测区混凝土强度换算值。

②当构件测区中混凝土强度出现小于10.0MPa时，应按下式确定：

$$f_{cu,e} < 10.0\text{MPa} \tag{8-17}$$

③当构件测区数不小于10个时，应按下列公式计算：

$$f_{cu,e} = m_{f_{cu}} - 1.645 S_{f_{cu}} \tag{8-18}$$

（2）抽样检测法测量混凝土强度

当批量检测时，应按下列公式计算：

$$f_{cu,e} < 10.0\text{MPa} \tag{8-19}$$

式中：k——推定系数，宜取1.645。

特殊的，对于按批量检测的构件，当该批构件混凝土强度标准差出现下列情况之一时，则该批构件应全部按单个构件检测：

①当该批构件混凝土强度平均值小于25MPa，$S_{f_{cu}}$大于4.5MPa时。

②当该批构件混凝土强度平均值不小于25MPa且不大于60MPa，$S_{f_{cu}}$大于5.5MPa时。

二、超声回弹综合法检测混凝土强度

超声回弹综合法是目前我国使用较广的一种结构中混凝土强度非破损检测方法。它是指采用超声仪和回弹仪，在构件混凝土同一测区分别测量声音和回弹值，然后利用已建立起的测强公式推算测区混凝土强度的一种方法。

（一）超声回弹综合法特点

超声回弹综合法即超声法和回弹法两种单一测强的综合测试，较之单一的超声或回弹非破损检验方法，其优势具体有以下几点：

1. 可减少混凝土龄期和含水率的影响

混凝土的龄期和含水率对超声波波速和回弹值的影响有着本质的不同：混凝土的含水率越大，超声声速偏高而回弹值偏低；混凝土龄期长，超声声速的增长率下降，而回弹值则因混凝土碳化程度增大而提高。因此，用将两者结合起来的超声回弹综合法测定混凝土的强度可以部分减少混凝土龄期和含水率的影响。

2. 互相弥补

一般来说，一个物理参数只能从一个方面、在一定范围内反映混凝土的力学性能，超过一定范围，它可能不很敏感或不起作用。如回弹值R主要是以表层混凝土的弹性性能来反映混凝土强度，当构件截面尺寸较大或内外质量有较大差异时，就很难反映混凝土的实际强度；又如超声声速主要反映材料的弹性性质，由于超声波穿过材料，也反映材料内部的信息，但对于强度较高的混凝土（一般认为大于35MPa），其"声速—抗压强度"的相关性则较差。因此，利用超声回弹综合法测定混凝土的强度，既可以内外结合，又能在较高或较低的强度区间互相弥补各自的不足，能够较准确地反映混凝土强度。

3. 提高测试精度

因为综合法能够减少一些因素的影响程度，较全面地反映整体混凝土的质量，所以对提高无损检测混凝土强度的精度具有明显的效果。

（二）测区回弹值及声速值测量原则

检测构件时，测区布置应符合以下规定：当按单个构件检测时，应在构件上均匀布置测区，每个构件上的测区数不应少于10个；对于同批构件按批抽样检测，构件抽样数应不少于同批构件的30%且不少于10件，每个构件测区数不应少于10个；对于长度小于或等于2m的构件，其测区数可适当减少，但不应不少于3个。

当按批抽样检测时，符合下列条件的构件才可作为同批构件：混凝土强度等级相同；混凝土原材料、配合比、成型工艺、养护条件及龄期基本相同；构件种类相同；在施工阶段所处状态相同。

每一构件的测区，应满足下列要求：测区布置在构件混凝土浇筑方向的侧面；测区均匀分布，相邻两测区的间距不宜大于2m；测区避开钢筋密集区和预埋件；测区尺寸为200mm×200mm；测试面应清洁、平整、干燥，不应有接缝、饰面层、浮浆和油垢，并避开蜂窝、麻面部位，必要时可用砂轮片清除杂物和磨平不平整处，并擦净残留粉尘。

超声回弹综合法检测构件强度时，每一测区宜先进行回弹测试，再进行超声测试。对于非同一测区内的回弹值及超声声速值，在计算混凝土强度换算值时不得混用。

（三）超声声速值测量与计算

1. 超声测量的注意事项

超声测点应布置在回弹测试的同一测区内。测量超声声速值前，需检测换能器与混凝土耦合状况是否良好，测试的声时值应精确至0.13，声速值应精确至0.01km／s。超声测距的误差应不大于±1%。在每个测区内的相对测试面上，应各布置3个测点，且发射和接收换能器的轴线应在同一轴线上。

2. 声速值的计算

测区声速值应按下列公式计算：

$$v = \frac{l}{t_m}$$

（8-20）

$$t_{\mathrm{m}} = \frac{t_1 + t_2 + t_3}{3} \qquad (8-21)$$

式中 v——测区声速值（km／s）；

　　　l——超声测距（mm）；

　　　t_m——测区平均声时值（μs）；

　　　t_1、t_2、t_3——测区中3个测点的声时值。

特殊地，当在混凝土浇灌的顶面与底面测试时，测区声速值应按下列公式修正：

$$v_{\mathrm{a}} = \beta V \qquad (8-22)$$

式中 v_a——修正后的测区混凝土中声速代表值（km／s）；

　　　β——超声测试面的声速修正系数；当在混凝土浇筑面的顶面及底面测试时，F=1.034；在混凝土侧面测试时，β=1。

（四）混凝土强度推定

超声回弹综合法检测混凝土强度时，构件第 i 个测区的混凝土强度换算值应根据修正后的测区回弹值 R_{ai} 及修正后的测区声速值 v_{ai}，优先采用专用测强曲线或地区测强曲线推定。当无专用和地区测强曲线，可按规范查阅混凝土强度或按下列全国统一测区混凝土抗压强度换算公式计算。

当集料为卵石时：

$$f_{\mathrm{cu},i}^{\mathrm{c}} = 0.0056 v_{\mathrm{ai}}^{1.439} R_{\mathrm{ai}}^{1.769} \qquad (8-23)$$

当集料为碎石时：

$$f_{\mathrm{cu},i}^{\mathrm{c}} = 0.0162 v_{\mathrm{ai}}^{1.656} R_{\mathrm{ai}}^{1.410} \qquad (8-24)$$

式中 $f_{\mathrm{cu},i}^{\mathrm{c}}$——第，个测区混凝土抗压强度换算值（MPa），精确至0.1MPa。

当结构或构件所采用的材料及其龄期与制订测强曲线所采用的材料及其龄期有较大差异时，应采用同条件立方体试件或从结构或构件测区中钻取的混凝土芯样试件的抗压强度进行修正，且试件数量不应少于4个。此时，测区混凝土强度换算值应乘以下列修正系数。换算值应乘以修正系数 η。修正系数可按下列公式计算：

采用同条件立方体试件修正时：

$$\eta = \frac{1}{n} \sum_{i=1}^{n} \frac{f_{\mathrm{cu},i}^{0}}{f_{\mathrm{cu},i}^{\mathrm{c}}} \qquad (8-25)$$

采用混凝土芯样试件修正时：

采用混凝土芯样试件修正时：

$$\eta = \frac{1}{n}\sum_{i=1}^{n}\frac{f_{\text{cor},i}^{c}}{f_{\text{cu},i}^{c}} \qquad (8\text{-}26)$$

式中 η——修正系数，精确至小数点后两位；

　　　$f_{\text{cu},i}^{c}$——对应于第 i 个立方体试件或芯样试件的混凝土抗压强度换算值（MPa），精确至0.1MPa；

　　　$f_{\text{cu},i}^{0}$——第 i 个混凝土立方体（边长150mm）试件的抗压强度实测值（MPa），精确至0.1MPa；

　　　$f_{\text{cor},i}^{c}$——第，个混凝土芯样（ $\phi100 \times 100$mm）试件的抗压强度实测值（MPa），精确至0.1MPa；

　　　n——试件数。

第三节　钻芯法检测混凝土强度

混凝土质量的检测方法可分为非破损法和半破损法，除了超声法、回弹法、超声回弹综合检测法等非破损检测方法检测混凝土强度外，钻芯法、拔出法、射击法则是典型的半破损检测方法。这类方法是以局部破坏性试验获得结构混凝土的实际抵抗破坏的能力，因此较为直观可靠。其中，钻芯法由于具有不受混凝土龄期限值、测试结果误差范围小、直观、能真实地反映混凝土强度等诸多优点，在实际工程中得到了广泛的应用。

一、钻芯法特点

钻芯法是利用专用钻机，从结构混凝土中钻取芯样以检测混凝土强度或观察混凝土内部质量的方法。钻芯法可直观检测裂缝、接缝、分层、孔洞或离析等缺陷，且用此法检测混凝土的强度较非破损法精度更高，因此广泛适用于工业与民用建筑、大坝、桥梁、公路、机场跑道等混凝土结构的质量检测。

但钻芯法必须对混凝土结构进行钻孔取芯，对构件的损害较大，检测成本较高，因此只有在下列情况下才能进行钻芯取样测量混凝土强度：

（1）对立方体试块的抗压强度产生怀疑。可能是试块强度很高，而结构混凝土的外观质量很差；或是试块强度较低，而结构外观质量较好，或者是因为试块的形状、尺寸、养护等不符合要求，从而影响试验结果的准确性。

（2）结构中混凝土因水泥、砂石等质量较差，或因施工、养护不良发生质量问题。

（3）结构检测部位的表层和内部质量有明显差异，或者在使用期间遭受化学腐蚀、火灾，硬化期间遭受冻害的混凝土均可采用钻芯法检测强度。

（4）使用多年的桥梁、建筑物中的混凝土结构，如需加固改造或因工艺流程的改变，荷载发生变化，需要了解某些部位的混凝土强度。

（5）对施工有特殊要求的结构和构件。

另外，钻芯会对混凝土结构造成局部损伤，这对于钻芯位置的选择及钻芯数量等均有一定限制，而且它所代表的区域是有限的；钻芯机及芯样加工配套机具与非破损测试仪器相比较为笨重，移动不够方便，测试成本也较高；钻芯后的孔洞需要修补，尤其当钻断钢筋时，更增加了修补工作的困难；混凝土的龄期过短或强度没有达到10MPa时，在钻取过程中容易破坏砂浆和粗集料之间的黏结力，钻出的芯样表面较粗糙，甚至很难取出完整芯样，无法保证检测结果的准确性。

二、芯样钻取与加工

（一）钻芯位置的选择

钻芯时会对结构混凝土造成局部损伤，因此钻芯位置的选择显得尤为重要。为减少对结构的损害，钻芯位置应尽量选在构件受力较小的部位；在一个混凝土构件中，由于多种因素的影响，混凝土各部分强度并不是均匀一致的，因此应选择混凝土强度质量具有代表性的部位；此外，还应选择便于钻芯机安装与操作的部位。在钻芯过程中，应设法避免主筋、预埋件和管线的位置，以免损坏钻头或给钻孔修复工作带来困难。若采用超声、回弹或综合法等非破损方法与钻芯法共同检测结构中混凝土的强度时，取芯位置应选择具有代表性的非破损测区内，这样才能建立非破损测试强度与芯样抗压强度之间的良好对应关系。

（二）芯样尺寸的确定

一般根据检测目的选取合适尺寸的钻头，从而确定芯样的尺寸。当钻取的芯样是为了进行抗压试验时，则芯样的直径为混凝土粗集料粒径的3倍；在混凝土内钢筋过密或因取芯位置不允许钻取较大芯样的特殊情况下，芯样直径可为粗集料直径的2倍。为了减少结构构件的损伤程度，确保结构的安全，在粗集料最大粒径范围限制内，应尽量选取小直径钻头。若取芯是为了检测混凝土内部缺陷或受冻害、腐蚀的深度时，则钻头直径的选取可不受粗集料最大粒径的限制。

（三）钻芯数量的确定

取芯的数量一般根据检测的目的而定。若按单个构件进行强度检测时，每个构件上的取芯数量一般不少于3个，取芯位置应尽量分散以减少对构件强度的影响。当单个构件的体积或截面较小，取芯过多会影响结构承载力时，钻芯数量可取2个。

对于检验批的混凝土，其芯样试件的数量应根据检验批的容量确定。标准芯样试件的最小样本量不宜少于15个，小直径芯样试件的最小样本量应适当增加。

（四）芯样的加工

为减少混凝土强度检测的偏差，锯切后的芯样试件需进行编号，并进行加工修补，应检测平均直径、高度、垂直度和平整度等几何尺寸，只有在这些尺寸符合规范要求时方能进行抗压试验。当芯样试件尺寸偏差及外观质量超过下列数值时，相应的测试数据无效：芯样试件的实际高径比H/d小于要求高径比的0.95或大于1.05；沿芯样试件高度的任一直径与平均直径相差大于2mm；抗压芯样试件端面的不平整度在100mm长度内大于0.1mm；芯样试件端面与轴线的不垂直度大于1°；芯样有裂缝或有其他较大缺陷。

三、抗压强度计算与混凝土强度推算

由于芯样的含水率对抗压强度有一定影响，结合国外的经验，我国规范规定，芯样试件应在自然干燥状态下进行抗压试验。当结构工作条件比较潮湿，需要确定潮湿状态下混凝土的强度时，芯样试件宜在20（±5）℃的清水中浸泡40~48h，从水中取出后立即进行试验。一般建筑物的梁、板、柱是在干燥状态下工作的，地基基础、桩等是在潮湿状态下工作的。

芯样试件的抗压强度等于试件破坏时的最大压力除以截面积，截面积用平均直径进行计算。试验研究表明，高径比为1∶1时，公称直径为70~75mm芯样试件的抗压强度与标准芯样试件（边长为150mm的立方体试块）的抗压强度基本相当。

因此，芯样试件的混凝土抗压强度可按下式计算：

$$F_{cu,cor} = \frac{F_c}{A} \tag{8-27}$$

式中$F_{cu,cor}$——芯样试件的混凝土抗压强度（MPa）；

F_c——芯样试件的抗压强度试验测得的最大压力（N）；

A——芯样试件抗压截面面积（mm²）。

在外力作用下，结构中混凝土的破坏一般都是首先出现在最薄弱的区域。为了结构安全，对于单个构件或单个构件的局部区域，应按有效芯样试件混凝土抗压强度值中的最小值确定该构件的强度代表值。

钻芯法确定检验批的混凝土强度推定值时，应按以下方法进行。

检验批的混凝土强度推定值应计算推定区间，推定区间的上限值和下限值按下列公式计算：

上限值

$$f_{cu,e1} = f_{cu,cor,m} - k_1 S_{cor} \qquad (8-28)$$

下限值

$$f_{cu,e2} = f_{cu,cor,m} - k_2 S_{cor} \qquad (8-29)$$

平均值

$$f_{cu,cor,m} = \frac{\sum\limits_{i=1}^{n} f_{cu,cor,i}}{n} \qquad (8-30)$$

标准差

$$S_{cor} = \sqrt{\frac{\sum\limits_{i=1}^{n}\left(f_{cu,cor,i} - f_{cu,cor,m}\right)^2}{n-1}} \qquad (8-31)$$

式中 $f_{cu,cor,m}$——芯样试件的混凝土抗压强度平均值（MPa），精确0.1MPa；

$f_{cu,cor,i}$——单个芯样试件的混凝土抗压强度值（MPa），精确0.1MPa；

$f_{cu,e1}$——混凝土抗压强度上限值（MPa），精确0.1MPa；

$f_{cu,e2}$——混凝土抗压强度下限值（MPa），精确0.1MPa；

k_1、k_2——推定区间上限值系数和下限值系数；

S_{cor}——芯样试件强度样本的标准差（MPa），精确0.1MPa。

$f_{cu,e1}$和$f_{cu,e2}$所构成推定区间的置信度宜为0.85，$f_{cu,e1}$和$f_{cu,e2}$之间的差值不宜大于5.0和0.10$f_{cu,cor,m}$两者中的较大值。一般宜以 作为检验批混凝土强度的推定值。

第四节 钢筋锈蚀检测

桥梁混凝土中钢筋锈蚀是影响桥梁混凝土结构耐久性的一个重要问题，也是桥梁安全鉴定过程中经常遇到的问题。钢筋锈蚀对钢筋混凝土结构性能的影响主要有以下体现：钢筋锈蚀直接使钢筋截面积减小，从而使钢筋的承载力下降；产生应力集中，造成疲劳破坏；钢筋锈蚀后体积比锈蚀前的体积大2～3倍，混凝土顺筋开裂，使结构物耐久性降低；钢筋锈蚀使钢筋与混凝土之间的黏结力下降。钢筋锈蚀对结构的承载力和耐久性都造成了严重影响，因此桥梁结构中钢筋锈蚀的检测是十分重要的。

一、钢筋锈蚀原因

一般来说，钢筋锈蚀的主要原因有两大类：一是盐害；二是中性化。盐害是指当混凝土中钢筋表面的氯离子超过一定浓度时，钢筋表面的保护性钝化膜开始破坏，接着钢筋开始腐蚀膨胀，造成混凝土的龟裂或崩落。

所谓混凝土的中性化，即混凝土的碳化。混凝土中的水泥水化物呈强碱性，当混凝土包裹在钢筋表面时，将在钢筋裹面形成一层具有保护作用的"钝化膜"保护钢筋免受侵蚀，即通常所说的混凝土对钢筋的"碱性保护"。随着时间的流逝，空气中的二氧化碳和水分子与混凝土的碱性成分缓慢发生化学反应，致使混凝土逐渐失去碱性成分，作为保护层的混凝土由外到内逐渐碳化，一旦碳化深度达到或超过保护层厚度，钢筋表面的"钝化膜"就会被破坏，混凝土就将失去对钢筋的保护作用，这时外界水分和腐蚀性物质通过混凝土毛细孔侵入钢筋表面，钢筋就将开始锈蚀。

二、钢筋锈蚀的破损型检测方法

混凝土破损型检测是指去掉混凝土保护层后露出锈蚀的钢筋，观察钢筋的锈蚀情况，再测定钢筋因锈蚀造成的横截面积损失率和质量损失率的方法。此两种方法分别称为失重法和截面法。

试验前称重（用酸清洗并用纱布打磨钢筋至光亮在干燥器里烘干）并计算钢筋的表面积，将试验钢筋放在模拟混凝土孔隙液中一定时间后，取出钢筋测量锈积率和失重率。锈积率的标定方法为用玻璃纸绘出钢筋表面的锈蚀面积，然后将其复印在方格纸上，计算锈蚀面积，即：

$$P = \frac{S_n}{S_0} \times 100\%$$

（8-32）

式中 P——钢筋的锈积率（%）；

S_n——钢筋的锈蚀面积（mm^2）；

S_0——钢筋的表面积（mm^2）。

失重率的标定方法为：将钢筋通过酸洗把锈蚀产物洗掉，用两根光亮钢筋作为空白对照试验，在干燥器中烘干、称重，计算钢筋的失重率：

$$M = \frac{W_0 - W - \dfrac{(W_{01} - W_1) + (W_{02} - W_2)}{2}}{W_0} \times 100\%$$

（8-33）

式中 M——钢筋失重率（%）；

　　W_{01}、W_{02}——空白试验用的两个钢筋的初始质量（g）；

　　W_1、W_2——空白试验用的两个钢筋经过酸洗后的质量（g）；

　　W_0——验钢筋的初始质量（g）；

　　W——试验后钢筋的质量（g）。

钢筋的截面法和失重法简单、直观、容易操作，是一种测量钢筋腐蚀的基本方法，但是只适用于全面腐蚀，对于有选择性的局部腐蚀不适用。而且，这种测量方法受环境、样品制备以及操作过程等影响很大，在计算锈蚀面积和失重质量时，由于锈蚀点的深度不同，结果存在较大误差，测量实验数据时还需要对构件进行破坏。

三、钢筋锈蚀的无损检测方法

钢筋锈蚀的无损检测检测方法主要有综合分析法、物理法和电化学法。分析法是根据现场实测钢筋的直径、保护层厚度、混凝土强度、碳化深度、氯离子含量等数据，综合考虑构件所处环境来推定钢筋的锈蚀情况；物理法是通过测量电阻、电磁、热传导、声传播等物理特性的变化分析钢筋的锈蚀情况；电化学法是通过测定钢筋混凝土腐蚀体系的电化学特性来确定混凝土中钢筋锈蚀程度或速度，是反映钢筋锈蚀本质的检测技术。

（一）综合分析法

当混凝土材料暴露于空气中，尤其是工业污染的环境下，空气中的二氧化碳或二氧化硫等酸性气体渗透到混凝土中，与混凝土中的碱性物质发生反应产生碳酸钙和水，使混凝土的pH值降低，它使混凝土由强碱性向弱酸性发展，由外到内逐渐碳化，这对钢筋不利。因此，对于长期处于潮湿环境的桥梁结构，通过检测其混凝土的碳化深度，并结合钢筋的混凝土保护层厚度状况，可以评判混凝土碳化对钢筋锈蚀的影响，并准确把握受力钢筋的锈蚀现状。

（二）物理法

物理检测法主要是通过测定钢筋锈蚀引起物理特性的变化来反映钢筋的锈蚀情况。其优点是操作简便，受环境的影响小。其缺点是只能用于定性分析，比较难以进行定量分析，目前基本停留在实验室阶段。物理检测法主要包括电阻棒法、射线法、声发射探测法、红外热像法以及基于磁场的检测方法等。

电阻棒法是测量因钢筋锈蚀引起的钢筋电阻值变化，再运用导电原理推断钢筋的剩余截面积，从而判断钢筋锈蚀的检测方法。由于这种方法是对电阻的测量，容易受温度、湿度等的影响。该法通常是在浇筑混凝土结构时预先埋设电阻探头，适用于均匀腐蚀的场合；对于以局部腐蚀为特征的钢筋，则无法定量检测其腐蚀速度。

射线法是用X射线或γ射线拍摄混凝土中钢筋的照片，从而观察钢筋的锈蚀状况射线的方法。其优点是直观；缺点是只能定性判断，不能定量测量。

声波发射波法是采用仪器接收钢筋锈蚀产物产生体积膨胀导致周围混凝土开裂时的应力波，从而确定钢筋发生锈蚀膨胀的确切位置的方法。其缺点是容易受到非检测声波的干扰，因此可能出现判断误差。

红外热像法是通过测量混凝土表面的温度分布图的变化来分析钢筋锈蚀的位置和程度的。其原理是钢筋锈蚀会引起锈蚀部位的结构和成分发生变化，这些变化会导致钢筋辐射出来的红外线不同。红外热像法分为两步进行操作：利用电磁感应的方法加热钢筋；用红外热像仪进行成像。采用红外热像法的优点是可以避免混凝土其他损伤的干扰。

基于磁场的检测方法是利用钢筋的铁磁属性并且钢筋的缺陷会引起外加磁场扰动，通过外加磁场扰动状况判断钢筋的损伤程度。该方法给钢筋施加足够强度的外磁场，使钢筋完全磁化，这时磁场顺着钢筋的方向移动；此时钢筋横截面积的任何变化都会引起磁通量的变化，通过磁通量的变化可以得知钢筋横截面积的变化。这种方法的优点是通过一次测量可以知道整个构件钢筋锈蚀的情况。

（三）电化学法

电化学法是通过测定钢筋混凝土腐蚀体系的电化学特性来确定混凝土中钢筋锈蚀程度或速度。因此，电化学方法能反映钢筋腐蚀的本质。它具有灵敏度高、原位测量、可连续跟踪和测试速度快等优点。一般常见的电化学检测法主要有半电池电位检测法和混凝土电阻率法两种。

1. 半电池电位检测法

（1）检测原理

半电池电位法是一种典型的钢筋锈蚀电化学检测方法。它是采用"铜+硫酸铜饱和溶液"半电池，与"钢筋+混凝土"半电池构成一个全电池系统，通过测定钢筋／混凝土组成的电极和混凝土表面的铜／硫酸铜参考电极的电位差评定混凝土中钢筋的锈蚀程度。

在全电位系统中，参考电极"铜+硫酸铜饱和溶液"的电位值相对恒定，而混凝土中的钢筋因锈蚀产生的电化学反应会引起全电池电位的变化。一般混凝土中的钢筋的活化区（阳极区）和钝化区（阴极区）显示不同的腐蚀电位：钢筋在钝化时，腐蚀电位升高，电位偏正；由钝态转入活化态（锈蚀）时，腐蚀电位降低，电位偏负。最终根据混凝土中钢筋表面各点的电位评定钢筋的锈蚀状态。

（2）检测流程

半电池电位法检测钢筋锈蚀通常按照以下步骤进行：测区的选择与测点的布置、被测区域的表面处理以及电位的测量。

①测区的选择与测点的布置

当主要构件或主要受力部位有锈迹时，应在这些区域布置测区检测钢筋半电池电位；测区数量一般根据锈蚀面积确定，每$3 \sim 5m^2$可设1个测区；1个测区的测点数一般不宜少于20个，通常是在测区上布置测试网格（间距可选$20cm \times 20cm$、$30cm \times 30cm$、$20cm \times 10cm$），以网格节点为测点。需要注意的是，测点位置距构件边缘应大于5cm。

②被测区域的表面处理

半电池电位法的原理要求混凝土成为电解质，因此测量前必须对钢筋混凝土表面进行处理，预先润湿其表面。一般用钢丝刷、砂纸打磨测区混凝土表面，去除涂料、浮浆、污迹、尘土等，并采用适量家用液体清洁剂（或洗衣粉）加上饮用水充分混合构成的液体，充分润湿钢筋锈蚀测定仪测试端海绵和混凝土结构表面，同时保证检测时混凝土表面湿润但无自由水。此外，检测前还需对钢筋表面进行处理，除去锈斑或钝化层。

③电位的测量

将钢筋锈蚀测定仪的湿润海绵端与混凝土表面接触，另一端与钢筋相连。当测区附近有钢筋露出结构以外时（确认该钢筋与测区钢筋是连接的），可以方便地直接连接；否则，需要在测区附近凿除钢筋保护层部分的混凝土，使钢筋外露，再进行连接（最好选在钢筋网的节点处）。检测时，根据钢筋分布确定测线及测点位置，测线和测点间距一般为钢筋间距，用钢锈蚀置测定仪读取每条测线上各测点的电位值，读数保持稳定后，记录保存电位值。

2. 混凝土的电阻率法

混凝土的电阻率测试法是目前现场无损钢筋锈蚀检测中较为先进的一种方法。混凝土的导电性是水泥浆体孔隙液中离子流动时发生的电解过程，电阻率法则是通过测定钢筋锈蚀电流和测定混凝土的电阻率，反映混凝土的导电性。若钢筋发生锈蚀，钢筋的锈蚀速度状态由混凝土电阻率的高低来判断，混凝土电阻率测试值越高，则发展速度越慢，扩散能力弱；电阻率测试值越低，发展速度越快，扩散能力强。

第五节　混凝土氯离子浓度检测

在我国，混凝土结构的耐久性问题十分严重，其中钢筋的锈蚀是影响混凝土结构耐久性的主要因素。钢筋锈蚀的原因主要有混凝土的碳化、氯离子侵蚀以及酸性介质的腐蚀作用，而因氯离子侵蚀导致的钢筋锈蚀最为普遍。因此，对混凝土氯离子浓度的检测对控制氯盐侵蚀、加强混凝土结构的耐久性具有重大意义。

一、氯离子侵蚀问题

氯离子是诱发混凝土内部钢筋锈蚀的主要成分之一，其来源主要分成两类：第一类是氯离子作为混凝土拌和料的组分进入混凝土，包括水泥中含的氯化物、某些工程使用的海砂中的氯化物、拌和水中的氯化物、化学外加剂中的氯化物等；另一类是环境中的氯离子通过混凝土宏观或微观缺陷侵入混凝土中，影响混凝土的结构和使用寿命，如我国沿海地区的混凝土结构中氯离子含量较内陆地区高。

如今，沿海和近海地区由于海水海砂引起的氯离子腐蚀问题已经开始逐步显露，并已引起社会各界的广泛关注。根据实际的工程经验，对于已经掺入氯离子的混凝土结构，最好的办法就是通过对混凝土中氯离子含量的测定，对早期建筑物进行排查，及早发现问题，及早处理。

二、氯离子的腐蚀机理

钢筋混凝土是多相、不均质的特殊复杂体系。钢筋表面具有电化学不均匀性，存在电位较负的阳极区和电位较正的阴极区；一般钢筋表面总处于混凝土孔隙液膜中，即钢筋表面阳极区和阴极区之间存在电解质溶液；由于混凝土的多孔性，其构筑物总是透气和透水的，即通常氧可以通过毛细孔到达钢筋表面作为氧化剂接受钢筋发生腐蚀产生的自由电子。因此，钢筋表面存在活化状态，则可构成腐蚀电池，钢筋就会发生电化学腐蚀。但在正常情况下，钢筋在混凝土中不会发生腐蚀。这是因为钢筋表面在碱性混凝土孔隙液中生成钝化膜，发生阳极钝化以阻止钢筋的腐蚀。因此，长期保持混凝土固有的高碱性是保护钢筋不受腐蚀、保证钢筋混凝土构筑物耐久性的有效途径。但是，在氯离子侵蚀严重的情况下钢筋的腐蚀还是时有发生的。

混凝土中钢筋的腐蚀是电化学腐蚀，但有其特殊性。钢筋腐蚀的先决条件是表面去钝化。通常认为其基本反应是在阳极区铁失去电子变为铁离子，导致铁的溶解。铁离子可进一步反应生成氢氧化物和氧化物，在阴极区进行氧的还原反应。由于腐蚀产生的多种形式的氢氧化物和氧化物的体积比铁原来的体积大好几倍，可造成混凝土结构的膨胀开裂，进一步促进钢筋的腐蚀。

其中，氯离子是很强的去钝化剂。氯离子半径小、活性大，具有很强的穿透能力，因此氯离子能够很容易地进入混凝土内部并到达钢筋表面。当氯离子吸附于钢筋表面的钝化膜处时，可使该处酸性有所增加，破坏钢筋表面的钝化膜，使钢筋发生局部腐蚀，又称点蚀或坑腐蚀。点蚀对断面小、应力高又比较脆的预应力筋危害较大。如果混凝土中含有大量均布的氯离子，而且混凝土保护层比较薄，有足够的氧可以到达钢筋的表面，则钢筋表面就会发生大量的氯离子去钝化作用，导致许多点蚀坑扩大与合并，形成大面积的钢筋锈蚀。

在上述钢筋锈蚀过程中，氯离子不仅促成了钢筋表面的腐蚀电池，而且加速电池作用的过程。Cl^-与Fe^{2+}相遇生成$FeCl_2$，Cl^-使Fe^{2+}消失，从而加速阳极反应。而生成的$FeCl_2$是可溶性的，在向混凝土内部扩散时遇到$OH-$，生成俗称"褐锈"的$Fe（OH）_2$（沉淀），遇孔隙液中的水和氧很快又转化成其他形式的锈。$FeCl_2$与生成$Fe（OH）_2$后，同时释放出Cl^-，新的又向阳极区迁移，带出更多的Fe^{2+}。由此可见，氯离子只起搬运作用，不被消耗，即凡是进入混凝土中的氯离子，会周而复始地起破坏作用，这是氯离子侵蚀的特征之一。另外，由于混凝土中氯离子的存在，强化了离子通路，降低了阴、阳极之间的电阻，提高了腐蚀电池的效率，从而加速了电化学腐蚀的过程。

三、氯离子含量检测流程

对于已经硬化固结的混凝土中氯离子含量的检测主要包括取样规划、取样以及氯离子含量的检测若干步骤。

（一）取样规划

取样规划是指在混凝土材料取样前必须规划考虑取样的位置及深度等方面，全面检测氯离子浓度，其是氯离子含量检测中最重要的过程。根据混凝土中氯离子的来源的不同，取样规划工作方式也有所差异。对于氯离子作为拌和料的组分掺入混凝土中的情况，如以海水、海砂等形式在拌制混凝土时掺入，则在取样时需要将混凝土中已经中性化的部分去除，针对没有中性化的部分进行氯离子含量分析；对于环境中的氯离子进入混凝土中，如海风或海水带来的盐分渗入混凝土中的情况，取样时则需要将试件分成多个部分各自分析研究，以此了解在混凝土中不同深度下的氯离子含量。

（二）取样方法

混凝土氯离子检测的取样方法主要有钻芯取样和钻取粉末取样两种方式。钻芯法适用于对于氯离子含量检测要求高的状况，其优点是氯离子含量不会因为钻取的位置的选择而有所改动；钻取粉末取样法适用于混凝土取样位置特殊的情况，其缺点是由于钻头尺寸较小，在同一位置的粉末取样必须进行多次，否则最终测得的氯离子含量不具有代表性，容易偏高或偏低。

（三）氯离子含量检测

氯离子主要以游离氯离子和固化氯离子的方式存在在已硬化混凝土中。一般实验室中检测硬固混凝土中的氯离子有酸溶法和水溶法两种。其中，以酸溶法测得的氯离子含量较接近于总氯离子含量（包括游离氯离子和固化氯离子）；水溶法测得的氯离子含量则更接近于游离氯离子的含量。

1. AASHTO试验法

AASHTO试验法属于酸溶法检测氯离子含量，可测得总氯离子的含量。一般取3g的混凝土试样（量至mg），放入3mL浓硝酸及10mL蒸馏水中煮沸，用双层滤纸将溶液过滤，取125～150mL的过滤液，放置于室温冷却。利用电位滴定法、Gran图标法或自动滴定法等方法即可检测氯离子的含量。

2. ASTM法

ASTM法主要是用于检测混凝土中水溶性氯离子的有效方法，该方法选择大约10g的样品（由混凝土样品制成的粉末），质量精确到0.01g，倒入250mL的烧杯中。加入50±（1）mL的试剂（符合ASTM D1193的要求），用透明玻璃盖上，煮沸5min，并放置24h。使用ASTM·E832中规定的Fine-Texture Ⅱ型G级滤纸进行过滤。将滤液倒入250mL烧杯中，并加入3.0（±0.1）ML、1BI51的硝酸和3.0±（0.1）ML、30%的过氧化氢溶液（加入过氧化氢是为了减小硫化物对检测结果的影响）。用透明玻璃盖住并放置1～2min，然后加热并快速煮沸，冷却后用滴定法进行氯离子含量的检测。

3. RCT法

考虑上述实验室检测氯离子浓度的方法过程复杂、历时较久且费用较大等问题，一些检测机构使用来自丹麦Germann公司的一种现场检测混凝土中氯离子含量的方法——RCT法。该方法检测程序是：将一定量的混凝土样品粉末放入配制好的某种酸性萃取液中，摇匀并放置一定时间后，将选择性电极浸入溶液中，读取电压毫伏值，然后根据事先标定的电压值—氯离子含量曲线，直接计算出氯离子含量。RCT法操作简单快速，并且能够满足现场测试的要求。

第六节　混凝土内钢筋分布及保护层厚度检测

混凝土结构的钢筋保护层是指最外层钢筋外边缘至混凝土表面的距离。实际工程中，钢筋保护层厚度的质量与混凝土结构及其构件的承载力和耐久性有着直接的关系。钢筋保护层厚度不足或偏厚会影响钢筋与混凝土的黏结力或构件承载力，使钢筋与混凝土不能很好地协同工作。因此，对钢筋保护层厚度进行检测是保证建筑工程质量的重要措施。

一、检测原理

钢筋混凝土保护层厚度的检测有非破损方法和局部破损法两类。电磁感应法和雷达法是最为典型的两种非破损方法，但其原理是完全不同的。电磁感应法是利用电磁感应原理，使用仪器在构件混凝土表面向内部发射电磁波，形成电磁场，混凝土内部的钢筋切割磁力线产生感应电磁场，由于感应电磁场的强度和空间梯度变化受钢筋位置、直径、保护层厚度的制约，通过测量感应电磁场的梯度变化，并通过技术分析就能确定钢筋的位置、保护层厚度和钢筋直径等参数；雷达法则是通过发射和接收到的毫微秒级电磁波来检测混凝土结构及构件中间距、混凝土保护层厚度。采用破损方法检测时，先用合适的工具凿开钢筋表面的混凝土，然后用游标卡尺测量钢筋表面至构件混凝土表面的垂直距离，即为此钢筋的保护层厚度。

虽然破损法检测的测量精度比较高，但容易造成对构件的伤害，而且花费的人力与物力比较多。为了提高工作的效率，又能保证检测结果的准确性，一般情况下我们可采用非破损法检测钢筋保护层厚度。但当钢筋的直径不能确定、相邻钢筋对当前检测有影响时或者是对检测结果有怀疑时、构件饰面层未清除的情况下、钢筋以及混凝土材质与校准试件有显著差异时应采用局部破损法进行验证。

二、保护层厚度检测前期准备

钢筋探测仪是根据电磁感应原理检测混凝土结构、构件中钢筋间距和保护层厚度的一种仪器。

为了保证数据的准确性，每次检测前都需要对钢筋探测仪预热、调零并进行标定校准。钢筋探测仪使用期间的标定校准，需要在无外界磁场干扰的情况下，使用专用的标定块进行。标定块由一根$\phi16$的普通碳素钢筋垂直浇铸在长方体无磁性的塑料块内，如图8-9所示，使钢筋距4个侧面分别为15mm、30mm、60mm、90mm。当测量标定块所给定的保护层厚度时，测读值应在仪器说明书所给定的准确度范围之内，若达不到应有准确度，应送专门机构维修检验。

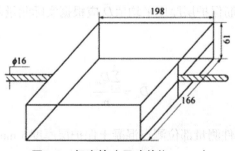

图8-9　标定块（尺寸单位：mm）

　　除了仪器的标定外，进行检测前还需要结合设计资料了解结构钢筋的布置状况。检测时，应避开钢筋接头和绑丝，钢筋间距应满足钢筋探测仪的检测要求，探头在检测面上移动，直到钢筋探测仪保护层厚度示值最小，此时探头中心线与钢筋轴线应重合，在相应位置做好标记；找到钢筋位置后，将探测仪在原处左右转移一定角度，仪器显示最小值时探测仪长轴线的方向即为钢筋走向；按上述步骤将相邻的其他钢筋位置与走向逐一标出。

三、钢筋分布及保护层厚度检测的流程

　　测试前应了解有关图纸资料，以确定钢筋的种类和直径，并确定测区和测点的位置。测区的布置遵循以下原则：

　　按单个构件检测时，应根据尺寸大小，在构件上均匀布置测区，每个构件上的测区数不应少于3个，对于最大尺寸大于5m的构件，应适当增加测区数量；测区应均匀分布，相邻两测区的间距不宜小于2m；测区表面应清洁、平整，避开接缝、蜂窝、预埋件等部位。对于抽样检测的被测试件，其抽样试件数应不少于同类构件的30%，且不少于3件，每个构件测区的布置原则与单个构件的布置原则一致。测点布置的原则如下：对构件上每一测区应检测不少于10个测点，且测点间距应小于保护层测试仪传感器长度。

　　需要确定测区内钢筋的位置与走向，即将保护层测试仪传感器在构件表面平行移动，当仪器显示值最小时，传感器正下方即所测钢筋的位置；找到钢筋位置后，将传感器在原处左右转移一定角度，仪器显示最小值时传感器长轴线的方向即为钢筋的走向；最终进行钢筋保护层厚度的测读，即将传感器置于钢筋所在位置正上方（避免在钢筋交叉位置进行测量），并左右稍微移动，读取仪器显示最小值即该处保护层厚度。每一测点宜读取2~3次稳定读数，取其平均值，精确至1mm。对于缺少资料、无法确定钢筋直径的构件，应首先测量钢筋直径。对钢筋直径的测量宜采用5~10次测读，剔除异常数据，求其平均值的测量方法。

四、检测数据处理

（一）采钢筋保护层厚度平均值

　　检测构件或部位的钢筋保护层厚度平均值$\bar{D}_n$应根据实际测量部位各测点混凝土厚度实测值，按下式进行计算：

$$\bar{D}_n = \frac{\sum\limits_{i=1}^{n} D_{ni}}{n} \qquad (8\text{-}34)$$

　　式中D_{ni}——结构或构件测量部位测点混凝土保护层厚度（mm），精确至0.1mm；

　　　　　n——检测构件或部位的测点数。

（二）钢筋保护层厚度特征值

检测构件或部位的混凝土保护层厚度特征值D_{ne}应按下式进行计算：

$$D_{ne} = \bar{D}_n - k_p S_D \qquad (8-35)$$

式中S_D——测量部位测点保护层厚度的标准差，精确至0.1mm，按下式计算：

$$S_D = \sqrt{\frac{\sum\limits_{i=1}^{n}(D_{ni})^2 - n(\bar{D}_n)^2}{n-1}} \qquad (8-36)$$

k_p——判定系数值，按表8-1取用。

表8-1　钢筋保护层厚度判定系数

n	10 ~ 15	16 ~ 14	≥25
k_p	1.695	1.645	1.595

第七节　钢结构超声波探伤检测

钢结构作为重要的承重支撑结构体系，凭借其自重轻、跨度大、可重复利用等优点，已被越来越广泛地应用各类桥梁工程建设中。超声波探伤技术作为一种现代化技术，以其操作方便、检验准确等优点被广泛应用于钢结构无损检测过程中。下面主要介绍钢结构超声波探伤的原理、典型方法以及焊缝缺陷在探伤检测中的现象。

一、探伤原理

超声波探伤是利用超声能透入金属材料的深处，并由一截面进入另一截面时，在界面边缘发生反射的特点来检查零件缺陷的一种方法。当超声波脉冲（通常为1.5MHz）自零件表面由探头通至金属内部，如果其内部有缺陷，缺陷和材料之间便会存在界面，则一部分射入的超声波在缺陷处被反射或折射，原来单方向传播的超声能量有一部分被反射，通过此界面的能量就会相应减少。这时，在反射方向可以接收到此缺陷处的反射波；在传播方向接收到的超声能量会小于正常值，这两种情况都能证明缺陷的存在。前者称为反射法，后者称为穿透法。

二、脉冲反射法

脉冲反射法是指根据射入被检测试件内部超声波脉冲波的反射波的情况来检测试件缺陷的方法，具体有缺陷回波法、底波高度法及多次底波法。

缺陷回波法是反射法的基本方法，它是根据仪器示波屏上显示的缺陷波形进行判断的方法。当被测工件中无缺陷存在时，超声波可顺利传播到达底面，检测图形中只有表示发射脉冲T及底面回波B两个信号，如图8-10a）所示；若试件中存在缺陷，在检测图形中，底面回波前有表示缺陷的回波F，如图8-10b）所示。

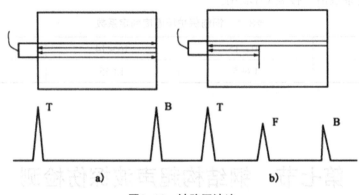

图8-10 缺陷回波法

底波高度法是依据底面回波的高度变化判断试件缺陷情况的检测方法。当试件的材质和厚度不变时，底面回波高度是基本不变的。如果试件内存在缺陷，底面回波高度会下降甚至消失。底波高度法的特点在于同样投影大小的缺陷可以得到同样的指示，而且不出现盲区，但是要求被探试件的探测面与底面平行，耦合条件一致。由于该方法检测缺陷定位定量不便，灵敏度较低，因此实用中很少作为一种独立的检测方法，而经常作为一种辅助手段，配合缺陷回波法发现某些倾斜的和小而密集的缺陷，锻件探伤中常用。

多次底波法则依据底面回波次数，而判断试件有无缺陷的方法。当透入试件的超声波能量较大，而试件厚度较小时，超声波可在探测面与底面之间往复传播多次，示波屏上出现多次底波B_1、B_2、B_3、…如果试件存在缺陷，则由于缺陷的反射和散射而增加了声能的损耗，底面回波次数减少，同时也打乱了各次底面回波高度依次衰减的规律，并显示缺陷回波。多次底波法主要用于厚度不大、形状简单、探测面与底面平行的试件检测，缺陷检出的灵敏度低于缺陷回波法。

穿透法是根据脉冲波或连续波穿透试件之后的能量变化来判断构件内部缺陷的一种方法。穿透法一般采用两个探头，分别为发射探头和接收探头，将其分别置于工作的两个相对表面。工作时，发射探头发射的超声波能量是一定的，在试件不存在缺陷时，超声波穿透试件一定厚度后，在接收探头上所接收到的能量也是一定的；而试件存在缺陷时，缺陷的反射使接收到的能量减小，从而断定试件存在缺陷。

穿透法探伤的灵敏度不如脉冲反射法高，且受工件形状的影响较大，但较适宜检查成批生产的工件。

四、焊缝中缺陷在超声探伤中的识别

焊缝中常见的缺陷主要有气孔、夹渣、未焊透、未熔合和裂纹等，它们各自的回波均有其特性。

气孔是在焊接过程中，焊接熔池高温时吸收了过量的气体或冶金反应产生的气体，在冷却凝固之前来不及逸出而残留在焊缝金属内所形成的空穴，多呈球形或椭球形。气孔可分为单个气孔和密集气孔。单个气孔回波高度低，波形较稳定。从各个方向探测，反射波高且大致相同，但稍一移动探头就消失。密集气孔为一簇反射波，其波高随气孔的大小而不同，当探头进行定点转动时，会出现此起彼落的现象。

夹渣是指焊后残留在焊缝金属内的熔渣或非金属夹杂物，夹渣表面不规则。夹渣分点状夹渣和条状夹渣。点状夹渣的回波信号与点状气孔相似。条状夹渣回波信号多呈锯齿状。它的反射率低，一般波幅不高，波形常呈树枝状，主峰边上有小峰。探头平移时，波幅有变动，从各个方向探测，反射波幅不相同。

未焊透是指焊接接头部分金属未完全熔透的现象。一般位于焊缝中心线上，有一定的长度。探伤中探头平移时，未焊透波形较稳定；焊缝两侧探伤时，均能得到大致相同的反射波幅。

未熔合主要是指填充金属与母材之间没有熔合在一起或填充金属层之间没有熔合在一起。未熔合反射波的特征是探头平移时，波形较稳定。两侧探测时，反射波幅不同，有时只能从一侧探到。

裂纹是指在焊接过程中或焊接后，在焊缝或母材的热影响区局部破裂的缝隙。一般来说，裂纹的回波高度较大，波幅宽，会出现多峰。探头平移时，反射波连续出现，波幅有变动；探头转动时，波峰有上、下错动现象。

第九章 公路桥梁下部与支座检测、加固技术

第一节 桥梁下部检测

一、地基承载力检测

地基容许承载力是在保证建筑物安全可靠，并符合正常使用要求的前提下，地基土在单位面积上所能承受荷载的能力，通常用荷载强度（kPa）表示。

地基容许承载力的确定要考虑两个方面的要求，即基础沉降量不超过容许值和保证地基有足够的稳定性。

地基承载力的理论公式法只考虑地基的强度，没有考虑沉降的要求，而且是在做了一定简化，在假定的条件下得到的，且多数只针对条形荷载而言，因此很少使用。

（一）规范法确定地基容许承载力

1. 地基岩土分类

公路桥涵地基的岩土可分为以下六类：

（1）岩石：可按坚硬程度、完整程度、节理发育程度、软化程度和特殊性岩石进行细分。

（2）碎石土：按颗粒形状和粒组含量又分为漂石、块石、卵石、碎石、圆砾和角砾6类。

（3）砂土：按粒组含量可分为砾砂、粗砂、中砂、细砂和粉砂5类。

（4）粉土：粉土的密实度可划分为密实、中密和稍密；湿度可划分为稍湿、湿和很湿。

（5）黏性土：可根据沉积年代分为老黏性土、一般黏性土和新近沉积黏性土。

（6）特殊性岩土：包括软土、膨胀土、湿陷性土、红黏土、冻土、盐渍土和填土等。

2.抗力系数——地基承载力容许值的提高

地基承载力容许值$[f_a]$应根据地基受荷阶段及受荷情况，乘以下列规定的抗力系数γ_R：

（1）使用阶段

①当地基承受作用短期效应组合或作用效应偶然组合时，可取$\gamma_R=125$；但对承载力容许值 小于150kPa的地基，应取$\gamma_R=10$。

②当地基承受的作用短期效应组合仅包括结构自重、预加力、土重、土侧压力、汽车和人群效应时，应取γ_R10。

③当基础建于经多年压实未遭破坏的旧桥基（岩石旧桥基除外）上时，不论地基承受的作用情况如何，抗力系数均可取$\gamma_R=15$；对$[f_a]$小于150kPa的地基，可取$\gamma_R=125$。

④基础建于岩石旧桥基上，应取$\gamma_R=10$。

（2）施工阶段

①地基在施工荷载作用下，可取$\gamma_R=125$。

②当墩台施工期间承受单向推力时，可取$\gamma_R=15$。

（二）平板载荷试验

平板载荷试验是用于确定地基承压板下应力主要影响范围内土层承载力和变形模量的原位测试方法。它要求岩土体在原有位置上、保持土的天然结构、含水率及应力状态下来测定岩土的性质。

1.试验原理

平板载荷试验是确定天然地基承载能力的一种方法。它是通过向置于天然地基上的模型基础施加荷载，测量模型在不同荷载等级作用下的沉降量，根据荷载和沉降量的关系计算地基土的变形模量和评定地基的承载能力。平板载荷试验属于古老的原位试验方法，该方法能克服室内压缩试验土样处于无侧胀条件下单向受力状态的局限性，可以模拟桥梁基础与地基之间的实际受力状态。

2.试验步骤

（1）在要建造墩台基础的土层挖试坑，坑的大小应以使试验人员下坑工作不发生困难为原则，且其宽度必须为载荷板宽度的三倍以上。

（2）试验加载方式分两大类：一类为平台加载装置，荷载（钢、铁等物）分级加在平台上；另一类是千斤顶加载装置，千斤顶直接压在载荷板上，而千斤顶的反力由上面的重物承受。

（3）加载是分级进行的，视土质的坚硬程度，每级荷载增量为地基土层预估极限承载力的1／0～1／8。最大加载量不应小于设计要求的2倍或接近试验土层的极限荷载。

（4）试验精度不应低于最大荷载的1%，载荷板的沉降采用百分表或电测位移计量测，其精度不应低于001mm。

（5）加荷稳定标准：每级加载后，按间隔10min、10min、10min、15min、15min，以后为每隔半小时测读一次沉降量。当在连续两小时内，每小时的沉降量小于01mm时，则认为已趋于稳定，可加下一级荷载。

（6）逐级施加荷载到破坏荷载时，试验即可结束。破坏荷载有时较难确定，一般认为凡满足下列条件之一的荷载即可取为地基破坏荷载：

①载荷板周围土体有明显侧向挤出或发生裂纹。

②在某一级荷载下，24小时内沉降速率不能达到稳定标准。

③沉降量急剧增大，荷载—沉降曲线出现陡降段，本级荷载的沉降量大于前级荷载沉降的5倍。

④沉降量与载荷板宽度或直径之比等于或大于0.06。

（三）动力触探法确定地基承载力

1. 动力触探法的一般规定

动力触探适用于黏性土、砂性土和碎石类土。

动力触探可分轻型、重型和特重型。轻型动力触探可确定一般黏性土地基承载力；重型和特重型动力触探可确定中砂以上的砂类土和碎石类土地基承载力，测定圆砾土、卵石土的变形模量。动力触探还可用于查明地层在垂直和水平方向的均匀程度和确定桩基持力层。

动力触探划分土层并定名时，应与其他勘探测试手段相结合；确定地基承载力或变形模量时，动力触探孔数应根据场地大小、建筑物等级及土层均匀程度综合考虑，但同一场地应不少于3孔。

2. 试验要点

（1）动力触探作业前必须对机具设备进行检查，确定正常后方可启动。部件磨损及变形超过下列规定者，应予更换或修复。

①探头允许磨损量：直径磨损不得大于2mm，锥尖高度磨损不得大于5mm。

②每节探杆非直线偏差不得大于0.6%。

③所有部件连接处丝扣应完好，连接紧固。

（2）动力触探机具安装必须稳固，在作业过程中支架不得偏移。

（3）动力触探时，应始终保持重锤沿导杆铅直下落，锤击频率应控制在15～30击／min。

（4）轻型动力触探作业时，应先用轻便钻具钻至所需测试土层的顶面，然后对该土层连续贯入当贯入30cm的击数超过90击或贯入15cm超过45击时，可停止作业。如需对下卧层进行测试，可用钻探方法穿透该层后继续触探。

（5）根据地层强度的变化，重型和特重型动力触探可互换使用。当重型动力触探实测击数大于50击／10cm时，宜改用特重型；当重型动力触探实测击数小于5击／10cm时，不得采用特重型重力触探。

（6）在预钻孔内进行重型或特重型动力触探作业，钻孔孔径大于90mm、孔深大于3m、实测击数大于8击／10cm时，可用小于或等于90mm的孔壁管下放至孔底或用松土回填钻孔，以减小探杆径向晃动。

（7）各种类型动力触探的锤座距孔口高度不宜超过15m，探杆应保持竖直。

（8）轻型动力触探应每贯入30cm记录其相应击数。

（9）重型、特重型动力触探应每贯入10cm记录其相应击数。地层松软时，可采用测量每阵击（一般为1～5击）的贯入度。

（10）现场记录按项目要求填写清晰完整，还应在备注栏中记录下列事项：

①贯入间断原因及时间。

②落距超限量、落锤回弹情况。

③探杆及导杆偏斜及径向振动情况。

④接头紧固情况。

⑤其他异常情况。

二、钻（挖）孔灌注桩检测

钻（挖）孔灌注桩检验主要包括三个方面：一是施工前的检验（原材料检验、配合比检验、施工机具检验）；二是施工过程检验；三是桩完整性检验。

（一）施工过程检测

由于钻（挖）孔灌注桩是采用不同的钻孔（或挖孔）方法，在土中形成一定直径的井孔，达到设计标高后，将钢筋骨架吊入井孔中，灌注混凝土（或水下混凝土）成为桩基础的一种施工工艺，目前虽然有比较成熟的施工方法，但是，由于地质复杂或其他原因，容易出现质量事故，因此其检测项目较多。

1.检验项目

（1）筑岛：筑岛的面积应按钻孔方法、机具大小等要求决定；高度应高于最高施工水位10m以上；筑岛材料及岛面与地基承载力应满足设计要求；岛体应稳定。

（2）护筒：应检验护筒内径、护筒的连接处焊接质量；护筒埋设平面位置、倾斜度；护筒顶面高度、埋置深度。

（3）灌注混凝土质量：应检验灌注混凝土的质量，灌注混凝土应满足水下混凝土各项指标要求。

（4）成孔质量检验。

另外，还有钢筋笼与导管检验、清孔及灌注桩质量检验。

2. 泥浆性能指标检测

（1）试验目的和适用范围。本项试验用于检测钻孔灌注桩护壁泥浆的质量，为灌注桩的施工质量检验提供技术依据。

（2）泥浆性能技术要求。钻孔泥浆一般由水、黏土（或膨润土）和添加剂按适当配合比配制而成。

（3）泥浆性能质量检测。

①相对密度

用泥浆相对密度计测定。将要量测的泥浆装满泥浆杯，加盖并洗净从小孔溢出的泥浆，然后置于支架上，移动游码，使杠杆呈水平状态，读出游码左侧所示刻度，即为泥浆的相对密度γ_s。

若工地无以上仪器，可用一口杯先称其质量m_1，再装满清水称其质量m_2，再倒去清水，装满泥浆并擦去杯周溢出的泥浆，称其质量设为m_3，则

$$\gamma_x = \frac{m_3 - m_1}{m_2 - m_1} \qquad\qquad (9\text{--}1)$$

②黏度η

工地用标准漏斗黏度计测定。用两端开口量杯分别量取200mL和500mL泥浆，通过滤网滤去大砂粒后，将泥浆700mL均注入漏斗，然后使泥浆从漏斗流出，流满500mL量杯所需时间（s），即为所测泥浆的黏度。

校正方法：漏斗中注入700mL清水，流出500mL，所需时间应为15s，其偏差如果超过±1s，测量泥浆黏度时应进行校正。

③含砂率

工地可用含砂率计测定泥浆含砂率。量测时，把调好的泥浆50mL倒进含砂率计，然后再倒进450mL清水，将仪器口塞紧，摇动1min，使泥浆与水混合均匀。再将仪器垂直静放3min，仪器下端沉淀物的体积（由仪器刻度上读出）乘以2就是含砂率（％）。

④胶体率

胶体率是泥浆中土粒保持悬浮状态的性能。测定方法可将100mL泥浆倒入干净量杯中，用玻璃片盖上，静置24h后，量杯上部泥浆可能澄清为透明的水，量杯底部可能有沉淀物，以100-（水+沉淀物）体积即等于胶体率。

⑤失水量（mL／30min）和泥皮厚（mm）

用一张12cm×12cm的滤纸，置于水平玻璃板上，中央画一直径3cm的圆，将2mL的泥

浆滴入圆圈中心，30min后，测量湿润圆圈的平均半径减去泥浆摊平的半径（mm），即为失水率。在滤纸上量出泥浆皮的厚度（mm）即为泥皮厚度。

⑥静切力 θ

工地可用浮筒切力计测定泥浆静切力 θ。测量泥浆静切力时，可用下式表示：

$$\theta = \frac{G - \pi d\delta h\gamma}{2\pi dh - \pi d\delta} \qquad (9-2)$$

式中 G——铝制浮筒质量（g）；

d——浮筒的平均直径（cm）；

h——浮筒的沉没深度（cm）；

γ——泥浆重度（g/cm³）；

δ——浮筒壁厚（cm）。

量测时，先将约500mL泥浆搅匀后，立即倒入切力计中，将切力筒沿刻度尺垂直向下移至与泥浆接触时，轻轻放下，当它自由下降到静止不动时，即静切力与浮筒重力平衡时，读出浮筒上泥浆面所对应的刻度，此刻度值即为泥浆的初切力。取出切力筒，按静粘着的泥浆，用棒搅动桶内泥浆后，静置10min，用上述方法量测，所得即为泥浆的终切力。它们的单位均为Pa，切力计可自制。

⑦酸碱度

pH值是常用的酸碱度标度之一。pH值等于溶液中氢离子浓度的负对数值，即pH=-lg[H+]=lg（1/[H+]）。pH值等于7时为中性，大于7时为碱性，小于7时为酸性。工地测量pH值方法，可取一条pH试纸放在泥浆面上，0.5s后拿起与标准颜色比较，即可读出pH值。也可用pH酸碱计，将其探针插入泥浆，直接读出pH值。

3. 成孔质量检测

（1）试验目的和适用范围

成孔是灌注桩施工中的第一个环节，成孔质量的好坏直接影响到混凝土浇筑后的成桩质量，在混凝土浇筑前对灌注桩进行成孔检测是成桩质量控制的有效手段。

（2）成孔质量检验标准。成孔质量检验的内容包括桩位位置，孔深、孔径、垂直度、沉渣厚度泥浆指标等。

（3）成孔质量试验检测

①桩位偏差检查。基桩施工前应按设计桩位平面图落放桩的中心位置，施工结束后应检查中心位置的偏差，并应将其偏差绘制在桩位竣工平面图中，检测时可采用经纬仪对纵、横方向进行量测。桩孔中心位置的偏差要求，对于群桩不得大于100mm，排架桩不得大于50mm。当群桩中设置有斜桩时，应以水平面的偏差值计算。

②孔径检查。能否保证基桩的承载能力，桩径是极为关键的因素。要保证桩径满足设计要求，必须检验桩的孔径不小于设计桩径。桩孔径可用专用球形孔径仪、伞形孔径仪和声波孔壁测定仪等测定。测头为机械式的，测头放入测孔之前，四条测腿合拢并用弹簧锁定，测头放入孔内到达孔底时，四条测腿立即自动张开。当测头往上提升时，由于弹簧力作用，腿端部紧贴孔壁，随着孔壁凹凸不平状态相应张开或收拢，带动密封筒内的活塞杆上下移动，使四组串联滑动电阻来回滑动，将电阻变化转化为电压变化，经信号放大并记录，即可自动绘出孔壁形状而测出孔径尺寸。

③桩倾斜度检查。在灌注桩的施工过程中，能否确保基桩的垂直度，是衡量基桩能否有效发挥作用的一个关键因素。因此，必须认真的测定桩孔的倾斜度，一般要求对于竖直桩，其允许偏差不应超过1%，斜桩不应超过设计斜度的±25%。

4.钻、挖孔灌注桩的混凝土质量检测

（1）桩身混凝土抗压强度应符合设计规定；每根桩取混凝土抗压强度试件组数为2～4组，检验结果应满足混凝土质量检验要求。

（2）检验方法和数量应符合设计要求。

（二）钻（挖）孔灌注桩的完整性检测

灌注桩成桩质量通常存在两方面问题：一是桩身完整性，常见的缺陷有夹泥、断裂、缩径、扩径、混凝土离析及桩顶混凝土密实性较差等；二是嵌岩桩因灌注混凝土前清空不彻底，孔底沉淀厚度超过规定极限等质量问题影响了桩的承载能力。桩基础施工质量的检验，随着长、大桩径及高承载力桩基础迅速增加，传统的静压桩试验已很难实施。

桩基检测方法的研究和应用是一个十分活跃的领域。下面重点介绍反射波法、超声脉冲法和钻芯法。

1.反射波法

（1）试验目的和适用范围。该方法适用于检测桩身混凝土的完整性，推定缺陷类型及其在桩身中的位置，也可以对桩长进行校核，对桩身混凝土强度等级做出估计。

（2）基本原理。反射波法源于应力波理论，基本原理是在桩顶进行竖向激振，弹性波沿着桩身向下传播，在桩身存在明显波阻抗界面（如桩底、断桩或严重离析等部位）或桩身截面面积变化（如缩径或扩径）部位，将发生反射波。经接收，放大滤波和数据处理，可识别来自桩身不同部位的反射信息。据此计算桩身波速、判断桩身完整性和混凝土强度等级。

（3）仪器设备。反射波法检测系统由传感器、放大器、滤波器、模／数转换器，记录、处理、监视系统以及激振设备和专用附件组成。

（4）现场检测及注意事项。

①被测桩应凿去浮浆，桩头平整。

②检测前应对仪器设备进行检查，性能正常方可使用。

③每个检测工地均应进行激振方式和接收条件的选择试验，确定最佳激振方式和接收条件。

④激振点宜选择在桩头中心部位，传感器应稳固地安置在桩头上，对于大直径的桩可安置两个或多个传感器。

⑤当随机干扰较大时，可采用信号增强方式，进行多次重复激振与接收。

⑥为提高检测的分辨率，应使用小能量激振，并选用高截止频率的传感器和放大器。

⑦判别桩身浅部缺陷，可同时采用横向激振和水平速度型传感器接收，进行辅助判定。

⑧每一根被检测的单桩均应进行二次及以上重复测试。出现异常波形应在现场及时研究，排除影响测试的不良因素后再重复测试。重复测试的波形与原波形具有相似性。

2. 超声脉冲法

（1）试验目的和适用范围。超声脉冲检测法是检测混凝土灌注桩连续性、完整性、均匀性，以及混凝土强度等级的有效方法。它能准确地检测出桩内混凝土中因灌注质量问题造成的夹层、断桩、孔洞、蜂窝、离析等内部缺陷，并能测出混凝土灌注均匀性及强度等性能指标。

（2）仪器设备

超声脉冲检测法的整体装置主要由超声换能器、超声检测仪、探头升降装置、记录显示装置或数据采集及处理系统等基本部件所组成。

（3）现场检测及注意事项

①该法在检测时需在灌注桩内预埋若干根声测管作为检测通道，声测管宜采用钢管、塑料管或钢制波纹管，其内径宜为50~60mm。

②将发射探头和接收探头置于声测管中，管内充满清水作为耦合剂，然后通过脉冲信号发生器发生一系列周期性电脉冲，由发射探头将其转换为超声脉冲，穿过待测桩体的混凝土，由接收探头接收，再转换回电信号。

③仪器中测量系统测出超声脉冲穿过混凝土所需的时间、接收波幅值、接收脉冲主频率，接收波波形及频谱等参数。

④通过数据处理系统，对接收信号的各种参数进行综合判断和分析，确定出混凝土中各种内部缺陷的性质、大小和位置等，并给出混凝土总体均匀性和强度等评价指标。

3. 钻芯法

（1）试验目的和适用范围

钻芯法不仅可以直观测试灌注桩的完整性，而且能够检测桩长、桩底沉渣厚度以及桩底岩土层的性状，钻芯法还是检验灌注桩桩身混凝土强度的可靠方法，但该法取样部位有局限性，只能反映钻孔范围内的小部分混凝土质量，存在较大的盲区，容易以点带面造成误判或漏判。钻芯法对查明大面积的混凝土疏松、离析、夹泥、空洞等比较有效，而对局部缺陷和水平裂缝等判断就不一定十分准确。另外，钻芯法还存在设备庞大、费工费时、价格昂贵的缺点。因此，钻芯法不宜用于大批量检测，而只能用于抽样检查，或作为对无损检测结构的验证手段。实践经验表明，采用钻芯法与超声法联合检测、综合判定的方法评定大直径灌注桩的质量，是十分有效的办法。

（2）仪器设备

①钻机；

②锯切机、磨平机和补平器；

③压力机。

（3）现场检测及注意事项

①用岩芯钻具从桩顶沿桩身直至桩尖下15倍桩径处钻孔，岩芯直径有55mm、71mm、91mm和100mm几种，钻进过程，钻头和芯样筒在一定外加压力下同时旋转，使芯样周围磨出一道沟槽，压力水进入芯管和钻头，通过循环水将岩屑带出孔外。

②取出的芯样应在样品箱中沿深度编号摆好，岔口对上，以便检验。

③强度试样的试件宜采用锯切法，芯样必须有夹紧装置固定，用小型锯切机切割，若没有夹紧装置而只用手扶芯样切割的，则难于保证锯切质量。抗压试件端面平整度及垂直度要求很高，可用研磨或补平方法解决，芯样强度应换算成相应于测试龄期的、边长为150mm立方体试块的抗压强度值。

三、基桩承载力检测

现确定基桩承载力的检测方法有静载试验和动测方法两种。静载试验是确定基桩承载力最可靠的方法，而各种桩的动测方法则要在与桩静载试验结果大量对比的基础上，找出对比系数，才能推广应用。

（一）基桩静荷载试验

1.试验前的准备工作

（1）试桩的桩顶如有破损或强度不足时，应将破损和强度不足段凿除后，修补平整。

（2）做静推试验的桩，如空心桩，则应在直接受力部位填充混凝土。

（3）做静压、静拔的试桩，为便于在原地面处施加荷载，在承台地面以上部分或局部冲刷线以上部分设计不能考虑的摩擦力应予扣除。

（4）做静压、静拔的试桩，桩身需通过尚未固结新近沉积的土层或湿陷性黄土、软土等土层对桩侧产生向上的负摩擦力部分，应在桩表面涂设涂层，或设置套管等方法予以消除。

（5）在冰冻季节试桩时，应将桩周围的冻土全部融化，其融化范围：静压、静拔试验时，离试桩周围不小于1m；静推试验时，不小于2m。融化状态应保持到试验结束。

（6）在结冰的水域做试验时，桩与冰层间应保持不小于100mm的间隙。

2.静压试验

（1）试验目的

确定基桩竖向静压承载力。

（2）仪器设备

①加载设备：一般采用油压千斤顶加载，试验前应对千斤顶进行标定。千斤顶的反力装置可根据现场条件选用，有锚桩承载梁反力装置、堆重平台反力装置或锚桩压重联合反力装置。

②位移测量装置

测量仪表必须精确，一般使用1/20mm光学仪器或力学仪表，如水平仪、挠度仪、偏仪计等。

（3）加载方法

①加载中心应与试桩轴线相一致。加载时应分级进行，使荷载传递均匀，无冲击。加载过程中，应不使荷载超过每级的规定值。

②加载分级：每级加载量为预估最大荷载的1/15~1/10。当桩的下端埋入巨粒土、粗粒土以及坚硬的黏质土中时，第一级可按2倍的分级荷载加载。

③预估最大荷载：对施工检验性试验，一般可采用设计荷载的2倍。

（4）沉降观测

①下沉未达稳定不得进行下一级加载。

②每级加载的观测时间规定为：每级加载完毕后，每隔15min观测一次；累计1h后，每隔30min观测一次。

（5）稳定标准

每级加载下沉量，在下列时间内如不大于01mm时即可认为稳定：

①桩端下为巨粒土、砂类土、坚硬黏质土，最后30min；

②桩端下为半坚硬和细粒土，最后1h。

（6）加载终止条件

①总位移量大于或等于40mm，本级荷载的下沉量大于或等于前一级荷载的下沉量的5倍时，加载即可终止。取此终止时荷载小一级的荷载为极限荷载。

②总位移量大于或等于40mm，本级荷载加上后24h未达稳定，加载即可终止。取此终止时荷载小一级的荷载为极限荷载。

③巨粒土、密实砂类土以及坚硬的黏质土中，总下沉量小于40mm，但荷载已大于或等于设计荷载乘以设计规定的安全系数，加载即可终止。取此时的荷载为极限荷载。

④施工过程中的检验件试验，一般加载应继续到桩的2倍的设计荷载为止。如果桩的总沉降量不超过40mm，及最后一级加载引起的沉降不超过前一级加载引起的沉降量5倍，则该桩可以予以检验。

（7）确定基桩竖向静压承载力

极限荷载的确定有时比较困难，应绘制荷载—沉降曲线、沉降—时间曲线确定，必要时还应绘制 $s-\lg t$ 曲线、$s-\lg P$ 曲线（单对数法）、$s-[1-P/P_{\max}]$ 曲线（百分率法）等综合比较，确定比较合理的极限荷载取值。

（8）桩的卸载及回弹量观测

①卸载应分级进行，每级卸载量为两个加载级的荷载值，每级荷载卸载后，应观测桩顶的回弹量，观测办法与沉降观测相同。直到回弹稳定后，再卸下一级荷载。回弹稳定标准与下沉稳定标准相同。

②卸载到零后，至少在2h内每30min观测一次，如果桩尖下为砂类土，则开始30min内每15min观测一次；如果桩尖下为黏质土，则每小时内每隔15min观测一次。

3.静拔试验

（1）试验目的

在个别桩基中设计承受拉力时，用以确定单桩抗拔承载力容许值。

（2）仪器设备

①加载装置：可采用油压千斤顶加载。千斤顶的反力装置一般由两根锚桩和承载梁组成，试桩和承载梁用拉杆连接。将千斤顶置于两根锚杆之上，顶推承载梁，引起试桩上放。试桩与锚桩间中心距离可按静压试验中的有关规定确定。

②测试仪表、元件：荷载可用并联于千斤顶上的高精度压力表测定油压，并根据率定曲线核定荷载。也可用放置在千斤顶上的应力环、压力传感器直接测定。上拔量一般用百分表量测，其布置方法与单桩抗压试验相同。

（3）加载方法

一般采用慢速维持荷载法进行。施加的静拔力必须作用于桩的中轴线，加载应均匀、无冲击。每级加载量不大于预计最大荷载的 $1/15\sim1/10$。

（4）位移观测

可按静压试验中沉降观测规定进行。

（5）稳定标准

位移量小于或等于0.1mm/h，即可认为稳定。

（6）加载终止条件

勘测设计阶段，总位移量大于或等于25mm，加载即可终止。施工阶段加载不应大于设计抗拔荷载。

4. 静推试验

（1）试验目的

确定桩的水平承载力、桩侧地基土水平抗力系数的比例系数。对于承受反复水平荷载的基桩，采用多循环加卸载方法；对于承受长期水平荷载的基桩，采用单循环加载方法。

（2）试验装置

①加载装置

试桩时一般采用卧式千斤顶加载，用测力环或测力传感器确定施加荷载值，对往复式循环试验可采用双向对往复式油压千斤顶。为保证千斤顶施加作用力水平通过桩身轴线，在千斤顶与试桩接触面处安置球形铰座。在试桩时，为防止力作用点处产生局部挤压破坏，须用钢垫板进行局部补强。

②反力装置

反力装置的选用应充分利用试桩周围的现有条件，但必须满足：其承载力大于最大预估荷载的12～15倍，其作用力方向上刚度不小于试桩本身的刚度。

③量测装置

a. 桩顶水平位移量测：采用大量程百分表来量测。每一试桩应在荷载作用平面和该平面以上50cm左右各安装一只或两只百分表，下表量测桩身在地面处的水平位移，上表量测桩顶水平位移，根据两表位移差与两表距离的比值求出地面以上桩身的转角。如果桩身露出地面较短，也可只在荷载作用水平面上安装百分表量测水平位移。

b. 桩身弯矩量测：水平荷载作用下桩身的弯矩并不能直接量测得到，它只能通过量测得到的桩身应变来推算。因此，当需要研究桩身弯矩的分布规律时，应在桩身粘贴应变量测元件。一般情况下，量测预制桩和灌注桩桩身应变时，可采用在钢筋表面粘贴电阻应变片制成的应变计；对于钢桩，可直接把电阻应变片粘贴在桩表面，为防止打桩引起的应变片和导线的损坏，必须把它们设置在保护槽内。保护槽要尽量做到密封、不透水，应变片表面要采取严格的防潮措施；对于闭口钢管桩，也可将桩身剖开，把应变片粘贴在内壁，再焊接起来。

（3）多循环加卸载试验法

①加载分级：可按预计最大试验荷载的1／15～1／10，一般可采用5～10kN，过软的土可采用2kN级差。

②加载程序与位移观测：各级荷载施加后，恒载4min，测读水平位移，然后卸载至零，2min后测读残余水平位移，至此完成一个加载循环，如此循环5次，便完成一级荷载的试验观测。加载时间应尽量缩短，测量位移间隔时间应严格准确，试验不得中途停歇。

③加载终止条件。当出现下列情况之一时即可终止加载：

a. 桩顶水平位移超过20～30mm（软土取40mm）。

b. 桩身已经断裂。

c. 桩侧地表出现明显裂纹或隆起

（二）高应变动力检测法

1. 高应变法的分类

所谓高应变动力试桩法，广义地讲，是指所有能使桩土间产生永久变形（或较大动位移）的动力检测基桩承载力的方法。毋庸置疑，这类方法要求给桩土系统施加较大能量的瞬时荷载，以保证桩土间产生一定的相对位移。自19世纪人们开始采用打桩公式计算基桩承载力以来，这种方法已包括以下内容：

（1）打桩公式法，用于预制桩施工时的同步测试，采用刚体碰撞过程中的动量与能量守恒原理打桩公式法以格氏打桩公式和海利打桩公式最为流行。

（2）锤击贯入法，简称锤贯法，曾在我国许多地方得到应用，仿照静载荷试验法获得动态打击力与相应沉降之间的 $Q_d - \sum e$ 曲线，通过动静对比系数计算静承载力，也有人采用波动方程法和经验公式法计算承载力。

（3）Smith波动方程法，设桩为一维弹性杆，桩土间符合牛顿黏性体和理想弹塑性体模型，将锤、冲击块、锤垫、桩垫、桩等离散化为一系列单元，编程求解离散系统的差分方程组，得到打桩反应曲线，根据实测贯入度，考虑土的吸着系数，求得桩的极限承载力。

（4）波动方程半经验解析解法，也称CASE法（凯斯法），将桩假定为一维弹性杆件，土体静阻力不随时间变化，动阻力仅集中在桩尖，根据应力波理论，同时分析桩身完整性和桩土系统承载力。

（5）波动方程拟合法，即CAPWAPC法，其模型较为复杂，只能编程计算，是目前广泛应用的一种较合理的方法。

（6）静动法（Statnamic），也称准静力法，其意义在于延长冲击力作用时间（约100ms），使之更接近于静载荷试验状态。

CASE法和CAPWAPC法是目前最常用的两种高应变动力试桩方法，也是狭义的高应变动力试桩法。下面介绍这两种检测基桩承载力的高应变方法。

2. 适用范围

（1）本方法适用于检测混凝土灌注桩、预制桩和钢桩的单桩轴向抗压极限承载力和桩身完整性；监测混凝土预制桩和钢桩打入时桩身应力和锤击能量传递比，为选择沉桩工艺参数及桩长选择提供依据。

（2）进行单桩的轴向抗压极限承载力检测应具有相同条件下的动—静试验对比资料

和现场工程实践经验。

（3）超长桩、大直径扩底桩和嵌岩桩不宜采用本方法进行单桩的轴向抗压极限承载力检测。

3. 现场检测技术

（1）检测混凝土预制桩和钢桩的极限承载力的最短休止期应满足下列条件：砂土7d，粉土10d，非饱和黏性土15d，饱和黏性土25d。

（2）检测混凝土灌注桩的极限承载力时，其桩身混凝土强度等级应达到设计要求，且应满足上述规定的最短休止期。

4. 检测数据分析与判定

（1）锤击信号选取与调整应符合下列规定：

①分析被检桩的承载力时，宜在第一和第二击实测有效信号中选取能量和贯入度较大者。

②桩身波速平均值可根据已知桩长、力和速度信号上的桩端反射波时间或下行波上升沿的起点到上行波下降沿的起点之间的时差确定。

③传感器安装位置处原设定波速可不随调整后的桩身平均波速而改变。确有合理原因需作调整时，应对传感器安装处桩身的弹性模量重新设置，且应对原实测力信号进行修正。

④力和振动速度信号的上升沿重合性差时，应分析原因，不得随意调整。

（2）推算被检桩的极限承载力前，应结合工程地质条件和设计参数，利用实测信号特征对桩的荷载传递性状、桩身缺陷程度和位置及连续锤击时缺陷的逐渐扩大或闭合情况进行定性判别。

（3）采用实测曲线拟合法推算被检桩的极限承载力应符合下列规定：

①采用的桩和土的力学模型应能分别反映被检桩和地基土的物理力学性状；在各计算单元中，所用土的弹性极限位移不应超过相应桩单元的最大计算位移。

②分析所用的模型参数应在岩土工程的合理范围内，可根据工程地质和施工工艺条件进行桩身阻抗变化或裂隙拟合。

③拟合曲线应与实测曲线基本吻合，贯入度的计算值应与实测值基本一致，且整体曲线的拟合质量系数宜控制在合适的范围之内。

第二节　桥梁支座和伸缩装置检测

一、桥梁支座检测

桥梁支座设置在梁板式体系中主梁与墩台之间，其主要功能是将上部结构的各种荷载传递给墩台，并能适应上部结构的荷载、温度变化、混凝土收缩等各种因素所产生的自由变形（水平位移及转角），使上、下部结构的实际受力情况符合设计计算图示。

目前使用广泛的桥梁支座有板式橡胶支座、盆式橡胶支座和球形橡胶支座。桥梁板式橡胶支座构造简单、成本低、安装方便，已实现了产品的标准化、系列化，也是我国桥梁支座的发展方向。下面主要介绍桥梁板式橡胶支座的检验方法。

（一）板式橡胶支座的构造

1. 分类

（1）按结构形式可分为以下几项：

①普通板式橡胶支座可分为矩形板式橡胶支座（代号GJZ）、圆形板式橡胶支座（代号GYZ）；

②四氟滑板式橡胶支座可分为矩形四氟滑板支座（代号GJZF4）、圆形四氟滑板橡胶支座（代号GYZF4）。

（2）按支座材料和适用温度可分为以下几项：

①常温型橡胶支座，应采用氯丁橡胶（CR）生产，适用温度为-25℃~60℃。不得使用天然橡胶代替氯丁橡胶，也不允许在氯丁橡胶中掺入天然橡胶；

②耐寒型橡胶支座，应采用天然橡胶（NR）生产，适用温度为-40℃~60℃。

2. 支座结构

板式橡胶支座通常由若干层橡胶片与以薄钢板为刚性的加劲物组合而成，各层橡胶与上下钢板经过亚硫化牢固地粘结成为一体。支座在竖向荷载作用下，具有足够的刚度，主要是由于嵌入橡胶片之间的钢板限制橡胶的侧向膨胀。在水平力作用下，支座的水平位移量取决于橡胶片的净厚度。在运营期间为防止嵌入钢板的锈蚀，支座的上下面及四边都有橡胶保护层。

（二）板式橡胶支座的检验方法

1. 检验分类

桥梁橡胶支座检验可分为进厂原材料检验、出厂检验和型式检验。进厂原材料检验是指板式橡胶支座加工用原材料及外加工件进厂时，应进行的验收检验；支座出厂检验为每批产品交货前应进行的检验。出厂检验应由工厂质检部门进行，确认合格后方可出厂，出厂时应附有产品质量合格证明文件，并附有支座的规格、胶种、单层橡胶和钢板厚度、钢板的平面尺寸、钢板层数、橡胶总厚度，以便使用单位验收和抽检。有下列情况之一时，应进行型式检验：

（1）新产品或老产品转厂生产的试制定型鉴定；

（2）正常生产后，胶料配方、工艺、材料有较大改变，可能影响产品性能时；

（3）产品停产一年以上，恢复生产时；

（4）重要桥梁工程或用量较大的桥梁工程用户提出要求时；

（5）国家质量监督机构要求或颁发产品生产许可证时。

2. 支座力学性能检测方法

（1）抗压弹性模量试验

①抗压弹性模量应按下列步骤进行试验：

a. 将试样置于试验机的承载板上，上下承载板与支座接触面不得有油渍；对准中心，精度应小于1%的试件短边尺寸或直径。缓缓载入至压应力为10MPa且稳定后，核对承载板四角对称安置的四只位移传感器，确认无误后，开始预压。

b. 预压。将压应力以0.03～0.04MPa／s速率连续地增至平均压应力σ=10MPa，持荷2min，然后以连续均匀的速度将压应力卸至10MPa，持荷5min，记录初始值，绘制应力—应变图，预压3次。

c. 正式载入。每一加载循环自10MPa开始，将压应力以003～004MPa／s速率均匀加载至4MPa，持荷2min，采集支座变形值，然后以同样速率每2MPa为一级载入，每级持荷2min后至σ=10MPa为止。采集支座变形数据直至平均压应力σ为止，绘制的应力—应变图应呈线性关系。然后以连续均匀的速度卸载至压应力为10MPa。10min后进行下一级加载循环。加载过程应连续进行三次。

d. 以承载板四角所测得的变化值的平均值，作为各级荷载下试样的累积竖向压缩变形Δ_c，按试样橡胶层的总厚度t_e求出在各级试验荷载作用下，试样的累积压缩应变$\varepsilon_i = \Delta_{ai}/t_e$。

②试样实测抗压弹性模量应按下列公式计算：

$$E_1 = \frac{\sigma_{10} - \sigma_4}{\varepsilon_{10} - \varepsilon_4}$$

（9–3）

式中 E_1——试样实测的抗压弹性模量计算值，精确至1MPa；

σ_4、ε_4——第4MPa级试验荷载下的压应力和累积压缩应变值；

σ_{10}、ε_{10}——第10MPa级试验荷载下的压应力和累积压缩应变值。

③结果。每一块试样的抗压弹性模量E1为三次加载过程中所得的三个实测结果的算术平均值。但单项结果和算术平均值之间的偏差不应大于算术平均值的3%，否则应对该试样重新复核试验一次，如果仍超过3%，应由试验机生产厂专业人员对试验机进行检修和检定，合格后再重新进行试验。

（2）抗剪弹性模量试验

①抗剪弹性模量应按下列步骤进行试验：

a. 在试验机的承载板上，应使支座顺其短边方向受剪，将试样及中间钢拉板按双剪组合配置好，使试样和中间钢拉板的对称轴和试验机承载板中心轴处在同一垂直面上，精度应小于1%的试件短边尺寸。为防止出现打滑现象，应在上下承载板和中间钢拉板上粘贴高摩擦板，以确保试验的准确性。

b. 将压应力以（0.03~0.04）MPa／s的速率连续地增至平均压应力σ=10MPa，绘制应力—时间图，并在整个抗剪试验过程中保持不变。

c. 调整试验机的剪机试验机构，使水平油缸、负荷传感器的轴线和中间钢拉板的对称轴重合。

d. 预加水平力。以（0.02~0.03）MPa／s的速率连续施加水平剪应力至剪应力τ=10MPa，持荷5min，然后以连续均匀的速度卸载至剪应力为0.1MPa，持荷5min，记录初始值，绘制应力—应变图。预载3次。

e. 正式载入。每一载入循环自τ=0.1MPa开始，每级剪应力增加0.1MPa，持荷1min，采集支座变形资料，至τ=10MPa为止，绘制的应力—应变图应呈线性关系。然后以连续均匀的速度卸载至剪应力为0.1MPa。10min后进行下一循环试验。加载过程应连续进行3次。

f. 将各级水平荷载作用下位移传感器所测得的试样累积水平剪切变形Δ，按试样橡胶层的总厚度t_e求出在各级试验荷载作用下，试样的累积剪切应变$\gamma_i = \Delta_s / t_e$。

②试样的实测抗剪弹性模量应按下列公式计算：

$$G_1 = \frac{\tau_{1.0} - \tau_{0.3}}{\gamma_{1.0} - \gamma_{0.3}} \tag{9-4}$$

式中 G_1——试样实测的抗剪弹性模量计算值，精确至1%（MPa）；

$\tau_{1.0}$，$\gamma_{1.0}$——第1.0MPa级试验荷载下的剪应力和累积剪切应变值（MPa）；

$\tau_{0.3}$，$\gamma_{0.3}$——第0.3MPa级试验荷载下的剪应力和累积剪切应变值（MPa）。

③结果。每对检验支座所组成试样的综合抗剪弹性模量 ，为该对试件三次载入所得

到的三个结果的算术平均值。但各单项结果与算术平均值之间的偏差应不大于算术平均值的3%，否则应对该试样重新复核试验一次，如果仍超过3%，应由试验机生产厂专业人员对试验机进行检修和检定，合格后再重新进行试验。

（3）抗剪粘结性能试验

整体支座抗剪粘结性能试验方法与抗剪弹性模量试验方法相同，将压应力以（0.03~0.04）MPa／s速率连续地增至平均压应力σ=10MPa，绘制应力—时间图，并在整个试验过程中保持不变。然后以0.002~0.003MPa／s的速率连续施加水平力，当剪应力达到2MPa，持荷5min后，水平力以连续均匀的速度连续卸载，在加、卸载过程中绘制应力—应变图。试验中随时观察试件受力状态及变化情况，水平力卸载后试样是否完好无损。

（4）抗剪老化试验

将试样置于老化箱内，在70℃±2℃温度下经72h后取出，将试样在标准温度23℃±5℃下，停放48h，再在标准试验室温度下进行剪切试验，试验与标准抗剪弹性模量试验方法步骤相同。老化后抗剪弹性模量G2的计算方法与标准抗剪弹性模量计算方法相同。

3. 试验结果

（1）试样的抗压弹性模量E1与标准的E值的偏差在±20%范围之内时，应认为满足要求。

（2）试样的抗剪弹性模量G1与标准的G值的偏差在±15%范围之内时，应认为满足要求。

（3）在两倍剪应力作用下，橡胶层未被剪坏，中间层钢板未断裂错位，卸载后，支座变形恢复正常，应认为试样抗剪粘结性能满足要求。

（4）试样老化后的抗剪弹性模量G2与规定G值的偏差在±15%范围之内时，应认为满足要求。

（5）在不小于70MPa压应力时，橡胶层未被挤坏，中间层钢板未断裂，四氟滑板与橡胶未发生剥离，应认为试样的极限抗压强度满足要求。

（6）试样的转角正切值，混凝土、钢筋混凝土桥梁在1／300、钢桥在1／500时，试样边缘最小变形值大于或等于零时，应认为试样转角满足要求。

4. 判定规则

（1）进厂原材料检验应全部项目合格后方可使用，不合格材料不允许用于支座生产。

（2）支座出厂检验时，若有一项不合格，则应从该批产品中随机再取双倍支座，对不合格项目进行复检，若仍有一项不合格，则判定该批产品不合格。

（3）支座力学性能试验时，随机抽取三块（或三对支座），若有两块（或两对）不能满足要求，则认为该批产品不合格。若有一块（或一对）支座不能满足要求时，则应从该批产品中随机再抽取两倍支座对不合格项目进行复检，若仍有一项不合格，则判定该批产品不合格。

（4）型式检验时，应全部项目满足要求为合格。若使用单位元抽检支座成品力学性能有两项各有一块（一对）支座不合格；颁发产品许可证时，抽检支座有三项各有一块（一对）支座不合格，则可按照上述第（3）条规定进行复检，若仍有一项不合格，则判定该批产品为不合格。

二、桥梁伸缩装置检测

为使车辆平稳通过桥面并满足桥梁上部结构变形的需要，在桥梁伸缩缝处设置的由橡胶和钢材等组成的各种装置总称为桥梁伸缩装置。

（一）伸缩装置的分类

伸缩装置按照伸缩体结构的不同分为模数式伸缩装置（M）、梳齿板式伸缩装置（S）和无缝式伸缩装置（W）三类。

1.模数式伸缩装置

其伸缩体是由钢梁和橡胶密封带组合而成的伸缩装置称为模数式伸缩装置。按橡胶密封带的数量，模数式伸缩装置又进一步分为单缝式（MA）和多缝式（MB）两种。单缝（MA）模数式伸缩装置适用于伸缩量为20～80mm的公路桥梁工程，多缝（MB）模数式伸缩装置适用于伸缩量为160mm以上的公路桥梁工程。

2.梳齿板式伸缩装置

其伸缩体由钢制梳齿板组合而成的伸缩装置称为梳齿板式伸缩装置。梳齿板式伸缩装置按梳齿板受力状况悬臂式（SC）和简支式（SS）两种。简支梳齿板式伸缩装置按活动梳齿板的齿板和伸缩缝的相对位置分为活动梳齿板的齿板位于伸缩缝一侧（SSA）和活动梳齿板的齿板跨越伸缩缝（SSB）两种。SC梳齿板式伸缩装置适用于伸缩量为60～240mm的公路桥梁工程，SSA梳齿板式伸缩装置适用于伸缩量为80～1000mm的公路桥梁工程，SSB梳齿板式伸缩装置适用于伸缩量为1000mm以上的公路桥梁工程。

3.无缝式伸缩装置

由弹性伸缩体和隔离膜组成的伸缩装置称为无缝式伸缩装置。适用于伸缩量为20～100mm的公路桥梁工程。

（二）伸缩装置的总体要求

伸缩装置所使用的材料、加工工艺和成品的整体性能、外观质量及解剖检验等应符合交通部颁布的现行标准《公路桥梁伸缩装置通用技术条件》。

1.性能要求

伸缩装置应适应、满足桥梁纵、横、竖三向变形要求。当桥梁变形使伸缩装置产生显著的横向错位和竖向错位时，宜通过专题确定伸缩装置的平面转角要求和竖向转角要求，并进行变形性能检测。

伸缩装置应具有可靠的防水、排水系统，防水性能应符合注满水24h无渗漏的要求。

2. 使用要求

在车辆荷载作用下，伸缩装置各部件及连接应安全可靠。在正常设计、生产、安装、运营养护条件下，伸缩装置设计使用年限不应低于15年。

（三）试验方法

伸缩装置的检测项目包括整体性能试验、钢材试验、橡胶试验、其他材料试验、尺寸偏差、外观质量等内容。这里简要介绍下面几种试验方法：

1. 整体性能试验

（1）试样

整体试件宜采用整体装配后的伸缩装置进行试验。若受试验设备限制，不能对整体试件进行试验时，按照下列要求取样：

①单缝模数式伸缩装置的试件长度不小于4m；

②多缝模数式伸缩装置的试件长度不小于4m，并且有不少于4个位移箱；

③梳齿板式伸缩装置的试件长度不小于4m或一个单元；

④无缝式伸缩装置的试件长度不小于4m。

（2）具体要求

①整体试验应在制造厂或专门试验机构中进行。

②对整体试件的伸缩装置进行力学性能试验时，伸缩装置试件的锚固系统应采用定位螺栓或其他有效方法，试验装置应能模拟伸缩装置在桥梁结构的实际受力状态，并进行规定试验项目试验。伸缩装置的试验标准温度为23℃±5℃，且不应有腐蚀性气体及影响检测的震动源。

③模数式伸缩装置应进行拉伸、压缩、纵向、竖向、横向错位试验、测定水平摩阻力、变位均匀性。应按实际受力荷载测定中梁、支承横梁及其连接部件应力、应变值，并应对试样进行振动冲击试验，对橡胶密封带进行防水试验。

④梳齿板式伸缩装置应进行拉伸、压缩试验，测定水平摩阻力及橡胶密封带进行防水试验。

⑤无缝式伸缩装置应进行拉伸、压缩试验及橡胶密封带防水试验。

2. 原材料

伸缩装置中使用的钢材、橡胶、不锈钢板、聚四氟乙烯版、硅脂等应按《公路桥梁伸缩装置通用技术条件》中规定的相关方法进行试验。

3. 尺寸偏差

伸缩装置的尺寸偏差，应采用标定的钢直尺、游标卡尺、平整度仪、水平仪等量测，每2m取其断面量测后，取其平均值。

4. 外观质量

产品外观质量，应采用目测方法和相应精度的量具逐件进行检测。

5. 表面涂装质量

表面涂装质量检验按照《公路桥梁钢结构防腐涂装技术条件》规定的方法进行检测。

（四）检验规则

1. 检验分类

伸缩装置检验应包括型式检验和出厂检验。

2. 型式检验

有下列情况之一时，应进行型式试验：

（1）新产品投产或老产品转厂生产的试制定型鉴定；

（2）正常生产后，生产设备、生产流程、材料有改变，影响产品性能时；

（3）停产一年以上，恢复生产时；

（4）用户提出要求或桥梁变形变位情况特殊时；

（5）国家质量监督机构要求时。

3. 出厂检验

每批产品交货前应进行出厂检验。

4. 结果判定

（1）型式检验应由第三方进行。型式检验项目全部合格，则该批产品合格。当检验项目中有不合格项，应取双倍试样对不合格项进行复检，复检后仍有不合格，则该批产品为不合格。

（2）出厂检验时，当检验项目中有不合格项，应取双倍试样对不合格项目进行复检，复检后仍有不合格，则该批产品为不合格。

第三节　桥梁支座更换及下部结构加固技术

一、支座更换技术

在桥梁结构中，支座是桥梁上、下部结构的连接点，其作用是将上部结构的荷载顺适、安全地传递到桥梁墩台上去，同时保证上部结构在荷载、温度变化、混凝土收缩徐变等因素作用下可自由变形，以便使结构的实际受力情况符合计算图式，并保证梁端、墩台帽梁不受损伤。但由于野外环境及反复荷载的影响，支座容易发生各种病害，一旦损害，将严重影响桥梁的承载能力和使用寿命，必须进行更换处理，以保证桥梁处于正常的使用功能状态。

（一）支座更换基本方法

支座更换方法有很多，下面介绍几种常用的支座更换方法。

1. 支架法

在地面上设置枕木，以枕木为基础，设置满布式或部分木支架至桥梁梁体处，在支架上安置千斤顶顶升梁体。该方法架设设备比较简单，施工方法简单易于操作。对于小跨度的梁桥，用支架法施工具有一定的优势。但支架法施工工期长，支架和模板用钢材、木材量大、成本高；不适宜桥墩过高的场合。

2. 钢导梁法

支撑位置在桥面上，支撑面为顶升梁相邻跨的梁体。在顶升梁上绑扎钢带，安置钢梁，以相邻跨梁体为支撑基础，配合顶升设备，抬升梁体。

该架设方法对桥下场所无要求，适用于多种桥梁类型，整个起梁过程都在桥上进行，不影响桥下通航、通车要求。但对钢梁长度有限制，跨径不可过大；要求用较大吨位千斤顶，但对桥面局部压力较大，有可能损伤梁体。

3. 端部整体顶升法

以地面为支撑，在墩台两侧建立顶升基础，然后用贝雷梁、槽钢、螺栓连接成受力钢梁（也可用钢管墩作为传力构件），受力钢梁上架设千斤顶，在梁两端同步整体顶升。

该架设方法对桥下通车影响不大，可自由通行，能满足桥下不中断交通的要求。与采用少数大吨位的千斤顶相比较，无须为应力集中设置过大的传力杆及横梁。但对桥跨下的地基基础要求较高，需建顶升基础，工序时间长，工期较长。

4. 扁形千斤顶法

把超薄的扁形千斤顶安放在主梁与盖梁的狭小空间内，直接顶升梁体，在梁体顶升后，更换支座。

该方法使用的机具设备很少，成本低廉，工序简单，施工快速，中断交通时间很短，对桥下场所无要求，适用于多种桥梁类型。但由于超薄扁形千斤顶的特殊构造，其行程较短，可能需要多次顶升才能到位，且仍然需要一定的顶升操作空间，要求盖梁或桥台较为宽大，能安放数量较多的液压千斤顶。

5. 钢套箍法

通过树脂胶、植筋锚栓等措施将钢套箍与桥墩四周相连，钢套箍靠近支座下部设置牛腿等，为梁体顶升提供竖向反力支撑。支座更换时，液压千斤顶放置于牛腿顶面顶升梁体。

该方法充分利用桥梁本身的结构，可以通过增加钢套箍的长度提高其承载能力，对环境的适应能力很强，不受河床地质、桥下水深和桥梁高度的限制。

6. 气囊顶升法

用集群气囊替换液压千斤顶。上述所有支座更换方法只要用气囊取代千斤顶都可以称为气囊顶升法，尤其对于盖梁或桥台能够提供反力支撑条件，但是适用于其与梁底之间的空隙很小的场合。

该方法中起重量不受限制，通过气动提升系统的扩展组合，能满足百吨级甚至千吨级桥梁构件的顶升；同步控制，安全受控；可操作性好，气动提升系统体积大，质量轻；顶升过程平稳，无附加冲击荷载；对顶升的基础要求低，特别适合临时预制构件的工程；有利于保护桥梁构件，采用分布荷载，避免了液压起重的集中荷载。

（二）支座更换流程

桥梁支座更换是桥梁加固维修项目中很重要的一项工作内容，现以常用的扁形千斤顶法为例来说明支座更换流程。

1. 搭设支架、施工平台

桥台支座更换利用桥台作为施工平台，对空间不够的部位采用支架措施，以确保施工的安全实施。对于桥墩支座的更换，采用特制钢挂架固定于墩身或盖梁上作为施工平台。

2. 台帽、盖梁顶面清理

清理台帽或盖梁顶面沉积的土石块及混凝土块，保证支座更换时作业面干净整洁。清理伸缩缝内沉积的垃圾和杂物，防止顶升内梁体间互相挤压。

3. 支座调查与复检

对要更换的支座部位进行确认和检查，复核原支座型号与图纸提供的型号是否一致，并根据支座的设计承载力确定顶升质量及千斤顶的型号和数量。对梁底高程进行测量，根据测量记录确定支座垫石顶面高程的调整高度。

4. 千斤顶、百分表安放与设置

千斤顶数量应与每个桥台下的支座数量相同。为精确测量顶升高度并在梁体顶升过程中控制梁体姿态，需在梁台两侧布设百分表，顶升过程中应有专人负责记录百分表读数。

5. 顶升系统调试

要对顶升系统中的液压系统、控制系统、监测系统等子系统进行检查，做好准备工作，确保各组件连接正确、符合规定，各仪器能正常工作。

6. 试顶

试顶前检查千斤顶，安装是否到位；密切观察桥梁是否有异常状况出现，注意仪表读数是否正常；控制顶升速度及顶升高度，顶升就位后，持荷10min，观察梁体及设备状况。如有异常情况，应立即回油、落梁，问题解决后再进行试顶，直至梁体受力及设备运行正常。

7. 梁体同步顶升

顶升时分级顶升，严格控制各顶高差，实时监测整个顶升期间位移传感器升量高差，若高差超过控制值时，必须进行适时调整后才进入下一个顶升周期，达到同步顶升的目的。顶升时，梁每升高5~6mm，临时支撑加垫一块钢板。同步顶升高度为可拆除既有支座和安装新支座所需的工作空间，为10~15mm。顶升到位后将梁体由千斤顶转落至临时支撑上。

8. 支座更换

取出旧支座前应拍照记录其缺陷状况，取出旧支座后，对原支座垫石、钢板进行清理打磨。测量垫石顶面高程并整平，垫石如需加高或降低，则需要采用环氧砂浆加高和钢钎凿除部分混凝土等方法处理。控制支座垫石顶面及顶面四角高差和轴线偏位大小，确保支座精确安放在垫石设计位置上。所有支座更换完毕后，再对安装的新支座进行全面检查，确保各项指标满足设计及规范要求。

9. 落梁

落梁前在梁体两侧的桥台或桥墩挡块与梁体间加塞木板，防止落梁时梁体发生水平位移。梁体就位后检查支座上下钢板与垫石、梁底之间的密贴情况，应尽量保证支座上下面全部密贴。如果支座出现偏心受压、不均匀支承或脱空的现象，则应重新顶升梁体，并在支座下钢板下加设抄垫钢板进行微调（厚度规格为1~3mm），直至支座上下面全部密贴。支座检查合格后拆除千斤顶、临时支承钢板等顶升设备。取出梁体与挡板间木板，清理施工废物及垃圾。

（三）支座更换基本规定

支座更换时应该满足以下规定：

（1）在桥梁支座更换前，应对桥梁主要构件进行验算。

（2）支座更换时，对梁体宜采用整联跨同步顶升，横桥向多个排列构件的顶升位移须严格同步；应验算顶升要求的位移量和相邻墩台处顶升可能产生的位移差对桥体结构的不利影响，优化顶升高度。

（3）桥梁采用局部顶升法更换支座时，应考虑顶升高度对梁体的不利影响，对不同结构形式、不同跨径的桥梁应通过计算确定各顶升点的局部顶升高度允许值。

（4）必要时应采取有效措施加固墩顶和扩大支承面，防止墩顶损坏。

（5）墩顶顶升空间和支承面不满足顶升要求时，应另设顶升支架，并按相关规范对支架结构进行承载力和稳定性验算。

（6）顶升前应对墩台顶面进行找平处理，保证顶升时千斤顶支承部位局部承压钢垫板的接触面平整。

（7）支座更换一般宜在封闭交通情况下进行，采用局部顶升时应封闭交通。若不封闭交通，应采取适当的交通管制措施。

二、桥梁整体顶升技术

随着公路运输的高速发展，原来建设的桥梁由于超期服役和一些其他原因，已不能满足现在的行车要求，需要对一些高速公路及桥梁进行改造。其中跨越高速公路的桥梁改造无疑是改造中最大的难点，由于净空高度不够，许多上跨桥都有被超高车辆相碰的现象，危及桥梁的安全，许多主线桥由于建造时间比较长，已经不能满足城市进一步发展的需要，特别是橡胶支座由于时间较长，已经老化，失去原有效果，而采用千斤顶对桥梁的上部结构实施顶升技术，是解决这些问题的一个理想方法。

从国民经济发展总体考虑，对净空不足的桥梁采用桥梁顶升技术进行改造，是保证公路交通正常运营的积极措施，不仅可以节约大量建设资金，而且可以缩短工期、减小对现行交通的影响，其意义和影响是深远的。因此，应当引起各级公路主管部门领导的充分重视，积极引进和开发桥梁升高的先进技术、材料和设备，合理确定施工方案，使现有桥梁继续发挥作用，让有限的资金发挥更大的效益，使我国桥梁建设真正步入"建养并重"的可持续发展道路。根据现有桥梁顶升的工程实例，桥梁顶升的原因主要有：①外部因素变化导致既有桥梁净空不能满足需要引起的桥梁顶升；②既有桥梁调坡顶升与新建高架桥线形衔接；③既有桥梁整体下落及平移或新建桥梁施工架设；④桥梁支座更换；⑤新建地道箱体下穿既有桥梁墩柱基础位置，需进行的桥墩顶升托换。

（一）PLC同步顶升系统介绍

PLC可编程逻辑控制器同步顶升系统一般由5个部分组成，即液压泵站、PLC计算机控制系统、液压终端、位移压力检测与人机界面操作系统。该系统是将液压顶升系统、计算机PLC信号处理、位移监控与桥梁结构分析和施工技术进行集成，并在集成系统上进行的成套技术开发。其核心是在桥梁机构分析与施工技术总结的基础上，根据桥梁特性设计计算机PLC信号处理与液压系统，输入外部监控设施的位移信号，输出液压系统油量控制信息，利用终端多组千斤顶来达到平衡、安全与高效的桥梁顶升的目的，其顶升和降落精度误差不超过 ±0.5mm，顶升荷载包括2000kN、40000kN、8000kN、12000kN，20000kN、50000kN、100000kN等，顶升高度一般为10～500mm。

（二）桥梁顶升工艺流程

工艺流程包括：实行交通管制或中断交通，解除桥面连续及伸缩缝等约束，搭设顶升施工操作平台，设置千斤顶，安放百分表，安装传感器，设置油路，排除系统异常，预顶升，正式顶升，设置临时支撑，同步实施监控，增设或加固支座垫石，落梁到位。具体分析如下：

1. 解除梁体约束

为保证上部结构在竖向顶升过程中其结构处于一个自由状态，在进行整个工程前应先解除桥梁两端头的伸缩缝。在解除约束时应重点检查桥梁运营后的现状，除了伸缩缝的结构约束外，可能还存在因外界或结构自身变化而引起的梁端堵死的情况。

2. 平台搭设

施工平台的搭设，关系施工人员、机械设备的安全，搭设时应根据现场情况随机进行变动。考虑待顶升桥梁净空较大的具体情况采用简易挂架及爬梯，搭设完毕后的操作平台必须进行加密处理，并设置安全护栏。

3. 设置千斤顶

根据每个工程的不同，千斤顶有着不同的设置方法。一般而言，先通过计算得到顶升至一定高度所需要的支座反力，再根据支座反力的要求选择千斤顶的数量和种类。计算好千斤顶后，要根据工程的不同，选择设置或者不设置临时支撑结构。若是选择需要临时支撑结构的工程，则需要设计及计算临时支撑结构的式样和支撑方法；若是不安装临时支撑结构的工程，则千斤顶在安装前需要进行试运行并调试。

4. 预顶升

在桥梁整体顶升作业中，对千斤顶动作的同步性提出了较高要求。通常要求顶升高度差控制在2mm以内，如若不然，千斤顶则会出现受力不均的问题，对梁体控制截面形成一定的应力，最终造成梁体结构受到不同程度的损伤。通过位移以及和压力双重控制的自动同步顶升方法，不同传感器采集相应的数据，并传输给数据软件加以分析，从而确保顶升作业的精度和安全。

5. 正式顶升

按照预设荷载予以顶升，在顶升初始阶段，全部千斤顶均处于PLC系统精准的同步控制之下，同时辅以精加工制作的钢垫块，所以能够避免由于千斤顶行程过短而存在的多次托垫问题及其风险。顶升之后，梁体坡度有所变化，为防止桥梁在该过程中出现水平位移，有必要安装限位装置，既要考虑纵向限位，又要考虑横向限位。在限位装置方面，选用三角形牛腿形式，借助植筋法设置在台身正面和两边挡块处。整座桥需要保证同时顶升到位。在顶升过程中，受千斤顶行程上的制约，通常分若干次顶升才能最终到位。另外，最大顶升速度不可超过10mm／min。

6. 实施同步监控

每一轮顶升结束之后，需对计算机显示的位移、压力等进行相应分析，一旦发现异常，应予以立即处理，待正常之后方允许进入后续环节。在顶升作业时，应重视和做好相关监控工作，包括力的监控、位移监控和桥面高程监控。

7. 落梁

桥梁整体顶升到位之后，还应该超顶5～10cm，对支座垫石处进行必要凿除，然后铺设适宜厚度的水泥砂浆，安装垫石，通常每片梁对应1～2块垫石。落梁在程序上和顶升刚好相反，应认真落实其整个程序，将各项准备工作充分做好，包括确认全部临时支撑均拆除完毕，支座安放无误，各项顶升参数均正常。下落到支点承载之后应密切监测位移以及压力传感器提供的数据，观察各台千斤顶减速以及位移变化是否协调，如果相差较大，应立即停止，待有效处理之后再重新落梁。

（三）断柱顶升的施工方法

桥梁整体加高工程通常采用断柱顶升方案，当整体抬升高度不高时，可采用在原柱上加盖梁的办法，通常在通航净空不满足要求，或原路线改建抬升时，将旧桥抬高，而在原桥梁仍然能满足当前使用的状况下，为了节约投资，降低造价，同时采用这样的方案能大大缩短工期。断柱顶升法有4种：承台—盖梁顶升力系，上、下抱柱梁顶升力系，承台—上抱柱顶升力系，下抱柱梁—盖梁顶升力。

（四）直接顶升的施工方法

直接顶升的方法是选定一定的反力基础后进行一定的地基处理，直接顶升板（箱）梁的方法，顶升后对盖梁（或立柱）进行接高；其按反力基础形式不同，可以分为承台反力、自然底面铺方木、以盖梁为反力基础等。直接顶升法可以以承台、自然地面及盖梁为反力基础。

三、地基冲刷处理与基础加固技术

（一）地基冲刷的处理

冲刷是造成桥梁破坏的主要原因之一。由于桥梁处于复杂的水环境中，局部泥沙冲刷导致桥墩基础的承载力不足，桥墩发生倾覆等变形甚至失稳导致桥梁毁坏。墩台的承载力是桥梁稳定性和安全性的重要保证，直接关系桥梁的安危。大多数桥梁墩台都有不同程度的冲刷现象且冲刷多发生于水下，没有明显的征兆，难以被发现，严重威胁着使用者的安全和桥梁结构安全，冲刷造成的桥梁破损存在很大的隐蔽性，一旦遭受破坏，修复起来成本巨大。

针对水流冲刷，常用的桥墩局部冲刷防护工程措施包括：抛石防护，扩大墩基础防护，混凝土膜袋和混凝土铰链排防护，墩前牺牲桩防护，护圈防护，环翼式桥墩防护，护壳防护和四面体透水框架群防护等。下面对这些方法进行介绍。

1. 抛石防护

抛石防护是主要的一种桥墩防护工程措施，其工作原理为：一是抛石对床沙起保护作用，增加床沙起动或扬动所需的流速；二是抛石可以增大桥墩附近局部糙率，对减小桥墩附近流速也起到一定的积极作用。

抛石防护效果的影响因素有抛石粒径、布设高度、抛石厚度、抛投范围和抛石级配等，实际工程中注意选取合适数值。抛石防护具有取材方便、施工简单、能适应地形变化等优点。但抛石防护的整体性较差，运用过程中的维护费用和工作量较大，特别是当流速为临界摩阻流速的2.5倍以上、河床床面有较大河床形态出现时，抛石将被埋置到最大冲刷坑深处，导致抛石层彻底失去防护作用。

2.扩大墩基础防护

扩大桥墩基础防护是指在施工阶段先将钢围堰埋入河床以下一定深度，再进行下部桩基础施工，基础施工完成后在床面以上预留一定高度封顶，然后在其顶面上放置桥墩的防护工程措施。该防护措施致力于解决下降水流带来的淘刷力，防止其直接冲刷泥沙以及减弱马蹄形水流的冲沙挟沙能力。

影响扩大桥墩基础防护效果的主要因素为基础顶面的放置高度和扩大桥墩基础头部向上游的伸出长度。按桥墩基础顶面所在的位置分成3类：①扩大桥墩基础顶面位于河床面之上时，出露部分实际并没有起到预计的效果，相当于仅增大了桥墩的直径，当有水冲刷时，更大面积的墩土接触面导致冲刷深度增大；②当扩大桥墩基础顶面位于冲刷坑内时，扩大桥墩基础的顶面消散了部分向下水流和马蹄形漩涡的冲刷力，削减了桥墩周围的冲刷坑深度，特别是当扩大桥墩基础的顶面恰好位于河床床面处时，减冲效果最为明显；③当扩大桥墩基础顶面位于桥墩周围最大冲刷坑深度之下时，其防护作用消失，相当于没有扩大桥墩基础。该方法在理论上能够起到防护作用，但是当河床变动时其作用会变化消失，甚至起反作用，一般不建议采用。

3.混凝土膜袋和混凝土铰链排防护

混凝土膜袋是利用高强化纤材料编织成双层并能控制一定间距的袋体。混凝土膜袋防护是指在膜袋内部充填混凝土（或砂浆）使之形成一个刚性的板状防冲块体，并能适应地形变化而紧贴在岸坡或河床上，从而起到抗冲刷作用的混凝土类防护技术。混凝土铰链排是利用铰链将混凝土板块连接起来而形成的防护实体。混凝土模袋和铰链排防护。

4.墩前牺牲桩防护

在桥墩基础的上游布置一系列小直径的群桩。当上游水流冲来时，先遇到这些桩，使来流的速度减小，冲刷能量相应地降低，冲刷方向被扰动，使其与桥墩基础的作用减弱，从而达到防护的目的。这一措施是从水流的消能着手，降低墩前下降水流和墩周马蹄形漩涡扰流，使来流的冲刷主要作用在墩前的群桩上，这些桩作为牺牲桩来保护桥墩基础。

5.护圈防护

在桥墩一定高度处设置各种形式的护圈。护圈的存在使桥墩周围的下降水流和马蹄形漩涡得到较好的削弱，也使前进水流经过桥墩时的能量被削弱，从而起到防护的作用。

6. 环翼式桥墩防护

环翼式桥墩是在桥墩上合适的位置加装一定数量的挡板，形似翼状。该方法是从削弱水流的能力着手，通过翼状挡板改变下潜水流的方向和大小，从而削弱漩涡淘蚀与降低搬运河床颗粒的能力。

7. 护壳防护

护壳在迎水面设置带有方向的人造褶皱，会产生一系列倾斜漩涡，并由水流将这些漩涡冲走，避免其下降淘刷底部泥沙，有效地减小了水流下降带来的影响；其次，护壳外表面所设置的无方向粗糙面会给护壳带来一种类似"高尔夫球"的特性，与光滑桥墩相比，可将层流变成紊流，从而改变水流分隔线，使下游尾流的冲刷能力大大降低。

8. 四面体透水框架群防护

四面体透水框架群是一种在桥墩周围抛投四面体的方法。其工作原理是利用四面体框架群对来流进行消能减冲，减小漩涡，稳固河床，从而达到防护的目的。该方法最早是运用于江河护岸和堤防等，后来逐渐引入冲刷防护领域。这种防护技术机理新颖，造价较低，适用面广。

（二）基础加固技术

通常桥梁下部结构及基础具有足够的承载潜力，足以满足上部结构补强加固所增加的质量以及活荷载对它的要求。如果墩台及基础的承载能力不足，或者上部结构的缺陷、承载能力的降低等是由于墩台与基础的沉降、位移或缺陷等所引起的，则应对原桥梁墩台及基础进行必要的加固。桥梁墩台基础加固的常用方法有人工地基加固法、扩大基础加固法、增补桩基法、静压桩加固法及灌浆法等。

1. 人工地基加固法

当基础下面的地基土松软，不能承受很大荷载，或上层土虽好，但深层土质不良引起基础沉陷时，可采用人工地基加固方法，以改善提高基础的承载能力。人工地基加固方法很多，一般常用的有砂桩法、树根桩法、高压喷射注浆法和灌浆法等。

（1）砂桩法

当软弱地基层较厚时，可用砂桩法改善地基的承载能力。加固施工时，将钢管或木桩打入基础周围的软弱土层中，然后将桩拔出，灌入经过干燥的粗砂，进行捣实，做成砂桩，达到提高土的密实度的目的。在含水饱和的砂土或粉土中，由于容易坍孔，灌砂困难，亦可采用砂袋套管法与振冲法加固地基。

（2）树根桩法

树根桩是一种小直径钻孔灌注桩，其直径通常为100～250mm，有的也采用300mm。先利用钻机钻孔，满足设计要求后，放入钢筋或钢筋笼，同时放入注浆管，用压力注入水泥浆或水泥砂浆而成桩，亦可放入钢筋笼后再灌入碎石，然后注入水泥浆或水泥砂浆而成桩。小直径钻孔灌注桩也称微型桩。小直径钻孔灌注桩可以竖向、斜向设置，网状布置如树根状，故称树根桩。

注浆法加固墩台基础，采用注浆方法，使地基土通过渗透、填充、置换、挤密，形成水泥砂浆结石体，大大提高地基承载力。注浆孔必须采用冲击钻干钻成孔，平常严禁带水钻孔。为防止冒浆，注浆顺序宜先外后内，先垂直后倾斜。注浆时，将注浆管一次性打到设计深度，自下而上注浆，注浆时拔管间距为0.5m，相邻两排注浆孔的注浆点深度相差0.2m。可采用压力和压浆量双控，直到孔口不再吸浆且浆液不外流，作为注浆终止条件。压浆时对墩台和墩台周围地面进行全程监测，如发现有冒浆、地面隆起或墩台顶起等异常情况，立即停止注浆，待浆液初凝后再进行补浆。注浆法加固墩台基础，在增加地基承载力的同时，可防止填土下沉、桥台外倾等病害。

2. 扩大基础加固法

扩大桥梁基础底面积的方法，称为扩大基础加固法。此法适用于基础承载力不足或埋置太浅，而墩台又是坊工或混凝土刚性实体式基础时的情况。扩大基础底面积应由地基强度验算确定。当地基强度满足要求而缺陷仅表现为不均匀沉降变形过大时，采用扩大基础面积的加固主要由地基变形计算来加以选定。

3. 普通增补桩基法

在桩式基础的周围补加钻孔桩或打入钢筋混凝土预制桩并扩大原承台，以此提高基础承载力，增加基础稳定性。这种加固法称为增补桩基加固法。

增补桩基法需要保证新加桩基与原有墩柱通过承台连接成一个整体，因此，一般将承台范围内原墩柱混凝土表面凿毛，要求打成网状沟槽，沟槽深度不小于6mm，间距不大于150mm；原墩柱混凝土表面凿毛后应冲洗干净，浇筑混凝土前，原墩柱混凝土表面用水泥浆等界面剂进行处理，以加强新旧混凝土的结合。新加桩基顶部高出锥坡处在承台下面用浆砌片石围挡。

增补桩基法加固墩台基础的优点是不需要抽水筑坝等水下施工作业，且加固效果显著。其缺点是需搭设打桩架和开凿桥面，对桥头原有架空线路及陆上、水上交通均有影响。

对单排架桩式桥墩采用打桩（或钻孔灌注桩）加固时，如原有桩距较大（在4～5倍桩径时），可在桩间插桩。如原有桩距较小且通航净跨允许缩小时，可在原排架两侧增加桩数，成为三排式的墩桩。

如在桩间加桩，可凿除原有盖梁并浇筑新盖梁，将新旧桩顶连接起来。但此时必须检查原有盖梁在加桩顶部能否承受与原来方向相反的弯矩，如不能承受则必须加固原有盖梁或重新浇筑盖梁。加固原有盖梁时，可在盖梁顶部增设钢筋。

当桥台垂直承载力不足时，一般可在台前增加一排桩并浇筑盖梁，以分担上部结构传来的压力。打桩（或钻孔桩）时，可利用原有桥面作脚手架，在桥台上开洞插桩。增浇的盖梁可单独受力，也可连接在一起，使旧盖梁、旧桩和新桩一起受力。

4.静压桩加固

静压桩加固是利用老桥的上部结构自重，以大吨位千斤顶，将预制桩无振动无噪声地嵌入土中。对一些结构良好的老桥实施下部结构的加固，通常受桥下净空影响，不能满足常规机械的进入，可采用千斤顶实现静压施工来解决。

确定补桩数量之后，使上部恒载与单桩下沉的极限阻力之比控制在2∶1～1.5∶1。压入桩的承台与施工反梁合二为一，既为静压施工传递上部恒载的反梁，又为加固的桥墩提供一个新老桩基共同受力的承台。利用小体积大吨位的千斤顶，使该工艺在实践上具有可操作性。静压桩加固的主要工艺流程为：承台（反梁）浇筑→基坑初步开挖→预制桩就位→静力压桩→接桩续压→桩台湿接。

设计与施工要点如下：①合理划分方桩的节段长度，划分时要考虑千斤顶本身的高度与行程、河床与反梁的高差、节头构造对接桩空间的要求，同时尽可能减少规格；②施压前在反梁顶面设置供观测用的千分表，第一节桩施压时要设置可靠的侧向限位措施，否则会偏斜；③压桩垫块的高度要比千斤顶行程略小2cm，因千斤顶回油，桩身会反弹；④尽可能缩短接桩的辅助时间，以免桩土固结而增大沉桩阻力；⑤所有桩基终压前的处理要在桩顶与反梁之间施加预压力，再将主筋与反梁底的钢板相焊，最大限度地使新桩能与老桩一起共同承受上部荷载。

采用静压法，既能适应拱桥下的窄小空间，又能最大限度地保持原桥的设计风格与造型。静压施工无噪声、无振动，对老桥桩基无扰动，施工安全，承载力可靠。该工艺不仅可对桩柱式桥墩实施，对实体桥墩同样可采用该工艺进行加固。

5.灌浆法加固

利用灌浆法加固桥梁基础是指运用液压、气压、电化学原理，在压力作用下将浆液注入桥梁基础的裂缝和空隙中，从而达到填补裂缝、加固基础的目的。灌浆法的主要作用是通过灌浆来改善基础的化学性质以及物理性质，在灌浆过程中，浆液渗透到裂缝和孔隙中，并形成浆脉，进而形成浆柱体，浆柱体与桥梁基础结合后形成复合基础，从而有效提高桥梁基础的承载能力，并减轻墩台不均匀沉降的问题。

灌浆法加固公路桥梁隧道基础的施工流程如下：成孔→安放浆管和封堵孔口→搅浆→灌浆→待凝→成孔→安放灌浆管和封堵孔口→搅浆→灌浆→封孔。

四、桥墩加固技术

桥梁是交通枢纽的"咽喉"，桥墩破坏将导致生命线的中断，对经济和人员伤亡所造成的损失将不可估量。无论对于旧危桥的承载力加固、抗震能力不足的抗震加固，还是地震中已经损坏的桥梁的加固修复，钢筋混凝土的桥墩加固与修复技术都具有重要的经济意义和实用价值。常用的桥墩加固技术主要包括增大截面加固技术、嵌入加固技术、体外预应力加固技术、钢套管加固技术、FRP（纤维增强复合材料）加固技术、绕丝加固技术及"狗骨式筋"修复纵筋技术等。

（一）增大截面加固技术

增大截面加固技术是增大桥墩截面面积和配筋的一种常规加固技术，其不仅可以提高被加固桥墩的承载能力，而且还可以加大其截面刚度，改变其自振频率，改善正常使用阶段的性能。根据加固材料和加固工艺的不同，可分为外包混凝土加固法和喷射砂浆加固法。

1. 外包混凝土加固法

外包混凝土加固法是在原有柱子的表面外包混凝土并增加纵向钢筋和箍筋，通过在原桥墩上植筋、绑扎钢筋以形成钢筋骨架，然后再浇筑混凝土，将新旧混凝土形成一个整体共同作用，既可以对已存在的裂缝有所补救，同时又能防止裂缝的发展和新裂缝的产生，对加固因受剪产生裂缝的桥墩效果显著。在外包厚度较小时，可应用喷射混凝土技术。增加的箍筋可提高柱子的剪切强度以及延性性能；而纵向钢筋能否提高柱子的弯曲强度，则取决于纵筋是否锚固在原有墩柱盖梁及承台中。若纵筋在承台表面即被切断，则弯曲强度不会增加。由于外围混凝土和箍筋对核心混凝土的约束作用，柱子延性将有所提高。混凝土具有较大的可塑性，可以对各种截面形式墩柱进行加固，且加固方式可采用全截面加固法和部分截面加固法。混凝土外包加固法在设计构造方面必须解决好新加部分与原有部分的整体工作共同受力问题。

外包混凝土加固法取材方便，施工技术简单，加固效果稳定可靠。但这种方法现场湿作业多，施工周期长，对原结构影响较大，如因截面增大而影响原有建筑效果，减小使用空间，增加结构自重，有时甚至会因结构自重的增加而致使必须对原结构的基础进行附加加固，从而大大增加加固成本，延长施工时间。其次，随着刚度的增大，地震力作用下对结构产生的损害也将越大。外包混凝土法在公路桥墩的加固中运用得相对比较成熟，针对铁路重力式桥墩的特点，修复加固除了恢复承载力、增加延性、提高抗震能力外，还要考虑增加桥墩的刚度，减小桥墩的横向振幅，也应对墩底锚固效果进行研究。

2. 喷射砂浆加固法

喷射砂浆加固法即在原有桥墩表面设置致密的钢筋网，采用掺有纤维的高性能砂浆喷射覆盖，最后用涂料进行外表面保护，实现对桥墩的增大截面加固。将钢筋网与砂浆联合使用，可很好地在结合面上传递拉应力和剪应力，同时在高速喷射状态下能使砂浆进入待加固的孔隙和裂缝中，使原结构得到一定程度的恢复，能大幅度地提高原有桥墩的承载力，加强整体性，这种加固技术在日本称为喷射纤维砂浆加固法。

　　喷射砂浆加固技术具有以下特点：①适合于重型施工机械不便于操作及施工空间有限制的桥墩加固，加固技术商单；钢筋网的设置采用人工完成，无需大型设备，将纤维砂浆在地面经搅拌机拌和后用高压气体通过软管来输送，无需繁琐的施工工艺和特殊的施工技术，施工易操作；②砂浆属于无机胶凝材料，与混凝土材性十分接近，故不会形成材质不相容的隔离层，它比有机加固材料更抗老化、耐久性更好，它与基材的协调性、相互渗透性更好；③相比于混凝土外包加固法，该方法较大幅度地减少了加固后的截面面积，减轻了自重；④这一加固材料中的砂浆既是胶黏材料也是保护层材料，无需另做防火保护层。

　　（二）嵌入加固技术

　　所谓嵌入式加固技术（NSM），是将FRP筋、高强钢筋等嵌入混凝土等预先开好的槽中，并向槽中注入黏结材料使之成为整体，从而改善结构受力及抗震性能的方法。嵌入式加固法与外贴式材料加固相比，除具有高强、高效、耐腐蚀等优点外，还具有下列优点：①表面处理工作量降低，节省工期；②加固的筋材由于放在结构内部，避免筋材受到火灾破坏，抗冲击性能、耐久性能等得以提高；③开槽后有3个面参与筋材与树脂的黏结，界面接触面积增大，加固筋材的黏结性好，强度得到更有效的发挥。

　　（三）体外预应力加固技术

　　体外预应力加固技术由于预应力的作用可以将裂缝中的恒载效应抵消一部分，从根本上解决桥墩产生裂缝的问题，改变墩身受力状况，既可以对已存在的裂缝有所补救，同时又能防止裂缝的发展和新裂缝的产生，通过预应力的施加可使加固材料与原结构有效地结合，并在一定程度上减小了新旧材料间应力水平的差异，充分发挥加固材料的优势。目前用于预应力加固的材料主要为钢丝束、钢绞线和FRP，预应力施加方式为纵向和横向。

　　1.桥墩横向裂缝的预应力加固技术

　　桥墩由于车辆竖向及水平冲击荷载、温度荷载、墩柱桩基的不均匀下沉及施工缺陷等因素引起的横向裂缝，可采用竖向预应力加固技术，通过在桥墩上钻孔施加竖向预应力，增加桥墩压应力储备，增大安全系数，间接增加结构耐久性和安全性。相关文献介绍了采用竖向预应力锚索加固旧桥墩工程实例，关键工艺包括钻孔、安装锚索、锚固灌浆及张拉，这种通过施加竖向预应力锚索的加固方式有效地抑制了桥墩横向裂缝的发展，提高了桥墩的承载力。

　　2.桥墩竖向裂缝的预应力加固技术

　　桥墩由于顶部配筋不足、支座位置布置不当、混凝土收缩变形及使用荷载增加等因素引起的竖向裂缝，可采用横向张拉高强钢丝束或环向预应力加固技术来加固原有桥墩，利用体外导入预应力，对墩身形成压力和弯曲力矩，从而改善墩身的应力，加固效果良好。

　　（四）钢套管加固技术

　　钢套管加固技术是在桥墩周围外包钢套管，在钢套管内部与桥墩之间填充高性能砂浆或混凝土的一种加固方法，钢套管仅承受横向力，其作为横向约束对钢筋混凝土墩柱施以横向约束。将钢管与盖梁和基础之间预留缝隙，避免纵向应力直接传递到钢管纵向上及反复荷载下局部的应力集中。由于能够对核心混凝土进行有效约束，使用套管柱修复加固可以大大提高桥墩的抗剪强度、延性和轴向承载力。

外包钢套管对于圆形截面的约束提高效果最好；对于方形或矩形截面，宜进行截面的形状处理，使加固截面接近于圆形。外包钢套管修复法在研究与工程实践中，提出了变矩形为椭圆形截面的方法，该方法使原矩形桥墩的极限承载力提高较大，延性性能良好，为后来采用即修复加固矩形截面桥墩提供了一种新型改进方法。

利用外包钢套修复震后破坏的空心矩形桥墩的试验结果表明，修复后的柱的承载力能够达到原始柱承载力水平，延性性能、耗能性能等显著提高。

外包钢套修复法的优点是施工简便，现场工作量较少，受力较为可靠。缺点是用钢量较大，维修费用较高，不宜用在具有腐蚀介质的环境中。

（五）粘贴纤维复合材料加固技术

在钢筋混凝土桥墩的加固和修复中，粘贴纤维复合材料（FRP）的包裹方向分为两种，即沿桥墩横向和竖向。横向包裹的FRP材料可起到与箍筋相似的作用，可以对核心混凝土形成有效约束，提高桥墩的抗剪强度和延性，提高轴压承载力，改善其抗震性能。而竖向的FRP材料主要是提高桥墩的抗弯能力。FRP对圆形或矩形或截面的约束作用有较大的差别。FRP横向包裹约束圆形截面时，FRP沿着圆周对混凝土提供了均布的侧向约束力，整个截面都能得到均匀有效的约束，约束效果较好，强度和延性的提高都很显著。FRP约束矩形或方形截面时，由于其侧向刚度较小，FRP在截面边长的中部会因为混凝土的膨胀向外弯曲，对应部分的混凝土将得不到有效的约束，而截面角部相当于支点，相邻角部的弧形区域形成拱的作用，由于这一作用，使角部及截面中心部分尚能得到较好的约束。所以，在矩形或方形桥墩截面加固时，要尽量使倒角半径大些，以得到更好的加固效果。

粘贴纤维复合材料加固技术尤其适合桥墩由于设计施工缺陷、材料老化、荷载等级提高等原因导致的耐久性缺陷、承载力不足、抗震能力不足以及地震灾害后结构损伤的修复。

包裹纤维复合材料加固技术施工工艺简便快捷，对原结构截面几乎没有任何改变，加固补修效果及耐久性好。

（六）绕丝加固技术

绕丝加固技术即利用高强钢丝绳缠绕钢筋混凝土墩柱，通过环箍约束的原理进行墩柱的加固，绕丝加固能显著地提高墩柱轴压承载力和抗震性能。高强钢丝绳加固混凝土轴心受压圆柱体试件的试验研究结果表明，绕丝加固技术可较大幅度地提高轴压短柱的极限承载力，有效地约束混凝土侧向变形，显著提高短柱的变形能力；绕丝加固钢筋混凝土柱的抗震性能试验结果表明，绕丝加固墩柱可实现短柱的弯曲破坏，强度退化缓慢，耗能能力强。

绕丝加固技术的主要特点包括：①加固后截面厚度增加较少，仅为50~60mm；②施工过程中不需要模板，可以边施工边目测施工质量，减少了施工缺陷；③减少施工材料消耗，在狭小的空间也可以正常施工。由于绕丝加固技术的独特优势，其在桥墩的抗震加固领域也有着广阔的应用空间。

五、桥台加固

桥台病害会严重影响桥梁的适用性和耐久性，若日常不及时养护加固，可能会出现桥梁病害加剧、无法正常使用，甚至垮塌。桥台不仅要支承上部结构，将荷载传递给基础，还要衔接两岸路堤、抵御台后土压力，故其病害较桥墩多。桥台加固方法有很多，一般常用的有预应力锚杆加固法、支撑法加固、新建辅助挡土墙加固、减轻荷载法、预应力筋加固法及钢筋混凝土圈梁法等。下面对这些加固方法进行介绍。

（一）预应力锚杆加固法

对于桥台开裂、外倾或桥墩裂缝开展比较严重的桥梁，宜采用主动加固法进行加固，以抑制病害的进一步发展，预应力锚杆加固法即为一种比较理想的主动加固法。其为桥台侧墙外倾、前墙开裂的加固案例，采用通过两侧墙的对拉锚杆施加预拉力进行加固，对拉锚杆锚固于桥台外侧现浇的钢筋混凝土框架，在两侧墙上合理布置一定数量的孔位，垂直侧墙用钻孔机水平钻孔，并穿透两侧墙，在孔内安放锚杆（锚杆采用精轧螺纹钢筋），接着在侧墙上浇筑钢筋混凝土框架，利用框架提供锚杆反力和增强侧墙的整体性，待框架达到设计强度要求后张拉锚杆，最后进行灌浆和外锚头的防护处理。锚杆采用JL25的精轧螺纹钢筋，根据实际尺寸以及相应的施工规范进行下料，孔道使用钻孔机垂直侧墙水平钻孔，并穿透两侧墙，框架采用C30以上混凝土浇筑。

（二）支撑法加固

当墩台因尺寸不足时，难以承受台后的土压力而向桥孔方向产生倾斜或滑移的埋置式桥台，可采用修筑撑臂法进行加固，在桥台外传设置撑臂阻止桥台外倾。

对于单孔小跨经桥台，为防止桥台滑移，可在两台之间加建水平支撑，如整跨浆砌片石撑板，或用钢筋混凝土支撑梁进行加固。

（三）新建辅助挡土墙加固

对于因桥台台背水平土压力太大而引起的桥台倾斜，应设法减少桥台后壁的土压力，可在台背加建一挡土墙，以增强挡土能力。

（四）减轻荷载法

筑于软土地基上的桥台，常由于填土较高而受到较大侧向土压力作用，从而使桥台产生前移，以致发生倾斜。此时，一般可更换台背填土，减小压力，即采用减轻桥台基础所受荷载的方法进行加固。

（五）预应力筋加固法

对于台身较高、宽度较宽的桥台，可在桥台内预先设置一些预应力拉筋，来承担侧墙的部分土压力，以减小侧墙尾端变形，降低桥台开裂可能性，同时可减小桥台尺寸，降低造价。该法适用于已出现裂缝的桥台。

（六）钢筋混凝土圈梁法

钢筋混凝土圈梁法是沿桥台侧墙和前墙以及桥台空腔设置钢筋混凝土圈梁。研究表明，采用圈梁加强后，对桥台侧墙横桥向位移的减小甚至超过70%以上。而同时在桥台上设置倒角和圈梁能更好地改善前墙与侧墙交汇部位的最大主应力，圈梁起的作用占主导地位。

六、桥梁水下结构加固技术

桥梁水下结构在我国桥梁结构的工程实践中普遍存在，包括水下桥墩及水下桩基础等，桥梁水下结构在桥梁结构中起着将上部荷载传递到地基上的重要作用，桥梁水下结构的结构性能关系整座桥梁的安全使用性能。调查发现，由于桥梁水下结构常位于水下，在河水冲刷、淘刷、磨损、气蚀、冻融和侵蚀（化学腐蚀和电化学腐蚀）、船舶碰撞、浮冰及地震袭击、环境荷载（如生物附着）等各种因素的共同作用下，常使桥梁水下结构发生各种损伤与缺陷。因此，对桥梁水下结构的加固修复显得尤为重要，然而，由于桥梁水下结构的水下工程特点，桥梁水下结构的加固变得十分困难。传统的桥梁水下结构加固修复，常用的方法是围堰排水施工，其施工的临时围堰、基础防渗和基坑排水是其关键技术难点；也有一些基于无排水施工思想的桥梁水下结构技术。当采用围堰技术对水下桥墩进行维修加固时，可以获得类似于陆上的加固环境，并且可以沿用陆上结构加固中的相关设计计算方法，但是围堰技术常需要面临弃水、防水等难题，而且会影响航道交通，经济性较差，费时费料；当采用不排水加固思路时，虽有零星的应用实例，但是目前国内对此研究较少，加固效果不甚理想，且加固技术不成体系。

（一）钢板桩或钢管桩围堰加固法

采用钢板桩围堰，首先需依地质资料及作业条件选用钢板桩长度，要求钢板桩入土深度达到钢板桩桩长的0.5倍以上，通过吊机配合振动打桩锤将钢板桩插打在桩基础的四周，形成钢板桩围堰，安装内支撑，抽水堵漏。随后，进行桩基础加固的无水施工，陆上的加固技术同样可以适用，包括外包钢套管加固法和粘贴纤维加固法等，待加固完成后，采用拔桩机拔除钢板桩。

钢板桩与钢管桩围堰都是以桩体作为基本受力单元，桩体需要以被动土压力平衡外部主动土压力及水压力作用，同时将内支撑作为约束构件以形成空间受力体系；因此钢板桩与钢管桩围堰的入土深度都需要计算确定。钢板桩可以反复使用，一般采取租赁方式取得，常用的钢板桩标准长度为12m和18m，钢板桩围堰内支撑设置间距一般为2~3m，且内支撑设置不宜超过4道，否则影响施工周期，因此钢板桩围堰的挡水高度一般不宜超过11m。

（二）钢吊箱围堰加固法

钢吊箱围堰加固一般有单壁钢吊箱围堰和双壁钢吊箱围堰两种。双壁钢吊箱围堰将外壁板、内壁板、内支撑杆及内竖向隔舱板等形成空间受力体系，以结构体系自身能力承受外部被动土压力及水压力作用，因此不一定需要采用内支撑体系，同时对被动土压力的要求也不高，入土深度仅受到围堰体漂移稳定性的限制。单壁钢吊箱围堰的结构受力情况与双壁钢吊箱围堰类似，是由外壁板围成空间单壁壳体，抵抗外部主动土压力及水压力作用，但受到单壁壳体空间受力特性的限制，单壁钢吊箱围堰一般做成圆筒形状，且需布设多道内支撑体系。单壁钢吊箱围堰由于其结构受力特点，其挡水高度不宜超过6m，否则经济性会急剧下降。双壁钢吊箱围堰整体刚度大，一般采用分段隔舱式，压重下沉，当挡水高度较小时，由构造控制设计，反而经济性较差，因此双壁钢吊箱围堰适用于挡水高度大于8m的深水围堰。

采用钢吊箱围堰，首先需根据桩基础、桥墩及横系梁的尺寸设计钢围堰，在工厂进行预加工，搭设施工平台，由浮吊或其他起重设备将钢围堰起吊拼装，注水下沉至设计高程，保证一定的入土深度，浇筑封底混凝土，待封底混凝土达到设计要求后，在围堰内设置内支撑体系，抽水。抽水完成后对桩基础或桥墩结构的表面进行清理，对缺陷预处理，按设计间距、预定位置在桩基础结构四周按设计要求安装结构主筋，并与预埋结构主筋连接锚固，并安装钢筋笼。待混凝土强度达到设计要求后拆除模板、注水、拆除相应内支撑，拆除钢围堰，完成桩基础加固施工。

（三）植筋外包混凝土加固

植筋外包混凝土加固技术的原理为通过水下植筋连接原桩基础与新增大截面的钢筋笼，以实现水下施工增大截面加固桩基础或桥墩，提高桩基础或桥墩混凝土耐久性，同时也将混凝土护筒下端桩基础或桥墩受损部位予以修复。

由潜水员在水中清理桩基础或桥墩表面水生物及劣化混凝土后，采用水下植筋工艺在原桩基础或桥墩表面打孔、植筋。植筋直径不小于10mm，钻孔深度不小于10cm，孔径大于植筋直径4~6mm。水下绑扎钢筋笼，通过植筋将外围钢筋笼与原桩基础或桥墩连接锚固。钢筋笼施工完成后在水下进行钢模板的施工，模板采用钢套管模板，在加工厂制作成两个半圆形，采用法兰连接，在水下由潜水员进行连接锚固。钢模板安装完成后，在原桩基础或桥墩周围布置导管进行增大截面混凝土浇注，根据现场情况及承载力要求确定，在原桩基础或桥墩外增大截面厚度，一般不小于10cm，水下混凝土浇注施工需不间断、连续进行，直至整根桩基础浇注施工完成。

通过在水下对原桩基础或桥墩进行增大截面加固，实现对原桩基础或桥墩的修复，同时有效抑制桩基础或桥墩病害的产生。待水下桩基础加固混凝土达到强度要求后，回收钢模板进行重复利用。首节钢模板因嵌入河床中，如无法回收，可根据现场情况进行保留。加固施工完成后，保留桩基础底首节钢模板作为防护套，同时对桩基础周围及桥位处进行抛填片石及铅丝笼防护，做好防冲刷措施。

也可采用水下不分散混凝土替代水下浇注普通混凝土，可获得更好的性能。水下不分散混凝土加固水下结构的施工工艺，包括钢筋网水下拼接工艺、钢模板拼装与下沉工艺、水下不分散混凝土浇注工艺等，水下不分散混凝土的质量在很大程度上取决于混凝土的抗分散性和流动性，在水下不分散混凝土配合比设计时必须更多地考虑其流动性和抗分散性，所以必须提出相关的质量控制措施和技术指标要求。

（四）新型沉箱干作业法加固水下结构技术

传统施工中，进行桥梁水下结构的检测与加固需使用水下设备或使用临时钢板桩围堰，这些方法都耗用大量费用和时间。日本五洋建设公司针对水下结构加固难题开发了下沉钢箱法加固桥墩技术（NDR工法），该技术是为了获得干燥的作业环境可以实施桥墩水中部分的加固而开发的施工方法。该方法利用拼装的钢沉箱，下沉环抱在桥墩四周，在钢沉箱与桥墩之间设置反力支撑抵抗深水压力，钢沉箱底部设置止水装置，形成一个与水隔离的空间，为加固工程创建一个干燥的工作环境，可用于河流和港口的水下结构检测、修复和加固。

新型沉箱干作业技术主要结构构造由钢沉箱、内部支撑及止水构造组成。钢沉箱由可利用浮力调整的双重钢板单元构成，沿待加固结构四周拼装成平面环状箱体，设于加固结构外侧，并设置了止水构造，提供防水隔断，内部排水实现内部干燥的作业空间，内部支撑间隔布置于钢沉箱与待加固结构之间，在抽水之后为钢沉箱提供侧向水压力平衡；由于两侧支撑之间互相平衡，整个临时设施是个自平衡体系。新型沉箱干作业法通过水上作业及钢沉箱最小限度的隔水工作完成加固施工；由于钢沉箱临时设置于桥墩外侧，隔离了四周的水，在钢沉箱内部获得干燥的作业空间，从而能够确保加固施工的可工作性和安全性；由于钢沉箱可以重复使用，具有较好的经济性能。

新型沉箱干作业加固技术具体构造按照加固结构的形状及环境条件设计制造，典型的结构形式有以下几种：①着底型上部开口式，基础尺寸远大于桥墩截面尺寸，加固区域顶部超出水面，加固时钢箱底部可落底于基础顶面，钢箱顶部开口露出水面；②环抱型上部开口式，基础尺寸较小不足以支撑钢箱体，加固区域顶部超出水面，加固时，钢箱底部环抱于基础并设置止水构造，钢箱顶部开口露出水面；③环抱型密闭式，加固区域为桥墩中部部分区域，加固时钢沉箱顶底部都环抱于桥墩并设置止水构造，形成密闭箱体，创建一个干的工作环境；④附着型上部开口式，港口、码头等壁状部位也可使用该技术，钢沉箱与墙壁结合处设置止水装置。新型沉箱干作业加固法技术的具体施工工艺如下所述。

1. 钢沉箱陆上拼装

为了运输方便，钢沉箱可根据需要分割成较小单元在工厂制作，然后运输至现场在陆上拼装成两个半体。同时，安设内部侧向支撑。为了使钢沉箱像船舶一样地浮游，钢沉箱底部设置永久底板，其内部可根据需要注水、抽水实现下沉与上浮。

2. 钢沉箱安装

在待加固结构周围清理、底面整平之后，钢沉箱下水，采用船舶进行拖航，至预定位置进行闭合组合，使用千斤顶进行位置微调，注水沉设，进行安装，清扫底面，同时在钢沉箱底板尖端部和既有构造物的间隙处设置止水构造。

3. 水中混凝土浇注

为了填埋钢沉箱底板和既有构造物的间隙，防止涌水，进行水中不分散混凝土浇注。

4. 钢沉箱内部排水

安装内部支撑，对钢沉箱内部进行固定，随后抽去钢沉箱内部水。

5. 结构加固

上述工作确保了加固结构干燥的作业空间，继而对该结构进行需要的加固，可采用普通的外包钢筋混凝土加固技术，通过凿毛、植筋等技术措施实现后加固结构与原有结构的可靠黏结，从而实现对水下结构的可靠加固。

6. 钢沉箱回收

加固工程完成之后，向钢沉箱内部注水，撤去内部支撑，将钢沉箱拆为两部分，排去钢沉箱夹层内的水，使之浮起并由垂直状态转向水平状态，实现对钢沉箱的回收与重复利用。

新型钢沉箱干作业法使位于河流和海洋中的水下桥墩完成低成本、干燥环境下的加固成为可能，由于其采用工作钢沉箱加固技术，具有以下显著工艺特点：①由于调查、修复和加固工作可以进行干燥的条件下，工作环境和安全性改善，施工的质量提高；②运输和安装可以借助浮力进行，从而消除如梁下空间的最低要求和选择适当的机器；③由于沉箱预先在工厂生产，在现场操作的时间大大减少；④水上工作的领域面积较小，从而最大限度地减少中断交通和其他经济的影响；⑤可适用于不同形状的结构，包括圆形、椭圆形及矩形的结构基础或结构墩柱，以及墙式结构（使用钢板桩）；⑥由于沉箱可转换为或用于加固或修复结构的组成构件，这种新方法也被证明是经济的。

第十章 公路桥梁荷载试验

第一节 荷载试验的目的、主要内容及准备工作

一、荷载试验的目的

桥梁荷载试验可分为静载试验和动载试验。桥梁荷载试验是对桥梁结构工作状态进行直接测试的一种鉴定手段。试验的目的、任务和内容通常由实际的生产需要或科研需要所决定。一般桥梁荷载试验的目的如下：

（一）检验桥梁设计与施工的质量

对于一些新建的大、中型桥梁或者具有特殊设计的桥梁，在设计施工过程中必然会遇到许多新问题，为保证桥梁建设质量，施工过程中往往要求做施工监控。在竣工后一般还要求进行荷载试验，以检验桥梁整体受力性能和承载力是否达到设计文件和规范的要求，并将试验结果作为评定工程质量优劣的主要技术资料和依据。

（二）判断桥梁结构的实际承载力

旧桥由于构件局部发生意外损伤，使用过程中产生明显病害，设计荷载等级偏低等原因，有必要通过荷载试验判定构件损伤程度及承载力、受力性能的下降幅度，确定其运营荷载等级。同时，旧桥荷载试验也是改建、加固设计的重要依据。

（三）验证桥梁结构设计理论和设计方法

对于桥梁工程中的新结构、新材料和新工艺，应通过荷载试验验证桥梁的计算图式是否正确，材料性能是否与理论相符，施工工艺是否达到预期目的。对相关理论问题的深入研究，往往也需要大量荷载试验的实测数据。

（四）桥梁结构动力特性及动态反应的测试研究

对一些桥梁在动力荷载作用下的桥梁车致振动问题（包括动态增量和冲击系数），大

跨径轻柔结构抗风稳定以及桥梁结构抗震性能等，都要求实测桥梁结构的动力特性和动态反应。

二、荷载试验的主要工作内容

桥梁的荷载试验是一项复杂而细致的工作，应根据试验的目的进行认真的调查，必要时进行相关的理论分析，在此基础上周密地制定试验方案，对于所有可能出现的问题都要认真考虑并作出处理预案，制订切实可行的试验方案。

荷载试验的主要内容包括以下几项：

（1）明确荷载试验的目的；

（2）试验准备工作；

（3）加载方案设计；

（4）测点设置与测试；

（5）加载控制与安全措施；

（6）试验结果分析与承载力评定；

（7）试验报告编写。

以上荷载试验内容主要包括桥梁结构的考察和试验准备、加载试验与观测、测试结果的分析与评定三个阶段。

三、荷载试验的准备工作

荷载试验正式进行之前应做好下列准备工作。

（一）试验孔（或墩）的选择

对多孔桥梁中跨径相同的桥孔（或墩）可选1～3孔具有代表性的桥孔（或墩）进行加载试验。选择时应综合考虑以下因素：

（1）该孔（或墩）计算受力最不利；

（2）该孔（或墩）施工质量较差、缺陷较多或病害较严重；

（3）该孔（或墩）便于搭设脚手架，便于设置测点或便于实施加载。

选择试验孔的工作与制订计划前的调查工作结合进行。

（二）搭设脚手架和测试支架

脚手架和测试支架应分开搭设互不影响，脚手架和测试支架应有足够的强度、刚度和稳定性。脚手架要保证工作人员的安全，方便操作。测试支架要满足仪表安装的需要，不因自身变形影响测试的精度，同时，还应保证试验时不受车辆和行人的干扰。脚手架和测试支架设置要因地制宜、就地取材、便于搭设和拆卸，一般采用木支架或建筑钢管支架。当桥下净空较大不便搭设固定脚手架时，可考虑采用轻便活动吊架，两端用尼龙绳固定在栏杆或人行道路缘石上。整套设置使用前应进行试载以确保安全。活动吊架如需多次使用可做成拼装式以便运输和存放。

晴天或多云天气下进行加载试验时，阳光直射下的应变测点，应设置遮挡阳光的设备，以减小温度变化造成的观测误差。雨季进行加载试验时，则应准备仪器、设备等的防雨措施，以备不时之需。

桥下或桥头用活动房或帐篷搭设临时实验室安放数据采集等仪器，并供测试人员临时办公和看管设备之用。

（三）静载试验加载位置的放样和卸载位置的安排

静载试验前应在桥面上对加载位置进行放样，以便于加载试验的顺利进行。如加载工况较少，时间允许，可在每次工况加载前临时放样。如加载工况较多，则应预先放样，且用不同颜色的标志区别不同加载工况时的荷载位置。

（四）试验人员组织及分工

桥梁的荷载试验是一项技术性较强的工作，应组织专门的桥梁试验队伍来承担。试验人员应能熟练掌握所分管的仪器设备，读数快速而精确。试验队伍应设总指挥1人，其他人员的配备视具体情况而定。

（五）其他准备工作

加载试验的安全设施、供电照明设施、通信联络设施、桥面交通管制等工作应根据荷载试验的需要进行准备。

第二节　加载方案和测点设置

一、加载方案与实施

（一）试验荷载工况的确定

为了满足鉴定桥梁承载力的要求，荷载工况选择应反映桥梁设计的最不利受力状态，简单结构可选1~2个工况，复杂结构可适当多选几个工况，但不宜过多。进行各荷载工况布置时可参照截面内力（或变形）影响线进行。下面给出常见的桥型荷载工况。

1.简支梁桥

（1）跨中最大正弯矩工况。

（2）1／4最大正弯矩工况。

（3）支点最大剪力工况。

（4）桥墩最大竖向反力工况。

2. 连续梁桥

（1）主跨跨中最大正弯矩工况。

（2）主跨支点负弯矩工况。

（3）主跨桥墩最大竖向反力工况。

（4）主跨支点最大剪力工况。

（5）边跨最大正弯矩工况。

3. 悬臂梁桥（T型刚构桥）

（1）支点（墩顶）最大负弯矩工况。

（2）锚固孔跨中最大正弯矩工况。

（3）支点（墩顶）最大剪力工况。

（4）挂孔跨中最大正弯矩工况。

4. 无铰拱桥

（1）跨中最大正弯矩工况。

（2）拱脚最大负弯矩工况。

（3）拱脚最大推力工况。

（4）正负挠度绝对值之和最大工况。

5. 刚架桥（包括斜腿刚架和刚架—拱式组合体系）

（1）跨中截面最大弯矩工况。

（2）柱腿截面最大应力工况。

（3）节点附近截面最大应力工况。

6. 悬索桥

（1）主梁控制截面最大弯矩应力工况。

（2）主梁扭转变形工况。

（3）主梁控制截面位移或挠度工况。

（4）塔顶最大水平变位工况。

（5）塔柱底截面最大应力工况。

（6）钢索（主缆、吊索）最大拉力。

7. 斜拉桥

（1）主梁跨中最大正弯矩工况。

（2）主梁最大负弯矩工况。

（3）主塔塔顶顺桥向最大水平位移工况。

（4）斜拉锁最大索力工况。

（5）主梁最大挠度工况。

另外，对桥梁施工中的薄弱截面或缺陷修补后的截面可以专门进行荷载工况设计，以检验该部位或截面对结构整体性能的影响。

使用车辆加载而又未安排动载试验项目时，可在静载试验项目结束后，将加载车辆（多辆车则相应地进行排列）沿桥长慢速行驶一趟，以全面了解荷载作用于桥面不同部位时结构承载状况。

动载试验一般安排标准汽车车列（对小跨径桥也可用单车）在不同车速时的跑车试验，跑车时速一般定为5km、10km、20km、30km、40km、50km。另外，如需测定桥梁承受活载水平力性能时要做车辆制动试验，为测定桥梁自振频率要做跳车后的余振观测，并在无荷载时进行脉动观测。

（二）试验荷载等级的确定

1.控制荷载的确定

为了保证荷载试验的效果，必须先确定试验的控制荷载，控制桥梁设计的荷载有下列几种：

（1）汽车和人群（标准设计荷载）。

（2）挂车和履带车（标准设计荷载）。

（3）需通行的特殊重型车辆。

分别计算以上几种荷载对结构控制截面产生的内力（或变形）的最不利值，进行比较，取其中最不利值对应的荷载作为控制荷载。因为挂车和履带车不计冲击力，所以动载试验以汽车荷载作为控制荷载。

荷载试验应尽量采用与控制荷载相同的荷载，而组成控制荷载（标准设计荷载）的车辆是由运管车辆统计而得的概率模型。当客观条件所限，采用的试验荷载与控制荷载有差别时，为保证试验效果，在选择试验荷载大小和加载位置时采用静载试验效率、动载试验效率η_d进行控制。

2.静载试验效率

静载试验率为

$$\eta_q = \frac{S_S}{S(1+\mu)} \qquad (11-1)$$

式中S_S——静载试验荷载作用下，某一加载试验项目对应的加载控制截面内力或位移的最大计算效应值；

S——控制荷载产生的同一加载控制截面内力或位移的最不利效应计算值；

μ——按规范取用的冲击系数值，平板挂车、履带车，重型车辆，取$\mu=0$。

荷载试验宜选择温度稳定的季节和天气进行。当温度变化对桥梁结构内力影响较大时，应选择温度内力较不利的季节和天气进行荷载试验，否则应考虑用适当增大静载试验效率η_q来弥补温度影响对结构控制截面产生的不利内力。

当控制荷载为挂车或履带车而采用汽车荷载加载时，考虑到汽车荷载的横向应力增大系数较小，为了使截面的最大应力与控制荷载作用下截面最大应力相等，可适当增大静载试验效率η_q。

3. 动载试验效率

动载试验的效率为

$$\eta_d = \frac{S_d}{S_{l\max}} \tag{11-2}$$

式中S_d——动载试验荷载作用下控制截面最大内力或变形；

$S_{l\max}$——控制荷载作用下控制截面最大内力或变形（不计冲击）；

η_d——宜取高值，但不应超过1。

（三）静载加载分级与控制

为了加载安全和了解结构应变和变位随试验荷载增加的变化关系，对桥梁荷载试验的各荷载工况的加载应分级进行。

1. 分级控制的原则

（1）当加载分级较为方便时，可按最大控制截面内力荷载工况分为4~5级。

（2）当使用载重车加载，车辆称重有困难时也可分成3级加载。

（3）当桥梁的调查和验算工作不充分，或桥况较差，应尽量增多加载分级。如限于条件，加载分级较少时，应注意每级加载时，车辆荷载逐辆缓缓驶入预定加载位置，必要时可在加载车辆未到达预定加荷位置前分次对控制测点进行读数以确保试验安全。

（4）在安排加载分级时，应注意加载过程中其他截面内力也应逐渐增加，且最大内力不应超过控制荷载作用下的最不利内力。

（5）根据具体条件决定分级加载的方法，最好每级加载后卸载，也可逐级加载达到最大荷载后逐级卸载。

2. 车辆荷载加载分级的方法

（1）逐渐增加加载车数量。

（2）先上轻车后上重车。

（3）加载车位于内力影响线的不同部位。

（4）加载车分次装载重物。

以上各法也可综合采用。

3. 加卸载的时间选择

为了减少温度变化对试验造成的影响，加载试验时间以晚10时至晨6时为宜，尤其是采用重物直接加载，加卸载周期比较长的情况下只能在夜间进行试验。对于采用车辆等加卸载迅速的试验方式，如夜间试验照明等有困难时也可安排在白天进行试验，但在晴天或多云的天气下进行加载试验时每一加卸载周期所花费的时间不宜超过20min。

4. 加载分级的计算

根据各荷载工况的加载分级按弹性阶段计算结构各测点在不同荷载等级下计算变位（或应变），以便对加载试验过程进行分析和控制。计算采用的材料弹性模量，如已作材料试验则用实测值，未作材料试验的可按规范规定取值。

（四）加载设备的选择

静载试验加载设备可根据加载要求及具体条件选用，一般有以下两种加载方式：

1. 可行式车辆

可选用装载重物的汽车或平板车，也可就近利用施工机械车辆。选择装载的重物时要考虑车厢能否容纳得下，装载是否方便。装载的重物应置放稳妥，以避免车辆行驶时因摇晃而改变重物的位置。

采用车辆加载优点很多，便于调运和加载布置，加卸载迅速等。采用汽车荷载既能做静载试验又能做动载试验，这是较常采用的一种方法。

2. 重物直接加载

一般可按控制荷载的着地轮迹先搭设承载架，再在承载架上堆放重物或设置水箱进行加载，如加载仅为满足控制截面内力要求，也可采取直接在桥面堆放重物或设置水箱的方法加载。承载架的设置和加载物的堆放应安全、合理，能按要求分布加载重量，并不使加载设备与桥梁结构共同承载而形成"卸载"现象。

重物直接加载准备工作量大，加卸载所需周期一般较长，交通中断时间也较长，且试验时温度变化对测点的影响较大，因此宜安排夜间进行试验。

另外，其他一些加载方式也可根据加载要求因地制宜采用。

（五）加载物的称重

可根据不同的加载方法和具体条件选用以下方法，对加载物进行称量：

1. 称重法

当采用重物直接在桥上加载时，可将重物化整为零称重后按逐级加载要求分堆置放，以便加载取用；当采用车辆加载时，可将车辆逐辆开上称重台进行称重，如没有现成可供利用的称重台，可自制专用称重台进行称重。

2. 体积法

如采用水箱加载，可通过测量的水体积来换算水的重量。

3. 综合计算法

根据车辆出厂规格确定空车轴重（注意考虑车辆配件的更换和添减，汽油、水、乘员重量的变化），再根据装载重物的重量及其重心将其分配至各轴。装载物最好采用规则外形的物体整齐码放或采用松散均匀材料在车厢内摊铺平整，以便准确确定其重心位置。

无论采用何种确定加载物重量的方法，均应做到准确可靠，其称重误差最大不得超过5%。最好能采用两种称重方法互相校核。

二、测点设置

（一）主要测点的布设

测点的布设不宜过多，但要保证观测质量。有条件时，同一测点可用不同的测试方法进行校对，一般情况下，对主要测点的布设应能控制结构的最大应力（应变）和最大挠度（或位移）。几种常用桥梁体系的主要测点布设如下。

（1）简支梁桥：跨中挠度，支点沉降，跨中截面应变。

（2）连续梁桥：跨中挠度，支点沉降，跨中和支点截面应变。

（3）悬臂梁桥：悬臂端部挠度，支点沉降，支点截面应变。

（4）拱桥：跨中，$\frac{l}{4}$处挠度，拱顶，$\frac{l}{4}$和拱脚截面应变。

挠度观测测点一般布置在桥中轴线位置。分布较大的部位，沿截面上、下缘布设，横桥向测点设置一般不少于3处，以控制最大应力的分布。

当采用测点混凝土表面应变的方法来确定钢筋混凝土结构中钢筋承受的拉力时，考虑到混凝土表面已经和可能产生的裂缝对观测的影响，测点的位置应合理进行选择。如凿开混凝土保护层直接在钢筋上设置拉应力测点，则在试验完成后必须修复保护层。

（二）其他测点的布设

根据桥梁调查和检算的情况，综合考虑结构特点和桥梁目前状况等可适当增加加设以下测点：

（1）挠度沿桥长或沿控制截面桥宽方向分布；

（2）应变沿控制截面桥宽方向分布；

（3）应变沿截面高分布；

（4）组合构件的结合面上、下缘应变；

（5）墩台的沉降、水平位移与转角，连拱桥多个墩台的水平位移；

（6）剪切应变；

（7）其他结构薄弱部位的应变；

（8）裂缝的监测测点。

一般应实测控制断面的横向应力增大系数，当结构横向联系构件质量较差，连接较弱时则

必须测定控制截面的横向应力增大系数或横向分布系数。简支梁跨中截面横向应力增大系数的测定，既可采用观测跨中沿桥宽方向应变变化的方法，也可采用观测跨中沿桥宽方向挠度变化的方法来进行计算或用两种方法互校。

对于剪切应变测点一般应采取设置应变花的方法进行观测。为了方便，对于梁桥的剪应力也可在截面中性轴处主应力方向设置单一应变测点来进行观测。梁桥的实际最大剪应力截面应设置在支座附近而不是支座上。

（三）温度测点的布设

选择与大多数测点较接近的部位布置1~2处气温观测点。另外，根据需要可在桥梁主要控制截面布置一些构件表面温度观测点。

第三节　静载试验

一、静载试验仪器设备

桥梁静载试验时需测结构的反力、应变、位移、倾角、裂缝等物理量，应选择适当的仪器进行量测。常用的仪器有百分表、千分表、位移计、应变仪、应变计（应变片）、精密水准仪、经纬仪、倾角仪、刻度放大镜等。这些测试仪器按其工作原理可分为机械测试仪器、电测仪器、光测仪器等。机械式仪器具有安装与使用方便、迅速、读数可靠的优点，但需要搭设观测脚手架，而且使用试验人员较多，观测读数费时，不便于自动记录；电测仪表安装调试比较麻烦，影响测试精度的因素也较多，但测试较方便，便于数据自动采集记录，操作安全。

（一）机械式位移计

机械式位移计包括百分表、千分表及钢弦式位移计和挠度计等。其构造和工作原理基本相同，主要区别在于精度和量程不同。

百分表和千分表是一种多功能仪表，与其他附属装置配套后可用于量测位移、应变、力、倾角等。

1. 工作原理

百分表的工作原理，就是利用齿轮转动机构所检测位置的位移值放大，并将检测的直线往复运动转换成指针的回旋转动，以指示其位移数值。

千分表是一种测微位移计，其结构与百分表基本相同。由于多了一对齿轮放大，灵敏度又提高了10倍，其分辨率为0001mm，量程为1mm，有的为3mm。

机械式位移计是工程结构试验中测量位移最常用的仪器。它读数直观稳定，但读数工作量大。

2. 使用方法

使用时，百分表装在表座上（目前大都采用磁性表座），表架安装在临时专门搭设的支架上，支架应具有一定的刚度，并与被测结构物分开。

将测杆触头抵在测点上，借助弹簧的使用，使其接触紧密。当测点沿（或背向）测杆方向发生位移时，推动（或放松）测杆，使测杆的平齿带动小齿轮，小齿轮又和它同轴的大齿轮一起转动，最后使指针齿轮和指针旋转，经过一系列放大之后；便在表盘上指示出位移值。

3. 使用时应注意的事项

（1）使用时，只能拿取外壳，不得任意推动测杆，避免磨损机件，影响放大倍数。注意保护触头，触头上不得有伤痕。

（2）安装时，要使测杆与欲测的位移的方向一致，或者与被测物体表面保持垂直。并注意位移的正反方向和大小，以便调节测杆，使百分表有适宜的测量范围。

（3）百分表架要安设稳妥，表架上各个螺钉要拧紧，但当颈夹夹住百分表的轴颈时，不可夹得过紧，否则会影响测杆移动。

（4）百分表安装好，可用铅笔头在表盘上轻轻敲击，看指针摆动情况。若指针不动或绕某一固定值在小范围内左右摆动，说明安装正常。

（5）百分表使用日久或经过拆洗修理后，必须进行标定，标定可在专门的百分表、千分表校正仪上进行。千分表与百分表使用方法完全相同。

4. 用位移计测挠度与变位

杆必须分别和相对位移的两点连接。

位移针可装在各种表架上，通常用颈箍夹住表的轴颈，也可用其他方式将表壳或轴颈固定在某一个定点，测杆可直接顶住试件测点。

应用位移计量挠度与变位时，应注意下列问题：

（1）作为固定位移计的不动点支架必须有足够的刚性。采用磁性或万能百分表架时，表架连杆不可挑出太长。因为位移计测杆顶住测点时，有一定的反力压在连杆上，如果连杆或支架柔性较大，就会在该压力作用下产生变形。这样，当结构变形时，仪表就不动或跳动，反映不出测点的真正位移值。

（2）位移计测杆与所量测的位移方向完全一致。测点表面需经一定处理，如在混凝土、木材等表面粘贴小块玻璃片或金属薄片等，以避免结构变形后，由于测点垂直于百分表测杆方向的位移，而使位移计产生误差。这种误差有时会很大。如果上述方式还不足以消除误差，则不应将位移测杆直接顶住测点，而须采用其他方式。

（3）位移计使用前后要仔细检查测杆上下活动是否灵活。由于灰尘落入或表架颈拧过紧等都会影响杆上下运动的灵活性。

5.用位移计测应变

应变就是结构上某区段纤维长度的相对变化（$\varepsilon = \Delta L / L$）。应变仪就是用来测定这个长度变化的仪器。

采用特制的夹具将位移计安装在结构表面测定应变，具有精度高、量程大的特点。当应变值变化范围很大或需用大标距测定应变时，采用这种装置是非常合适的。

（二）手持式应变仪

当需要在现场较长期连续地观测结构的应变时，一般的应变仪不适用，手持式应变仪则比较适用。

仪器不是固定在测点上，而是读数时才按上去。因此，为了保证仪器工作稳定可靠，标距两端的小孔必须钻得和仪器的插轴钢尖相吻合。因测量时仪器钢尖和测孔之间的接触稳定与否，直接影响到量测的准确性，如果测孔打得不标准，将使钢尖和测孔的接触极不稳定，增大读数误差，甚至无法读取稳定的读数。

为了达到补偿目的，根据量测的实践，建议采取"横向温度补偿法"。在布置测应变的测点的同时，在垂直方向布置测点。

量测时应注意：手持式应变仪操作简单；但量测的精度会随操作人员和每次操作方式的改变而改变。所以，量测时不宜更换操作人员；要使仪器与试件表面垂直；每次对仪器施加的压力要尽量相等，并使仪器插足时应在同一孔穴等，以减小量测误差。

（三）电子式数显倾角仪

公路行业较早使用的是水准管式倾角仪，其原理是利用高灵敏度的水准管来测定结构节点、截面或支座处转角。目前使用的是电子式数显倾角仪。此类产品是基于MEMS（微机电系统）开发，是一种基于半导体硅材料的微加工技术，仪器核心元件为微硅单轴加速度计，利用单轴加速度计输出值与倾角的正弦值呈线性关系计算倾角。该类产品是水准管式水平仪的升级换代产品，具有使用方便、测量准确的特点，既可独立使用，也可配套在工具、量具、仪器、设备上，同时具有数字显示角度、倾斜度（%）和相对角度的功能。此外，仪器内置温度传感器，系统可自动完成零点和灵敏度补偿。

（四）电阻应变仪

用电阻式应变仪测试桥梁结构应变时需用应变仪和电阻应变片（应变计）配合使用。

1. 电阻应变片

电阻应变片又称电阻应变计，简称应变片或电阻片。它是非电量电测中最重要的变换器。应变片电测法与其他测试方法比较，有以下一些优点：

（1）灵敏度高

由于利用电阻片将应变量转换成电阻变化量，再经电子仪器进行放大、显示和记录，所以能获得很高的放大倍数，从而达到很高的灵敏度。电阻应变仪可以精确地分辨出 1×10^{-6} 应变，这个应变的量级对于钢材而言相当于0.2MPa的应力。

（2）电阻片尺寸小且粘贴牢固。

这个特点十分重要。当前某些工程结构（如船体、桥梁、飞机、桁架等）进行全面的应力分析时，往往要测量数十点甚至数百点的应力，电阻片很容易大量粘贴使用。对于结构十分紧凑以至其他测量仪表（如杠杆引伸仪）根本无法安装的情况下，电测法就能发挥很大的作用。尺寸小的另一个重要意义在于可以用来测量局部应力。现在电阻片的标距甚至可以小于1mm，这对于应力集中区的测量比较合适。

（3）阻片质量小

这是一个突出的优点。它使得电测不仅可以作静态应力的测量，而且可以在动态应力分析方面发挥独特作用。对一系列重要的动力学参数（如加速度、振幅、频率、冲击力及爆炸压力等）能够比较精确地进行实验研究。同时应变片的基长可以制作得很短，并且有很高的频率响应能力。因此，在应变梯度较大的构件上测量时仍能获得一定的准确度，在高频动应变测量中具有很好的动态响应。

另外，由于应变片输出的是电信号，就易于实现测量数字化和自动化。应变片已在试验应力分析，断裂力学，静、动态试验，宇航工程中都有广泛的用途。

应变片电测法用于对结构物表面应变测量时的主要缺点是：粘贴工作量大；粘贴好的应变片较为脆弱，野外防潮、防损伤难度大；由于每次使用前需平衡、归零，无法长期观测，一般仅用于短期测试，无法应用于施工监控中；重复使用困难等。为克服这些缺点，人们利用电阻应变片的工作原理通过某种转换器间接地测定出被测量的数值。这种转换器称为电阻式应变传感器。

2. 应变仪

（1）测量电路

测量电路是应变仪的重要组成部分。其作用是将应变片的电阻变化转换为电压（或电流）的变化。在特殊情况下，应根据测量的目的和具体要求自行设计测量电路。应变片电测一般采用两种测量电路，一种是电位计式电路；另一种是桥式电路，通常采用惠斯登电桥。

（2）电阻应变仪

电阻应变仪按使用内容不同，可分为静态应变仪、动态应变仪和静动态应变仪。下面介绍常用两种静态电阻应变仪。

①江苏省靖江市东华测试技术开发公司DH3816静态应变测试系统

DH3816静态应变测试系统是全智能化的巡回数据采集系统。通过计算机完成自动平衡、采样控制、自动修正、数据存储、数据处理和分析，生成和打印试验报告。DH3816每个模块60测点，最多可扩展到16个模块，扩展距离可达1000m。巡检速度60点／秒，每个模块独立工作，960个测点只需1秒就可结束采样；交直流供电；USB接口，即插即用，方便可靠。

②日本TML产TDS—630数据采集仪

TML新推出了TDS—630数据采集仪，它是所谓的多合一型静态应变仪，一台仪器可以进行多种测量，包括使用应变计、应变传感器、直流电压、热电偶和铂电阻的测量。应变测量分辨率高达0.1×10^{-6}。

二、试验观测与记录

（一）温度稳定观测

仪表安装完毕后，一般在加载试验之前应对各测点进行一段时间的温度稳定观测，中间可每隔10min读数一次。观测时间应尽量选择在加载试验时外界气候条件对观测造成误差的影响范围内，用于测点的温度影响修正。

（二）仪表的测读与记录

人工读表时，仪表的测读应准确、迅速，并记录在专门的表格上，以便于资料的整理和计算。记录者应对所有测点量测值变化情况进行检查，看其变化是否符合规律，尤其应着重检查第一次加载时量测值变化情况。对工作反常的测点应检查仪表安装是否正确，并分析其他可能影响其正常工作的原因，及时排除故障。对于控制测点应在故障排除后重复一次加载测试项目。

（三）裂缝观测

加载试验中裂缝观测的重点是结构承受拉力较大部位及旧桥原有裂缝较长、较宽的部位。在这些部位应测量裂缝长度、宽度，并在混凝土表面沿裂缝走向进行描绘。加载过程中观测裂缝长度及宽度的变化情况，可直接在混凝土表面进行描绘记录，也可采用专门表格记录。加载至最不利荷载及卸载后应对结构裂缝进行全面检查，尤其应仔细检查是否产生新的裂缝，并将最后检查情况填入裂缝观测记录表，必要时可将裂缝发展情况绘制在裂缝展开图上。

三、加载实施与控制

（一）加载程序

加载应在指挥人员指挥下严格按计划程序进行。采用重物加载时按荷载分级逐级施加，每级荷载堆放位置准确、整齐稳定。荷载施加完毕后，逐级卸载。采用车辆加载时，先由零载加至第一级荷载，卸载至零载；再由零载加至第二级荷载，卸至零载，直至所有荷载施加完毕（有时为了确保试验结果准确无误，每一级荷载重复施加1~2次），每一级荷载施加次序为纵向先施加重车，后施加两侧标准车；横向先施加桥中心的车辆，后施加外侧的车辆。

（二）加载稳定时间控制

为控制加卸载稳定时间，应选择一个控制观测点（如简支梁的跨中挠度或应变测点），在每级加载（或卸载）后立即测读一次，计算其与加载前（或卸载前）测读值之差值S_g，然后每隔2min测读一次，计算2min前后读数的差值ΔS，并按下式计算相对读数差值m：

$$m = \frac{\Delta S}{S_g}$$

（11-3）

当 值小于1%或小于量测仪器的最小分辨值时即认为结构基本稳定，可进行各观测点读数。但当进行主要控制截面最大内力荷载工况加载程序时荷载在桥上稳定时间应不少于5min，对尚未投入营运的新桥应适当延长加载稳定时间。

某些桥梁，如拱桥，有时当拱上建筑或桥面系参与主要承重构件的受力，因连接较弱或变形缓慢，造成测点观测值稳定时间较长，如结构的实测变位（或应变）值远小于计算值，可将加载稳定时间定为20~30min。

（三）加载过程的观察

加载试验过程应对结构控制点位移（或应变）、结构整体行为和薄弱部位破损实时监控，并将结果随时汇报给指挥人员作为控制加载的依据。随时将控制点位移与计算结果比较，如实测值超过计算值较多，则应暂停加载，待查明原因再决定是否继续加载。试验人员如发现其他测点的测值有较大的反常变化也应查找原因，并及时向试验指挥人员报告。加载过程中应指定人员随时观察结构各部位可能产生的新裂缝，注意观察：构件薄弱部位是否有开裂、破损，组合构件的结合面是否有开裂错位，支座附近混凝土是否开裂，横隔板的接头是否拉裂，结构是否产生不正常的响声，加载时墩台是否发生摇晃现象等。如发生这些情况应报告试验指挥人员，以便采取相应的措施。

（四）终止加载控制条件

发生下列情况，应中途终止加载：

（1）控制测点应力值已达到或超过计算值。

（2）控制测点变位（或挠度）超过计算值。

（3）结构裂缝的长度、缝宽或数量明显增加。

（4）实测变形分布规律异常。

（5）桥体发出异常响声或发生其他异常情况。

（6）斜拉桥或吊索（杆）索力增量实测值超过计算值。

第四节　试验数据分析及桥梁承载力评定

通过静载试验得到的原始数据、文字和图像描述材料是荷载试验最重要的资料。虽然它们是可靠的，但这些原始资料数量庞大，不直观，不能直接用于评定承载能力，故进行承载力评定之前必须对它进行处理分析，得出直接进行承载能力评定的指标，以满足承载力评定的需要。

一、试验数据分析

（一）试验资料的修正

1.测值修正

根据各类仪表的标定结构进行测试数据的修正，如考虑机械式仪表校正系数、电测仪表率定系数、灵敏系数、电阻应变观测的导线电阻影响等。当这类因素对测值的影响小于1%时可不予修正。

2.温度影响修正

温度对测试的影响比较复杂。结构构件的各部位不同的温度变化、结构的受力特性、测试仪表或元件的温度变化、电测元件的温度敏感性、自补性等均对测试精度造成一定的影响，逐项分析这些影响是困难的。一般可采用综合分析的方法来进行温度影响修正，即利用加载试验前进行的温度稳定观测数据，建立温度变化（测点处构件表面温度或空气温度）和测点测值（应变和挠度）变化的线性关系，然后按下式进行温度修正计算：

$$S = S' - \Delta t \cdot K_t \qquad (11\text{-}4)$$

式中S——温度修正后的测点加载测值变化；

S'——温度修正前的测点加载测值变化；

Δt——相应于S'观测时间段内的温度变化（℃）；

K_t——空载时温度上升1℃时测点测值变化量。

$$K_t = \frac{\Delta S}{\Delta t_1} \qquad (11\text{-}5)$$

式中ΔS——空载时某一时间区段内测点测值变化量；

Δt_1——相应于ΔS同一时间区段内温度变化量。

温度变化量的观测对应变宜采用构件表面温度，对挠度宜采用气温。温度修正系数K_t应采用多次观测的平均值，如测值变化与温度变化关系不明显时则不能采用。

由于温度影响修正比较困难，一般不进行这项工作，而采取缩短加载时间、选择温度稳定性较好的时间进行试验等办法尽量减小温度对测试精度的影响。

3.支点沉降影响的修正

当支点沉降量较大时，应修正其对挠度值的影响，修正量C可按下式计算：

$$C = \frac{l-x}{l}a + \frac{x}{l}b \qquad (11\text{-}6)$$

式中C——测点的支点沉降影响修正量；

l——A支点到B支点的距离；

x——挠度测点到A支点的距离；

a——A支点沉降量；

b——B支点沉降量。

（二）各测点变化（挠度、位移、沉降）与应变的计算

根据量测数据做下列计算：

总变位（或总应变）

$$S_t = S_1 - S_i \qquad (11\text{-}7)$$

弹性变位（或弹性应变）

$$S_e = S_1 - S_u \qquad (11\text{-}8)$$

残余变位（或残余应变）

$$S_p = S_t - S_e = S_u - S_i \qquad (11-9)$$

式中 S_i——加载前测值；

　　　S_t——加载达到稳定时测值；

　　　S_u——卸载后达到稳定时测值。

引入相对残余变位（或应变）的概念描述结构整体或局部进入塑性工作状态的程度。

相对残余变位（或应变）按下式计算：

$$S_p' = \frac{S_p}{S_t} \times 100\% \qquad (11-10)$$

式中 S_p'——相对残余变位（或应变）。

式中其他符号意义同前。

（三）试验结果与理论分析的比较

为了评定结构整体受力性能，需对桥梁荷载试验结果与理论分析值比较，以检验新建桥是否达到设计要求的荷载标准，或判断旧桥的承载能力。比较时可以将结构位移、应变等试验值与理论计算值列表进行比较，对结构在最不利荷载工况作用下主要控制测点的位移、应力的实测值与理论分析值，要分别绘出荷载位移曲线，荷载应力曲线，并绘出最不利荷载工况作用下位移沿结构（纵、横向）分布曲线和控制截面应变（沿高度）分布图，绘制结构裂缝分布图（对裂缝编号注明长度、宽度、初裂荷载以及裂缝发展情况）。为了量化，以及描述试验值与理论分析值比较的结果，此处引入结构校验系数：

$$\lambda = \frac{S_e}{S_s} \qquad (11-11)$$

式中 S_e——控制荷载产生的同一加载控制截面内力或位移的最不利效应计算值；

　　　S_s——某一加载试验项目对应的加载控制截面内力或位移的最大计算效应值。

二、荷载试验成果分析与承载能力评定

经过荷载试验的桥梁，应根据整理的试验资料分析结构的工作状况，进一步评定桥梁承载能力，为新建桥验收做出鉴定结论，或作为旧桥承载力鉴定检算的依据，并纳入桥梁承载能力鉴定报告和桥梁承载能力鉴定表。一般进行下列分析评定工作。

（一）结构工作状况

1. 校验系数η

校验系数η是评定结构工作状况、确定桥梁承载能力的一个重要指标。不同结构形式的桥梁，其η值常不相同，一般要求η值不大于1。η值越小，结构的安全储备越大。η值过大或过小都应该从多方面分析原因。如η值过大可能说明组成结构的材料强度较低，结构各部分联结性较差，刚度较低等；η值过小可能说明材料的实际强度及弹性模量较高，桥梁的混凝土桥面铺装及人行道等与主梁共同受力，拱桥拱上建筑与拱圈共同作用，支座摩阻力对结构受力的有利影响，计算理论或简化的计算式偏于安全等。试验加载物的称量误差、仪表的观测误差等也对η值有一定影响。

2. 实测值与理论值的关系曲线

由于理论变位（或应变）一般是按线性关系计算，所以，如测点实测弹性变位（或应变）与理论计算值成正比，其关系曲线接近于直线，说明结构处于良好的弹性工作状况。

3. 相对残余变位（或应变）

测点在控制荷载工况作用下的相对残余变位（或应变）S_p / S_t越小说明结构越接近弹性工作状况。一般要求S_p / S_t值不大于20%，当S_p / S_t大于20%时，应查明原因。如确是桥梁强度不足，应在评定时，酌情降低桥梁的承载能力。

4. 动载性能

当动载试验效率η_d接近1时，不同车速下实测的冲击系数最大值可用于结构的强度及稳定性检算。

结构的自振频率、活载强迫振动频率及阻尼系数等对桥梁承载能力的影响可参考其他有关资料进行分析。

（二）结构的强度及稳定性

当荷载试验项目比较全面时，可采用荷载试验主要挠度测点的校验系数η来评定结构的强度和稳定性。检算时引入检算系数Z_1或Z_2，截面折减系数ξ_c（或ξ_s），承载能力恶化系数ξ_e等参数对桥梁结构抗力效应进行修正计算。

砖石和混凝土桥：

$$\gamma_0 S \leqslant R\left(f_d, \xi_c, \alpha_d\right) Z_1 \qquad (11-12)$$

钢筋混凝土及预应力混凝土桥：

$$\gamma_0 S \leqslant R_d\left(f_d, \xi_c \alpha_{dc}, \xi_3 \alpha_{ds}\right) Z_1\left(1-\xi_e\right) \qquad (11-13)$$

式中ξ_e——承载能力恶化系数；

ξ_c——混凝土构件截面折减系数；

　　ξ_s——钢筋截面折减系数。

（1）加载内力与总内力（加载内力+恒载内力）的比值较大，荷载试验效果较好。

（2）实测值与理论值线性关系较好，相对残余变位（或应变）较小。

（3）桥梁结构各部分无损伤，风化、锈蚀、裂缝等较轻微。

　　η 值应取控制截面内力最不利荷载工况时最大挠度测点进行计算。对梁桥可采用跨中最大正弯矩荷载工况的跨中挠度；对拱桥检算拱顶截面时可采用拱顶最大正弯矩荷载工况时跨中挠度；检算拱脚截面时可采用拱脚最大负弯矩荷载工况时 1/4 截面处挠度；检算 1/4 截面时则可用上者平均值；如已安排 1/4 截面最大正、负弯矩荷载工况，则可采用该程序时 1/4 截面挠度。

　　（三）地基与基础

　　（1）当试验荷载作用下墩台沉降、水平位移及倾角较小，符合上部结构检算要求，卸载后变位基本回复时，认为地基与基础在检算荷载作用下能正常工作。

　　（2）当试验荷载作用下墩台沉降、水平位移、倾角较大或不稳定，卸载后变位不能回复时，应进一步对地基、基础进行探查、检算，必要时应对地基基础进行加固处理。

三、静载试验报告编写

在全部试验资料整理与分析的基础上，提出桥梁结构静载试验报告，其内容应该包括下列各项：

　　（一）试验概况

主要内容是简要介绍被试验的桥梁结构的型式、构造特点、施工概况。对于鉴定性试验，还要说明在施工设计中存在的技术问题，以及其对使用的影响等。对于科研性试验，还要说明设计中需要解决的问题。

　　（二）试验的目的

根据试验对象的特点，要有针对性地说明结构静载试验所要达到的目的和要求。

　　（三）试验方案设计

这一部分要说明根据试验目的确定的测试项目和测试的方法、仪器配备、测点布置情况，并附以简图。同时要说明试验荷载的情况，如试验荷载的形成（是标准列车或汽车荷载，还是模拟的等代荷载）以及加载的程序。

　　（四）试验日期及试验的过程

说明具体组织桥梁静载试验的起讫日期、试验准备阶段的情况整个试验阶段特殊的问题及其解决办法。

　　（五）各项试验达到的精度

将本次试验中使用的各种仪器、仪表的类型、精度（最小读数）列表说明，同时，还要说明试验中可能使用的夹具对试验精度的影响程度。

（六）试验成果与分析

依据桥梁结构试验项目，将理论值、实测值以及有关的参考限值进行对比，说明理论与实践两者的符合程度，从中得出试验结构所具有的实际承载能力、抗裂性和使用的安全度，以及从试验中发现的新问题。从现场检查的综合情况，说明试验结构的施工质量。对于一些科研性试验，还要从综合分析中说明设计计算理论的正确性和实用性，以及还存在未解决的问题。如果材料丰富，很有可能从综合分析中，提出简化计算公式等。

（七）试验记录摘录

将试验中所得的实测的控制数据，以列表或以曲线的形式表达出来。

（八）技术结论

根据综合分析的结果，得出最后的技术结论，对试验结构做出科学的评价，同时根据存在的问题，提出改进设计或者加强维修养护方面的建议。

（九）经验教训

从结构试验的角度，总结本次试验的计划、程序、测试方法等方面所存在的不足之处，并提出改进的意见。

第五节　结构动载试验

桥梁结构承受车辆、人群、风力和地震等动力荷载作用下产生振动，桥梁在动力荷载作用下的受力分析是桥梁结构分析的又一重要任务。桥梁的振动问题影响因素复杂，仅靠理论分析还不能满足工程应用的需要，需要理论分析与试验测试相结合的方法解决，桥梁动载试验就成为解决该问题必不可少的手段。桥梁的动力特性（频率、振型和阻尼比）是评定桥梁承载力状态的重要参数，随着我国公路桥梁检验评定制度的推行，桥梁动载试验会将越来越受到重视。

结构振动问题涉及振源（输入）、结构（系统）和响应（输出），它们的关系为

振源（输入）→结构（系统）→响应（输出）

在结构振动问题中输入、系统和输出中知其中两者，可以求第三者，所以，桥梁的动载试验可以划分为以下三类基本问题：

（1）测定桥梁荷载的动力特性（数值、方向、频率等）。

（2）测定桥梁结构的动力特性（自振频率、阻尼、振型等）。

（3）测定桥梁在动荷载作用下的响应（动位移、动应力等）。

桥梁的振动试验涉及很宽的范畴，如模拟地震试验、抗风试验、疲劳试验等。常见的测试有桥梁结构动力特性和动载响应的试验与分析。

一、桥梁动载试验的测试仪器

结构振动的测试仪器包括测振传感器、信号放大器、光线示波器、磁带记录仪和数字信号处理机。近年来，振动信号分析处理技术发展很快，已开发出多种以A／D转换和微机结合的数据采集和分析一体化的智能仪器，可以进行实时数据采集分析，并能实现数据储存，有取代磁带记录仪和专用信号处理的趋势，但还有待普及。

（一）测振传感器（拾振器）

1. 基本原理

振动参数有位移、速度和加速度。测量这些振动参数的传感器有许多种类。但由于振动测量的特殊性，如测量时难以在振动体附近找到一个静止点作为测量的基准点，所以就需要使用惯性式测振传感器。通常所指的测振传感器即为惯性式测振传感器（以下简称为测振传感器）。

测振传感器的基本原理为：由惯性质量、阻尼和弹簧组成一个动力系统，这个动力系统固定在振动体上（即传感器的外壳固定在振动体上），与振动体一起振动。通过测量惯性质量相对于传感器外壳的运动，就可以得到振动体的振动参量。由于这是一种非直接的测量方法，所以，这个传感器动力系统的动力特性对测量结构具有很重要的影响。

测振传感器除要通过惯性质量、弹簧和阻尼系统感受振动外，还要将感受到的振动信号通过各种方式转换成电信号，转换方式有磁电式、压电式、电阻应变式等。传感器所测的振动量通常是以位移、速度和加速度等，按它们的转换方式和所测振动量可以分成很多种类。以下简要介绍磁电式速度传感器和压电式加速度传感器。

2. 磁电式速度传感器

磁电式速度传感器是根据电磁感应的原理制成的，其特点是灵敏度高，性能稳定，输出阻抗低，频率响应有一定宽度。调整质量、弹簧和阻尼系统的动力参数，可以使传感器既能测量非常微弱的振动，也能测量比较强的振动。

磁电式测振传感器的主要技术指标如下：

（1）传感器质量弹簧系统的固有频率。它直接影响传感器的频率响应，固有频率取决于质量的大小和弹簧的刚度。

（2）灵敏度。即传感器在测振方向受到一个单位振动速度时的输出电压。

（3）频率响应。当所测振动的频率变化时，传感器的灵敏度、输出的相位差等也随之变化，这个变化的规律称为传感器的频率响应。对于一个阻尼值，只有一条频率响应曲线。

（4）阻尼。传感器的阻尼与频率响应有很大关系，磁电式测振传感器的阻尼比通常设计成0.5～0.7。

磁电式传感器输出的电压信号一般比较微弱，需要用电压放大器进行放大。

3.压电式加速度传感器

从物理学知道，一些晶体材料当受到压力并产生机械变形时，在其相应的两个表面上会出现异号电荷，当外力去掉后，晶体又重新回到不带电的状态，这种现象称为压电效应。压电式加速度传感器就是利用晶体的压电效应而制成的，其特点是稳定性高、机械强度高，并能在很宽的温度范围内使用，但灵敏度较低。

当传感器的固有频率远远大于所测振动的频率时，质量块相对于外壳的位移就反映所测振动的加速度。质量块相对于外壳的位移乘上晶体的刚度就是作用在晶体上的动压力。这个动压力与压电晶体两个表面所产生的电荷量（或电压）成正比，因此可以通过测量压电晶体的电荷量来得到所测振动的加速度。

（二）磁带记录仪

磁带记录仪是一种常用的较理想的记录器，可以用于振动测量和静力试验的数据记录，它将电信号转换成磁信号并记录在磁带上，得到的是试验变量与时间的变化关系。

磁带记录仪由磁带、磁头、磁带传动机构、放大器和调制器等组成。

记录时，从传感器来的信号输入到磁带记录仪，经过放大器和调制器的处理，通过记录磁头把电信号转换成磁信号，记录在以规定速度作匀速运动的磁带上。重放时，使记录有信号的磁带按原来记录时的速度（也可以改变速度）作匀速运动，通过重放磁头从磁带"读出"磁信号，并转换成电信号，经过放大器和调制器的处理，输出给其他仪器。磁带记录仪的记录方式有模拟式和数字式两种，对记录数据进行处理应采用不同的方法。用模拟式记录的数据，可通过重放，把信号输送给X—Y记录仪或光线示波器等，用前面所提到的方法，得到相应的数值。或者可把信号输送给其他分析仪器，用A／D转换，得到相应的数值。用数字式记录仪记录的数据，可直接输送给打印机打印输出，或输送到计算机等。

磁带记录仪的特点是：工作频带宽，可以记录从直流到2MHz（DC—2MHz）的信号；可以同时进行多通道记录，并能保持多通道信号之间正确的时间和相位关系；可以快速记录慢速重放，或慢速记录快速重放，使数据记录和分析更加方便；通过重放，可以很方便地将磁信号还原成电信号，输送给各种分析仪器。

（三）信号处理机

动态信号数据处理，一般在专用信号处理机或利用数据处理软件在通用计算机上进行。目前数字信号处理技术发展很快，它以FFT硬件和专用软件为基础，可以在幅值域、时域、频域对各种类型的信号进行处理。输入信号首先通过低通抗混淆滤波器和前置放大器，然后经过模数转换器，将模拟电量信号转换成数字信号输入给计算机，在数据处理硬件和软件支持下进行各种数据处理，最后将分析结果显示在屏幕上或通过打印机（绘图仪）打印出来。功能较全的数据处理机还应配备磁盘驱动器、输入和输出接口及不同算法语言编制的专用程序。信号分析处理已是一门独立的学科专业，广泛用于振动分析、通信、气象、医疗等行业。

（四）测试系统的选配

根据常用的一些测振仪器的性能，一般可构成电磁式测试系统、压电式测试系统和电阻应变式测试系统三种测试系统。

电磁式测试系统在桥梁的动力测试中应用较为普遍，这类系统通过仪器的组合变换可测位移、速度和加速度。电磁式测试系统的特点是输出信号强、灵敏度高、稳定性好、传感器输出阻抗低、长导线的影响较小，因此抗干扰性能好。系统的组成为：

电磁式传感器→信号放大器→记录装置

压电式测试系统一般用于测量加速度。由于压电式传感器具有高输出阻抗的特性，要求与输入阻抗很高的放大器相连。因此，放大器输入阻抗的大小将对测试系统的特性产生重大影响。由于压电式传感器自振频率较高，因此可测频响较宽。但系统抗干扰性差。长导线对阻抗影响较大，易受电磁场干扰。配套的前置放大器有两种基本形式：一种是电压放大器，它的输出电压正比于输入电压；另一种是电荷放大器，它的输出电压正比于压电传感器输出电荷。这两种前置放大器各具特点，电压放大器的输出电压受输出电缆长度的影响，低频特性也受其他输出电阻的影响，由这种放大器组配的系统适用于一般频率范围的动力测试。而电荷放大器不受输出电缆分布电容的影响，低频特性也很少受输入电阻的影响，使用频率可达到零，它适用低频或超低频长距离的动力测试。系统的组成为：

压电式传感器→电压或电荷放大器→光线示滤器或磁带机

电阻应变式测试系统中传感器的种类较多，例如应变计、位移计、加速度计等，需配套使用的放大器是各类动态电阻应变仪，记录装置为常用的光线振子示波器或磁带机等，这类测试系统的低频响应好，可从零赫兹开始。动态电阻应变仪可作为各类电阻应变式传感器的放大器，但这类测试系统易受温度的影响，抗干扰性能较差，长导线对灵敏度也有影响。电阻应变式测试系统中各部分仪器具有通用性强、应用方便等特点，在桥梁动载试验中的应用是很普遍的。系统的组成为：

电阻式传感器→电阻应变仪→光线示滤器或磁带机

在选配上述三类测试系统时，要注意选择测振仪器的技术指标，使传感器、放大器和记录仪器的灵敏度、动态范围、频率响应和幅值范围等技术指标合理配套，以保证测试结构的准确性和可靠性。

二、桥梁动载试验的激振方法

在进行桥梁动载试验时，首先要设法使桥梁产生一定的振动，然后应用测振仪器加以测试和记录，通过对记录的振动信号分析得到桥梁的动力特性和响应。可用于桥梁动载试验的激振方法很多，应根据被测桥梁的结构形式和刚度大小选择激振效果好、易于实施的方法。

（一）自振法（瞬态激振法）

自振法的特点是使桥梁产生有阻尼的自由衰减振动，记录到的振动图形是桥梁的衰减振动曲线。为使桥梁产生自由振动，一般常用突然加载荷和突然卸荷载两种方法。

1. 突然加荷载法（冲击法）

在被测结构上急速地施加一个冲击作用力，由于施加冲击作用的时间短促，因此，施加于结构的作用实际上是一个冲击脉冲作用。由振动理论可知，冲击脉冲的动能传递到结构振动系统的时间，要小于振动系统的自振周期，并且冲击脉冲一般都包含了从零到无限大的所有频率的能量，它的频谱是连续谱，只有被测结构的固有频率与之相同或很接近时，冲击脉冲的频率分量才对结构起作用，从而激起结构以其固有频率做自由振动。

对于中、小型桥梁结构，可用落锤激振器（或枕木）垂直地冲击桥梁，激起桥梁竖直方向的自由振动。如果水平方向冲击桥面缘石，则可激起横向振动。

近年来，在桥梁的动载试验中，还采用了爆炸和发射小型火箭产生脉冲荷载等办法来进行激振，但还不普及。采用突然加荷载法时，应注意冲击荷载的大小及其作用位置。如果要激起结构的整体振动，则必须在桥梁的主要受力构件上施加足够的冲击力，冲击荷载的位置可按所测结构的振型来确定，如为了获得简支梁桥的第一振型，则冲击荷载作用于跨中部位，测第二振型时冲击荷载应加于跨度的四分之一处。

冲击法引起的自由振动，一般可记录到第一固有频率的振动图形。如用磁带记录仪录取结构某处之响应，通过频谱分析，则可获得多阶固有频率的参数。

2. 突然卸载法（位移激振法）

采用突然卸载法时，在结构上预先施加一个荷载作用，使结构产生一个初位移，然后突然卸去荷载，利用结构的弹性性质使其产生自由振动。

为卸落荷载，可通过自动脱钩装置或剪绳索等方法，有时也专门设计一种断裂装置，当预施加力达到一定的数值时，在绳索中间的断裂装置便突然断离，从而激发结构的振动。突卸荷载的大小要根据所需最大振幅计算求出。

（二）共振法（强迫振谐法）

激振设备有机械式激振器、电磁式激振器和电气液压式振动台。

共振法是利用激振器，对结构施加激振力，使结构产生强迫振动，改变激振力的频率而使结构产生共振现象并借助共振现象来确定结构的动力特性。

激振器在结构上安装位置和激振方向要根据试验的要求和目的而定。使用时，激振器应牢固地固定于结构上，由底座将激振器产生的交变激振力传给结构。如果将两台激振器安放于结构的适当位置上，反向激振，则可进行扭转振动试验。

连续改变激振器的频率，当激振力的频率与结构的固有频率相等时，结构出现共振现象，此时，所记录到的频率即为结构的固有频率。

对于自振频率较低的大跨度柔性桥梁结构，也可利用人群在桥面上作有规律的运动，使结构发生共振现象。

在桥梁的动载试验中，常用载重车队由低到高的不同速度驶过桥梁，使结构产生不同程度的强迫振动。在若干次运行车辆荷载试验中，当某一行驶速度产生的激振力的频率与结构的固有频率相接近时，结构便产生共振现象，此时结构各部位的振动响应达到最大值。在车辆驶离桥跨以后，结构做自由衰减振动，这时可由记录到的波形曲线分析得出结构的动力特性。

（三）脉动法

对于大跨度悬吊结构，如悬索桥、斜拉索桥跨结构、塔墩以及具有分离式拱肋的大跨度下承式或中承式拱桥，可利用结构由于外界各种因素所引起的微小而不规则的振动来确定结构动力特性。这种微振动通常称为"脉动"，它是由附近的车辆、机器等振动或附近地壳的微小破裂和远处的地震传来的脉动所产生。

结构的脉动有一重要特性，就是它能明显地反映出结构的固有频率。因为结构的脉动是因外界不规则的干扰所引起的，因此它具有各种频率成分，而结构的固有频率的谐量是脉动的主要成分，在脉动图上可直接量出。

如果在结构不同部位同时进行检测，记录在同一记录纸上，读出同一瞬时各测点的振幅值，并注意它们之间的相位关系，则可分析得到某一固有频率的振型。

在桥梁结构的正常运营条件下，经常地作用于结构上的动力荷载是各类车辆荷载，在进行桥梁的动载试验中，首先应考虑采用车辆荷载作为试验荷载，以便确定桥梁在使用荷载作用下的动力特性及响应。对需要考虑风动荷载或地震荷载的桥梁，应结合桥梁的结构形式做进一步的研究。

三、桥梁动载试验数据分析

桥梁结构的动力特性（例如结构的固有频率、阻尼系数和振型等）只与结构本身的固有性质有关（如结构的组成形式、刚度、质量分布和材料的性质等），而与荷载等其他条件无关。结构的动力特性是结构振动系统的基本特性，是进行结构动力分析所必需的参数。

对于比较简单的结构，一般只需结构的一阶频率，对于较复杂的结构动力分析，还应考虑第二、第三甚至更高阶的固有频率及相应的振型。至于系统的阻尼特性只能通过试验的方法确定。

桥梁在实际的动荷载作用下，结构各控制部位的动力响应，如振幅、频率、速度和加速度以及反映结构整体动力作用的冲击系数等，除可用来分析结构在动荷载作用下的受力状态外，还可验证或修改理论计算值，并作为结构设计的依据。

（一）结构固有频率的测定

按照前面叙述的激振方法，使桥梁产生的自由振动，通过测试系统实测记录结构的衰减振动波形，如图11-1所示。在记录的振动波形曲线上，可根据时标符号直接计算出结构的固有频率f_0：

$$f_0 = \frac{Ln}{t_1 S} \qquad (11-14)$$

式中 L——两个时标符号间的距离（mm）；

n——波数；

S——n个波长的距离（mm）；

t_1——时标的间隔（常用1s、0.1s、0.01s这三种标定值）。

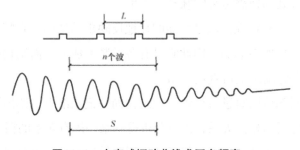

图11-1 由衰减振动曲线求固有频率

在计算频率时，为消除冲击荷载的影响，开始的一、二个波形应舍弃，从第三个波形开始计算分析。

当使用激振器时，结构产生连续的周期性强迫振动，在激振器振动频率与结构的固有频率一致时，结构出现共振现象，振幅达到最大值，共振波峰处的频率即为结构的固有频率。

采用偏心式激振器时，由于激振力的大小与激振器转速的平方成正比，激振器转数不同，激振力大小不一样，为便于比较，应将振幅折算成单位激振力作用下的振幅，即振幅除以相应的激振力，或者将振幅换算为在相同激振力作用下的振幅，即A/ω^2，其中A为振幅，ω 为激振器的频率。以 A / ω^2 为纵坐标，ω 为横坐标绘出共振曲线，曲线之峰值所对应的频率即为结构的固有频率。

（二）结构阻尼的测定

桥梁结构的阻尼特性，一般用对数衰减率 δ 或阻尼比 D 来表示，由振动理论知，对数衰减率为

$$\delta = \ln \frac{A_i}{A_{i+1}} \qquad (11\text{-}15)$$

式中 A_i, A_{i+1}——相邻两个波的振幅值，可直接从衰减曲线上量取。

实践中，常从衰减曲线上量取 m 个波形，求得平均的衰减率：

$$\delta_a = \frac{1}{m} \ln \frac{A_i}{A_{i+1}} \qquad (11\text{-}16)$$

由振动理论知，对数衰减率 δ 与阻尼比 D 的关系为

$$\delta = \frac{2\pi D}{\sqrt{1-D^2}} \qquad (11\text{-}17)$$

对于一般材料的阻尼比都很小，因此

$$D \approx \frac{\delta}{2\pi} \qquad (11\text{-}18)$$

（三）振型的测定

结构的振型是结构相应于各阶固有频率的振动形式，一个振动系统振型的数目与其自由度数目相等。桥梁结构是一个具有连续分布质量的体系。也就是说，桥梁是一无限多自由度体系，因此，其固有频率及相应的振型也有无限多个。但是，如前所述，对于一般的桥梁结构，第一固有频率即基频，对结构的动力分析才是重要的。对于较复杂的动力分析问题，也仅需前面几个固有频率。也就是说，通常情况下，一般低阶振型才是重要的。

采用共振法测定振型时，将若干传感器安装在结构各有关部位，当激振装置激发结构共振时，同时记录结构各部位的振幅和相比，比较各测点的振幅及相位便可绘出振型曲线。

传感器的测点布置视结构形式而定，一般要根据理论分析，估计振型的大致形状，然后在变位较大的部位布点，以便能较好地连接出振型曲线。

振型的测定一般采用两种方法，一种是在结构上同时安装许多传感器，这时必须保证

预先要精确标定所有传感器的灵敏度，在用多路放大器时，还要求放大器的特性相同；另一种方法只用一个传感器，测试时要不断改变它的位置，以便测出各点的振幅。这种方法需要对传感器多次拆卸和安装，并且还需要有一个作用参考点不能移动的传感器，各次测定值均应同参考点对应比较。

（四）结构动力响应的测定

在动力荷载作用下，桥梁结构某些部位的振动参数如振幅、频率、位移、应力等的测定，可根据试验的具体要求和结构的形式布置测点，采用适当的仪表进行测试。动力荷载作用于结构上产生的动挠度，一般较同样的静荷载所产生的相应静挠度要大。动挠度与静挠度的比值称为活荷载的冲击系数。由于挠度反映了桥跨结构的整体变形，是衡量结构刚度的主要指标，因此活载冲击系数综合反映了荷载对桥梁的动力作用。它与结构的形式、车辆运行速度和桥面的平整度等有关。

为了测定冲击系数，应使车辆荷载以不同的速度驶过桥梁，并逐次记录跨中挠度的时历曲线，按冲击系数的定义有：

$$1 + \mu = \frac{Y_{d\max}}{Y_{s\max}} \qquad\qquad （11-19）$$

式中 $Y_{d\max}$ ——最大动挠度值；

$Y_{s\max}$ ——最大静挠度值。

参考文献

[1]吴留星.公路桥梁与维修养护[M].北京：中国纺织出版社，2020.02.

[2]张国祥，陈金云，张好霞.公路与桥梁施工技术及管理研究[M].文化发展出版社，2020.07.

[3]王玉泽，许克亮，罗世东.桥梁工程[M].武汉：湖北科学技术出版社，2015.12.

[4]田建德，刘保权，马美琴，黄震.桥梁工程与施工技术研究[M].郑州：黄河水利出版社，2016.11.

[5]王慧东，朱英磊.桥梁墩台与基础工程[M].北京：中国铁道出版社，2020.02.

[6]孙永明.桥梁工程[M].成都：电子科技大学出版社，2016.11.

[7]王修山.道路与桥梁工程概论[M].北京：机械工业出版社，2020.01.

[8]赵立财.桥梁管理策略与实践研究[M].北京：光明日报出版社，2016.08.

[9]张耀辉，陈士通.桥梁抢修工程结构与应用[M].北京：中国铁道出版社，2018.01.

[10]卢春房.桥梁工程[M].北京：中国铁道出版社，2015.04.

[11]马光述，李莹，张延吉，王兴蕊，包会云.桥梁工程[M].武汉：武汉大学出版社，2018.11.

[12]冯明硕，薛辉，赵杰.公路桥梁工程施工技术[M].延吉：延边大学出版社，2017.12.

[13]麻文燕，肖念婷，陈永峰.桥梁工程[M].天津：天津科学技术出版社，2019.04.

[14]吴鸣，金晓勤.桥梁工程[M].武汉：武汉大学出版社，2020.09.

[15]潘永祥.公路桥梁与改扩建新技术[M].昆明：云南大学出版社，2019.

[16]杨斌，马跃明，汪逵.公路高架桥梁与长隧道施工及研究[M].文化发展出版社，2019.06.

[17]梁秦红，张颖.桥梁上部结构施工[M].成都：西南交通大学出版社，2015.01.

[18]胡金桂.桥梁上部结构施工[M].成都：西南交通大学出版社，2019.06.

[19]申建，慕平.桥梁工程技术[M].北京：北京理工大学出版社，2019.11.

[20]向中富.天堑变通途中国桥梁70年[M].重庆：重庆大学出版社，2019.10.

[21]丁雪英，陈强，白炳发.公路桥梁建设与工程项目管理[M].长春：吉林科学技术出版社，2019.05.

[22]任伟新，汪莲，王佐才. 桥梁工程[M]. 武汉：武汉大学出版社，2016.07.

[23]刘勇，郑鹏，王庆. 水利工程与公路桥梁施工管理[M]. 长春：吉林科学技术出版社，2020.09.

[24]林志鹏. 桥梁建设与标准化应用概论[M]. 北京：光明日报出版社，2017.05.

[25]张师定. 桥梁总体设计构思[M]. 成都：西南交通大学出版社，2017.10.

[26]徐利平. 城市桥梁建筑理论[M]. 上海：同济大学出版社，2018.10.

[27]彭龙辉，余鑫. 桥梁技术论文集[M]. 重庆：重庆大学出版社，2018.09.

[28]高军，林晓. 高速铁路特殊结构桥梁力学特性与施工技术[M]. 武汉：中国地质大学出版社，2018.12.

[29]张少华. 公路桥梁工程与项目管理[M]. 北京：北京理工大学出版社，2019.05.

[30]关凤林，薛峰，黄啓富. 公路桥梁与隧道工程[M]. 长春：吉林科学技术出版社，2019.05.